等鱼断气

胡展奋 著

文汇出版社

图书在版编目(CIP)数据

等鱼断气 / 胡展奋著. —上海：文汇出版社，2020.12
 ISBN 978-7-5496-3408-8

Ⅰ.①等… Ⅱ.①胡… Ⅲ.①随笔—作品集—中国—当代 Ⅳ.①I267.1

中国版本图书馆CIP数据核字(2020)第268604号

·文汇新观察丛书·

等鱼断气

著　　者 / 胡展奋
绘　　画 / 王震坤

责任编辑 / 黄　勇
特约编辑 / 建　华
封面装帧 / 王　翔

出版发行 / 文汇出版社
　　　　　上海市威海路755号
　　　　　（邮政编码200041）
经　　销 / 全国新华书店
排　　版 / 南京展望文化发展有限公司
印刷装订 / 上海颛辉印刷厂有限公司
版　　次 / 2021年1月第1版
印　　次 / 2021年1月第1次印刷
开　　本 / 890×1240　1/32
字　　数 / 320千字
印　　张 / 11.75

ISBN 978-7-5496-3408-8
定　　价 / 68.00元

序

在我的朋友中，互相称医生的，唯有胡展奋。不知从什么时候开始，他叫我王医生，我叫他胡医生。有人问：你们怎么就成了医生？言下之意是这两个没有行医执照的人怎么如此胆大妄为。展奋直截了当地回答：因为这个世界病人太多。

1993年的一天，《劳动报》新成立的特稿部，一个戴着眼镜的清瘦男子推门进来，夹克衫，牛仔裤，腰间别着一个BB机。他径直向我走来，笑着说：我们有很多共同的朋友。连自我介绍都省略了，好像我们早就认识。

这就是胡展奋。我早已读过他的作品。曾在《南方周末》连载的报告文学名篇《疯狂的海洛英》早就使他扬名新闻界。

眼下他刚从《康复》杂志编辑部主任的任上调来。我俩的性格，成长道路迥然不同，却一见如故，很快成为无话不谈的密友。下班后，他常常拉住我坐在沙发上再聊一会儿，他倾吐心事的直接方式常常令我不好意思。

后来，我要调往上海电视台，报社不放，一筹莫展。展奋屡屡面授机宜，妙计迭出，密谋如何应对，果然事成。在送别的聚餐结束后，他特意送我出来，用整条大街都能听到的声音喊道：千里送君，终有一别！

展奋善饮，醉有六七。有一次，报社同事聚餐，展奋兴致甚高，和以往一样醉了，报社总编辑安排自己的车送他回家。途中，展奋吐了一车。总编辑开玩笑说：展奋，你怎么把我的车弄成这样。醉意未消的展奋脖颈一梗：赔你好了！

外表斯文的胡展奋其实性格刚烈，有着北方人豪情，且有过之而无不及。他夫人反映，马路上他常常和人打架，而且总是先动手，非常活络，曾有好事者在他的微博上无端挑衅，展奋懒得打笔仗，干脆约了对方次日中午在人民广场"上博"门口"对敲"，他夹一本《新民周刊》作为辨认的标识。次日，他到了广场，等了半天，也不见有人来。展奋后来愤愤道：缩卵！想到戴着眼镜的展奋只身去偌大的广场约架的场面，不免忍俊不禁。

前年，华东师范大学出版社主办"普鲁斯特下午茶"我的专场，来了很多朋友。轮到展奋发言，他的选择和别人不同，特别强调了我诗作中肃杀决绝的一面，选了我的《送斧子的人来了》来读："送斧子的人来了，我们的头来了。"他朗读的情绪之充沛，拿捏之准确，更像是他写的一样。这大概就是几乎在每个方面都有着巨大反差的我们俩惺惺相惜的原因。

如果在战争年代，以其性格展奋必定会投笔从戎，成为一员智勇双全、威风八面的战将。在和平年代，他也可以是悬壶济世的良医。但他注定天生为新闻而生，哪里有黑幕，哪里就有他潜行的身影，他也因此在采访中屡屡遇险，又每每化险为夷。最惊险的一次，是因为仗义执言，差点丢了饭碗。我们应该庆幸有了胡展奋这样勇于挑战黑暗和不公的调查记者，才不至于让真相完全被遮蔽。

2006年开始展奋客串电视节目嘉宾，一直到2019年还在讲"上海故事"，且以敢言和毒舌著称。在华师大的课堂教《经典新闻作品研究》，是公认的最受欢迎的教授。但是，他最主要的成就还是文学作品。若要了解胡展奋敏锐的新闻意识，可读《疯狂的海洛因》《躁动的陕北》以及至今尚未有机会发行的记述越狱故事的《永不服罪》；若要了解胡展奋过人的胆识，可读《记者胸闷》，其中很多在采访中遭遇的奇闻和惊险故事；若要了解胡展奋的真性情，可读《我的最后一张底牌》以及这本新书。

不论是报告文学，还是随笔和自传体长篇小说，胡展奋的文字都有着强烈的可辨识性。辛辣干脆，充满他特有的幽默，同时也尽显渊博的知识和行文的精妙。他的随笔题材广泛，无一不可拿来解剖和调侃，他写日常生活的趣闻轶事，写往昔回忆，写名人掌故，最擅长的是写养生趣事，最精彩的是写饮食男女，细节鲜活饱满，妙趣横生。

"快雪"是胡展奋早年用过的笔名，很少有人注意到。个中深意，请各位读者在阅读过程慢慢体会。

王寅

2010年10月12日

序

展奋兄嘱我为他的随笔集写序,我应承得十分爽快。事实上我对"序"也不甚了了,只知道是写在正文前面的,属于舞台上跑龙套的性质,抛砖引玉。后来弄清楚是怎么回事,也毫无压力,倒不是担心回绝这份好意,被他骂不识抬举,我是识抬举的,最不怕的就是抬举,巴不得有人抬举。万一有人嘲我,你给名家写序,你掂过自己分量吧。问题是,本人原就是徜徉在文学圈子外面的看客,槛外人,写几个字用得着卖拳头露胸肌吧,你就当豆瓣上的读者留言看待好了。

和展奋兄相交三十多年,也当了他三十多年的粉丝。起初追的是他的报告文学,文章里激荡洋溢着男人的魄性、血性,常常看得心驰神往,热血沸腾,拍案叫绝。真没想到他的随笔也写得同样精彩。原来以为随笔就是随随便便溺几笔,人云亦云,看到别人嚼甘蔗,汁水足,特别甜,也拥过去一起嚼,一截甘蔗大家嚼,嚼得碎渣渣,写出来的文字也木渣渣;看到有人在某棵树上打绳结,风水不错,也慌忙拿着麻绳冲过去。考虑过读者感受吧。文章写出来是给大家看的,要写得有趣,有意思,好看,否则,干巴巴的,一点味道也没有,浪费别人时间,谋财害命啊。

胡展奋的随笔涉猎广泛,视野独到,旧学功底深厚,语言犀利活泼，于平淡处见奇崛，在嬉笑间露峥嵘，妖起来妖得你不敢睁眼睛，辣起来辣得你睁不开眼睛。这样的随笔才叫随笔，恣肆汪洋却又精短隽永，大开大阖，收放自如，点到为止，回味悠长，写得有趣，有意思，好看，看得过瘾。有趣，有意思，好看，就是好文章。我不知道除此之外，还有其他评价文章好坏的标准么。

看这本随笔集，建议先看《妖娆杜鹃》《血色前科》两篇。就像吃西餐，第一道菜端上来，先开开胃；第二道热汤上来，加速肠胃蠕动。就像男女之间亲热，动刀动枪之前先要来点前戏，探探虚实。这两篇随笔基本体现胡展奋的写作风格。《妖娆杜鹃》说是说莳花弄草，说杜鹃如何难伺候，但完全是意在言外，我根本不当他是在写杜鹃，只当他是在写女人，某一类女人，种种妖娆诱惑，作天作地，横不对竖不对，就是女人的写照。连杜鹃花都搞不定，还想搞定女人啊；你就是搞得定杜鹃花，也未必就搞得定女人。女人难搞。于是结尾处，作者来一句："搞定作女，才有成就，吃过河豚鱼刺身吗，惕惕然庶几近是。"《血色前科》几乎就是个寓言式的故事，写特殊年代一只叫"老张"的公猴的离奇遭遇，迹近荒诞，但处处映现那个年代的暴戾和荒唐。文章末尾，"多年过去了。你只要走近猴山，学四川腔，叫一声老张，就会有一只雄猴子应声而出。"读到这里，浮想联翩，气也透不过来了。

《那拉塔老爷》《罗宋面包》《瘸腿"丁克勒"》《咖啡弄往事》《奇人李四》等篇章，写人物的，感觉就像是在读《史记》里的"列传"，像是读"三言两拍"。那拉塔老爷，出身镶黄旗，卖掉北京的一条胡同，到上海来。老先生养了一只黄雀，会"京三口",学喜鹊叫,学红子叫,学油葫芦叫。黄雀是老先生的命根子。一日,一个疏忽,黄雀不见了,于是老先生的精气神一下子抽空了,呜呼了。《罗宋面包》里的白俄酒鬼,酒瘾发作,偷药房里的酒精,被人戳瞎一只眼睛,最后不知所终。《瘸腿"丁克勒"》里的丁克勒,曾经在旧上海风云一时,后来潦倒到靠回忆旧日风光混日子。还有咖啡阿三和奇人李四,各擅所长,都有绝门秘技,结局却大相径庭,一个沦落成瘪三,一个时来运转,靠房中术成为土豪座上宾。这几篇,人物刻画得活灵活现,醒世警世喻世的色彩也浓,一边读,一边忍不住击节赞叹,回过头来再想想,浑厚充沛,余音不绝。

　　《尝尝食人鱼》一文,写尽食人鱼凶残的猎食手段,依仗惊人的咬合力,瞬息之间,所食之物只剩一具骨架,令人毛骨悚然。作者话锋一转,"当数量不占优势,无法形成多数人的暴力,甚或落单时,不可一世的食人鱼其实是一种非常胆小,非常猥琐,非常怂的鱼渣。"另起一行,收尾:"恶人大都如此。"有了这六个字,味道就出来了。不过,你要是以为胡展奋动不动都会来这么一下直白地点题,那就错了。在《古巴红豆汤》的收尾处,一大段,引用几句:"……去朋友家或者饭店,桌面就算十多个菜,只要太普通,我们都会觉得主人抠门;唯独作客豪门,菜蔬普通甚至寒碜,我们会为对方开脱,是魏晋风度,是低调洒脱……老外高架路上撒尿,我们会觉得是洋李白、洋阮籍的愤世嫉俗;国人看球跺脚狂笑,就会被讥为乡巴佬伪球迷……"这些陈述句可以当设问句读,当反问句读。看到这里,以为作者又要来欧亨利式的反转了，又要出金句了，想不到这老兄轻描淡写地来一句，古巴拌饭，太好吃了。居然可以这样收尾，说好的宏旨大义点题呢？分明是捉弄人么，白相人么。

《那本赤脚医生手册》写那个年代的性禁锢，性萌动，亦庄亦谐，有趣得紧。《夏天的毛豆子》本是司空见惯的生活场景，却写出石库门弄堂的风情神韵，世相人情，花擦擦，嘭嚓嚓，戆嗒嗒，这种大写意，需要功力的。《戴一天老手表》对那些惺惺作态的怀旧之辈，讥讽中却又不无善意。《脑残谣》稍微有点不客气，竭尽嘲笑，刀刀见血。对那种自以为是的伪国学，大好佬，其实也用不着客气什么。《偶饮"鸡尾茶"》东拉西扯，广征博引，丝丝入扣，居然从茶里喝出宰相之道，经世之道，但觉妙趣横生，毫不生硬。

《等鱼断气》写困顿的辛酸，写夫妻之情，写母子之情，写商贩之情，是此书中最打动人的文章。母亲得了肝病浮肿，要喝鲫鱼汤。父亲便去鱼摊蹲守，活鱼太贵买不起，死鱼功效不好，就等那种刚刚翻白肚皮的鲫鱼，价格可以便宜一半。"天已擦黑，路灯下，远远地看到父亲蹲着，两眼一眨不眨，身子冻得簌簌发抖。"父亲在等某条鱼断气。居然有这种细节，等鱼断气，夸张吧，辛酸吧，震撼吧，厥倒吧。父亲每天要蹲守一条刚咽气的鱼，蹲了十来天，终于撑不住发高烧了。这时，"我"顶了上去。"我那时还小，天天蹲在寒风里觳觫，鱼贩看了也不忍，常主动喊我去拿将死未死之鱼，甚至将刚死之鱼直接剖了，扔过来，不收钱。长大后读书，读到仗义每多屠狗辈，总会想到他们。""大概一个月后,母亲的浮肿全然褪去。"结局令人欣慰。读此文,自有一股暖流在心间汩汩流淌,还有些许说不出的滋味。有干货,真情实感娓娓道来即可,何须刻意煽情。

整本集子,好文章比比皆是,语言经得起咀嚼,阅读的魅力随处可见。

特别能体会展奋兄写文章时的节制,含蓄,无奈,包括那种看似胡搅蛮缠插科打诨实质上一腔热血拳拳之心的真诚。

窃以为,文章的含金量,要比文人身上的真金白银更可贵,否则,有愧于文人这两个字的。文人的金子,其实就是文人的风骨。

窃以为,展奋兄当时叫我写序,只是顺口这么一说,上海人讲的,客气一声,想不到我客气当福气了,倒弄得他尴尬了。

是为序。

王承志

2020年10月17日

目 录

序 / 001

序 / 001

咸鱼很忙 001

黄河鲤 / 003
渡口香 / 006
羊头汤 / 009
大麻鸭 / 012
萝卜皮 / 015
鲸鱼肉 / 018
清流与浊流 / 021
鲫鱼难吃 / 024
小强往事 / 029
平望辣酱 / 033

"童养蟹" / 037
"童子米" / 041
广州小菜场 / 045
咖啡旧地图 / 048
关帝庙前小吃多 / 051
妙药就在米氅里 / 055
夏天的毛豆了 / 059
过年要吃"水磨粉" / 063
小时候没吃够 / 067
小时候吃腻了 / 070

油条酱油汤 / 074

偶饮"鸡尾茶" / 077

皇帝的盒饭 / 081

咸鱼很忙 / 084

一包碎米嘛 / 087

我说驼奶 / 090

地沟油改口 / 093

"死亡"盛宴 / 096

洛杉矶的"洋馄饨" / 101

尝尝食人鱼 / 105

炒面与性欲 / 109

喝到脚残 / 113

德国大闸蟹 / 116

在古巴捉龙虾 / 120

古巴红豆汤 / 124

一根鱼刺 129

那本赤脚医生手册 / 131

辟谷三日 / 136

病房忆琐 / 141

痈疽危言 / 144

胸片惊魂 / 149

咳嗽小考 / 152

一根鱼刺 / 156

被狗咬一口 / 159

江南原本是畏途 / 163

皇帝的肉摊 / 166

肉声难入 / 169

妄理有理 / 172

九死难医嫉妒心 / 176

说痔 / 179

道在溺中 / 182

假装不看你 / 185

输不起 / 189

脑残谣 / 193

有情始做人 / 196

戴一天老手表 / 199

我的错别字故事 / 203　　两只蝈蝈 / 216

裸夏杂谈 / 206　　壮士的宿命 / 219

秋日夜钓 / 209　　因为这就是命运 / 222

妖娆杜鹃 / 213　　夜宿灵隐 / 225

等鱼断气 ………………………………………… 229

单方气死名医 / 231　　海明威酒吧 / 295

发现赵天才 / 235　　那拉塔老爷 / 298

齐鲁名医殷晓轩 / 240　　皖南的上海人 / 304

老朋友周小寒 / 244　　新嫂嫂的危机攻略 / 312

轻剂重疴话抗美 / 249　　瘸腿"丁克勒" / 315

酒痴李耀强 / 253　　"咖啡阿三" / 321

奇人李四 / 261　　血色前科 / 328

中央商场之"老军医" / 271　　风雨同龄人 / 334

走方郎中的江湖秘闻 / 276　　望江门外的"牛大王" / 338

想念戴医生 / 281　　国际饭店那顿饭 / 343

乡医鲍三 / 286　　我的大伯胡元发 / 347

罗宋面包 / 290　　等鱼断气 / 351

后记 / 355

等 / 鱼 / 断 / 气

咸鱼很忙

黄河鲤

> 记得第一顿在天香食府吃到"红烧黄河大鲤鱼"时，我们都惊诧于老板娘的表情淡定："是正宗的黄河大鲤鱼啊，咋啦？"

延津县在黄河的北岸，历年盛产优质蛐蛐，近年来因为名将辈出而使沪人趋之若鹜，每年秋天此地即沪语晓晓，人头攒动，收虫名镇朱寨、黄楼等地一入夜更是火树银花不夜天，人声嘈杂，一房难求，你必须提前一个月甚至两个月预订，我们就曾经成功地在朱寨预订了一家食宿兼备的旅馆，叫"天香食府"，屋内空调电视俱全，最关键的是盥洗室干净，在内地这其实够好了。

但看官千万别以为在下是专业的虫迷，事实上我只是一名票友，私心以为苏东坡、黄山谷乃至梅兰芳、盖叫天都喜欢蛐蛐而附庸了一下而已，所以收虫是假，到河南广袤的原野饱览一回青纱帐的秋色，度个秋假才是真章。

天空是琉璃的蓝。离"白露"还有三天，秋气浩荡的豫北平原已初呈长空雁阵、万物霜天之象了。

无法想象还有比这更悠闲惬意的日子。首先此地多西瓜而无蚊蚋，饱睡之余起个早，晨雾未散，青纱帐一望无际，空气甜爽，鸡鸣狗吠，云雀高啭。赶着晨凉，信步踱去，鞋面都是露水。蛐蛐儿的早市人声鼎沸，匆匆看了几批虫子，就回府吃早饭，油条大馍稀粥，外加著名的"延津火烧"。火烧是豫北一绝，浑圆如饼，色如紫铜，中间鼓凸，素以个大肉多、外焦里嫩、香而不腻而驰誉南北。

不久就是午饭，记得第一顿在天香食府吃到"红烧黄河大鲤鱼"时，我们都惊诧于老板娘的表情淡定："是正宗的黄河大鲤鱼啊，咋啦？"

那口气好像上海人吃泡饭一样稀松平常。老板娘叫李静，很实在的一个人，最重要的是，盆中之物的口感骗不了人，和"延津火烧"一样，外焦里嫩，细腻鲜美，毫无土腥味，于是大家要求去厨房看看，虽然20世纪90年代，我们在郑州尝过"黄河鲤鱼焙面"，但黄河鲤鱼究竟长得怎么样、和各地鲤鱼究竟有何不同，据说懂行的，一看就知道，你就是把它和各地几十种杂鲤混在一起，仍能轻松辨别。所谓"金鳞赤尾，体型梭长"，黄河大鲤鱼的鳞片都是金黄色的，头部乌青色，腹部呈象牙白而臀鳍、尾柄、尾鳍下叶呈橙红色，胸鳍、腹鳍橘黄色，这种特征是杂鲤非常难以假冒的。除此以外还有一个标识几乎是独门暗器，那就是"天下鲤鱼皆双须，唯独洛鲤有四须"，你说奇也不奇。于是到得厨房，大家面面相觑，鱼在缸里喘着呢，长相跟传说的一模一样。鱼唇左右四根须。

第二天，我们观摩大厨手艺，先将鱼身两侧剞成瓦楞花纹，放入葱、姜、料酒、盐，腌10分钟；将鸡蛋、粉芡调制成糊，把腌好的鱼挂糊炸透；锅内留油，放入配料炒香，再下调料，加水，大火烧 5 分钟时翻身再烧，待汁烧剩 1/3 时，放入香油，撒上香菜出盆。这中间有一个细节印象深刻，厨师腌鱼时，先倒提鱼尾，使刀口张开，将细盐撒入刀口稍腌，然后再浸入葱、姜、料酒。他说，黄河鲤鱼肉板厚，非此不能入味呢。我们就此要求天天吃黄河鲤鱼，炖的、蒸的、炸的、溜的，油泼鲤鱼、糖醋鲤鱼、煎酿鲤鱼、酱焖鲤鱼、葱油鲤鱼……论收虫，我本就是个业余的，到后来干脆没有心思收蟋蟀，专门吃鱼，直吃得个昏天黑地，吃到大厨技穷。

便宜呀，这黄河鲤，2 斤多重才 40 元 1 条。街上到处都是。

在延津的最后一天，我们走上了高高的黄河大堤。一望无际的黄河故道森林公园，总面积 6.4 万亩的保护区内，有四万亩港汊湿地。正是这无数的沟壑渠塘，拱卫着国家级的黄河鲤鱼原产区。放眼但见万木撑青，浊浪滔天，黄河开封段鼓起那庞大的"豆腐腰"，如万匹金缎，向东拥去。

李白有诗：黄河三尺鲤，本在孟津居。点额不成龙，归来伴凡鱼。

延津的日脚真好过。食有鱼。还想去。

渡口香

> 离开渡口时，林店主说要我牵线，去上海发展。我忙说，快打消念头吧。上海已有无数"千里香"。为了先人与"千里香"，你还是留在渡口罢。

去河南延津采风。离"白露"还有几天，豫北平原已呈秋高气爽的寥廓霜天景象。且感谢错过了路标，让我们的车无意中驶进黄河古渡口。

走上高高的黄河大堤，就是一望无际的黄河故道森林公园，总面积6.4万亩的保护区内，近则千亩果园、万亩槐林；远则3万亩的白杨树林，拱卫着国家级的湿地鸟类自然保护区与黄河鲤鱼原产区。放眼黄河那庞大的水体，如万匹金缎，向东涌去。

遗憾附近没吃的。大森林里转了半天，饥肠辘辘，陡见槐树下一红布店招：豫北千里香。

记得那年秋天去福建莆田，也曾无意中瞥见路边店招，曰"千里香"。如今，著名的福建"千里香"居然跑到豫北来了？私忖又是什么野狐禅，但店主说这才是真正的馄饨，福建的馄饨还不是从河南传过去的，现如今乃中原嫡传，不妨一尝。

入门生意火爆，据说半夜都顾客盈门，有百里外从开封赶来者。趋灶瞥了一眼，只见它们恹恹地竹笸箩里堆着，但一下锅立刻有满堂异香,不禁食指大动。少顷上来了,大碗,宽汤,刚才还黄澄澄的,现在一变而雪白粉嫩,中鼓饱饱的馅心,一如少女红唇,甫入齿颊,鲜汁四溢,极嫩极滑。汤更妙,碧落生青,古人言可泡茶,可研墨,浮几许褐色油藻,那一阵阵的奇香即由它们递来。

延津的"火烧"非常有名,《水浒》中曾见它踪影,眼下一口火烧,一口馄饨,不但让人怀念起武大郎,而且真切地感受到神州何处无美味。

店主自谓姓侯,祖籍河南开封,但世居福建莆田,西晋末、北宋末有过两次士族的大规模南迁,他也弄不清他的祖先是哪一次的南迁,反正让中土的食文化在福建得到完好的保存,他认为他的先人是有功的,"千里香"即此孑遗。

据说最好的馄饨在乎庙堂与江湖之间。

自古到今,一类人、一类物进不得庙堂,那就是名医和馄饨。

宋元以降,名医一旦被朝廷征为太医,本人倘若敬业则是要愁死的。盖因名医的生命在民间,浸淫杂病,砥砺怪疾,方能日精日进,如今专看帝王的"九五尊恙",或娘娘的"难言之隐",则好比活塞运动,天天重复自然就蔫了。

馄饨也是这样,原本是鸡毛小店的活泼泼的村野点心,至唐宋而入帝王之家,馅料也由猪肉而升格为鱼肉、虾肉、蟹肉、蚝肉……直至清代的侯门巨族,居然出现巨无霸馄饨"满楪江",每枚用馅四两,不是鲍鱼就是鱼翅,成形后重达半斤,美饨耶?

美臀耶？这样的东西还叫馄饨吗。太多的东西盛于村野而死于奢华。

金元房语，遍地腥膻。真正的古法馄饨早已从中原消失了，而福建环山封闭，偶有美食心法传入即视若拱璧，常被京华纨绔齿冷，殊不知美食三昧，只讲配伍，并无什么"九品中正"，鲍鱼失偶，不如螺蛳。千百年来，馄饨皮子的最佳配伍其实也就是猪肉了，猪肉最贱，但就像火腿一定要置之贱地而后尊一样，贱有贱的美，况且"人不犯贱，它亦不贱。人若犯贱，它必更贱"。个中奥妙，能悟的则悟，不能悟的也就不必悟了。

予智也钝，奥妙的话只能若有所悟。记得当年从福建返沪后就念念不忘"千里香"，而且说来也巧，那年开始，店招高悬"福建千里香"的小店就一家接一家地在上海开张，迄今终于连我们田林地区也一气开了五六家了。

然而，它们一进上海就走样，馅少皮厚，汤也屡薄。为了一口记忆，我变得三天两头去寻正宗的，渐渐知道"千里香"的成功，就在于守拙，在于死心眼：肉馅，一定选自猪后臀的。皮子，一定选择高筋面的。汤料，要用骨头熬的。至于那股奇香，应该就是"千里香"最后死守的秘密了。

离开渡口时，林店主说要我牵线，去上海发展。我忙说，快打消念头吧。上海已有无数"千里香"。为了先人与"千里香"，你还是留在渡口罢——

你既自开香堂，不妨就叫"渡口香"。

羊头汤

> 所有人都蹲或站着,面向一溜矮脚的靠墙小桌,捧着大碗,哧溜哧溜地喝得满头大汗,脸上的表情亢奋而满足。

羊肉是否美味,如同曹操是否英雄,一向是有争议的。讨厌的,有很多理由,核心就是那个膻味;而喜欢的则不要理由,好的也就是那口膻味。

我是极恶羊膻的,并且多年来一直为那句成语纳闷:挂羊头,卖狗肉。为把狗肉卖出去,为嘛非要挂羊头呢?难不成羊肉的美味,果真无与伦比,一如假表要冒瑞士的,假酒要冒茅台的?

但所有的变化始于陕北榆林。

那年冬天去榆林采访,延安市宣传部的拓继承相陪。大清早起来,飘着雪花,问拓继承当地有什么好吃的。拓继承不加思索地就回答:当然是榆林羊头汤啦!

我一听天昏地暗,一个闻到膻味就直吊恶心的人,这不坑我嘛!

但小拓不由分说地把我架了过去。路边一腌臜小店,大群人围在那里,很远就可以闻到膻味。但是奇怪的是,越走近,越有一股不可思议的香味。待到走进人群，那股混杂着蒜香、麻香、孜然香的味道已到不可抗御的程度。

所有人都蹲或站着，面向一溜矮脚的靠墙小桌，捧着大碗，哧溜哧溜地喝得满头大汗，脸上的表情亢奋而满足。拓继承要了两海碗。我一看，汤是奶白色的，大锅里勺出，极烫。海碗里先有蒜末、花椒、丁香诸物以及很薄的羊头肉片，大勺直接浇下，伙计顺手一把香菜、辣子和大烟籽，碗里顿时奇香四溢，且红、白、绿三色上下翻滚，煞是好看。因为有成见，我警惕地抿了一口，没想到极鲜极糯软，不禁大口啜吸，继之大口吞咽，羊头汤香透灵台，羊头肉脆嫩无比，特别是羊头肉，羊肉嫩乃众所周知，它还加上一个脆劲，真不知怎么生就的，恨只恨羊头太小，出肉率太低，刹那间哪里还有什么膻味呢。天上飘着雪，浑身冒着汗，咀嚼间忽然佩服起先人的造字来，"羊大为美"。鱼羊为鲜，早就听说了，一直以为牵强得很，现在没有疑问了，而且还有更深一层的理解，鲜者，少也，查我造字远祖食谱，世居黄土塬，鱼少，羊也不会多过草原吧，爱吃的人一多，遂成珍物；还有一个恙字，本义是"担忧"，难道身外之物，羊才是最可牵挂的？更有一个民族，羌族，大概不可一日无羊肉，干脆跟了羊姓。

张大千论女人，有一等肥、白、高，二等麻、妖、骚，三等泼、辣、刁之说，喝着羊头汤，忽然觉得这三等女人的特点，汤里全有了，可谓九味杂陈。人常说女祸亡政，一直有嫁祸女性之嫌，但事实上为一碗羊汤而兵败如山倒的还真有其事呐，比如

《左传》记载，楚庄王于公元前607年，命郑国进攻宋国。宋国命名将华元迎击。临战前，华元大熬羊汤犒师，军中人人有份。不料，在分发羊肉汤的过程中，不知何故，偏偏把自己的车夫羊斟给忘了。翌日，两军正酣战时，那羊斟突然鞭子一扬，直接把华元的马车往郑营赶，华元大惊且大喊：你疯了？那是敌营！没想那货狞笑着对华元说："嗨嗨，昨天分羊肉，你说了算；今天驾战车，我说了算！"

一军之帅就稀里糊涂地做了俘虏。

羊汤之魅，竟然使人公然投敌，我想换了一碗鸭汤，大概就不至于了吧。

奇的是，后来在各地，我都遇到过羊汤，却只是一味地膻，再也没有那个大雪天的"九味杂陈"了。

大麻鸭

> 这鸭也奇怪,见生就逃,唯独见到我,侧着头大叫,讨吃,而且胃口奇好,砻糠拌饭,食量比我还大。为防其逃走,平时总是一根绳吊着它的脚。

大麻鸭可不是对某类人的暗喻,而是一只实实在在的鸭子。

说来很遥远,那是1979年的春节。我们厂附近只有山货,要鸡鸭鱼肉必须去40公里外的宣城,或湾沚,那是百把里外的芜湖县了。

海斌是我采购农副产品的老搭档。此次采购,父亲来信嘱我务必买一只4~5斤重的大麻鸭,他在替我搞借调,手握大权的某处长之岳父,肺结核刚钙化,医嘱5斤老鸭炖芋艿,可以滋阴补元气,但上海那时哪有这么大的鸭子呢?

希望也就落到我身上。

那天一早4点出发去宣城,找遍市场都不见大麻鸭。老乡说,此地的鸭子都只2、3斤,你要那么大的"鸭王",只有去湾沚。但绿皮车奇慢无比,到达湾沚站,居然中午了,鸭毛都没见。

大概一周后,海斌搞定了一辆从水泥厂直达芜湖的货车,但凌晨3点就得出发,简直比鸡起得还早的节奏,路上颠了将近 3 个小时，到达湾沚正是 6 点的早市。我们不吃早餐，赶紧找鸭，鹅倒是不少，鸭都是 3 斤以下的，有一只 4 斤重。我心有不甘，放下了，兜一圈回来，居然被人买走。正跌足懊悔之际，一个当地小孩来报信，说有一只大麻鸭，他知道在哪，但要给他 1 毛钱"报信费"。我大奇，那时居然有这样的孩子，岂不是天才么。赶紧跟他走。曲里拐弯地正疑惑间，听到了一阵洪亮的鸭叫声从一小院里传出，推门——这么大的鸭子啊！一问，5 斤半！我表面平静，淡淡地问主人，卖不卖？主人犹豫了一下：不卖！

海斌拖了我就走，低声嘱咐：越求他，他越不卖！果然，刚出巷子，他追了上来，大叫：你给个价嘛！海斌缓缓转身，说，鸭子太大，肉太老。鸭主人连说，不老！不老！这样的大麻鸭整个芜湖都找不到！

最后达成的价，0.8 元 1 斤。彼时鸭子卖猪肉价，猪肉是 0.72 元 1 斤。临交割，鸭主人还是舍不得，我干脆给了他 5 元钱，方始抱得肥鸭归。因羽色如麻雀，通常称"麻鸭"，品种很多，如广西大麻鸭、江苏"昆山麻鸭""高邮鸭"、浙江"绍鸭"、福建"金定鸭"和安徽"巢湖麻鸭"等，鸭主人介绍，我们这只超级鸭王正是"广西大麻鸭"，属肉蛋兼用型。细细打量它，方身，大尾，细长脖子光亮得缎子一样，一对小眼睛贼亮贼亮，扁着头看人，又傻又调皮，因为体魄硕大，那对肉掌红红的像一双肥大的塑料拖鞋。想想回家尚有半个多月，我把它养在后窗的小夹弄里。这鸭也奇怪，见生就逃，唯独见到我，侧着头大叫，讨吃，而且胃口奇好，砻糠拌饭，食量比我还大。为防其逃走，平时总是一根绳吊着它的脚,后窗是高高的篱笆。我日常的规律是:晨起放风,让它在窗后空地溜达溜达,我那根绳子可以放得很长很长,一上班就把它收进屋内,下班乘着暮色再次放风,天黑收进。

那天一不小心,上班前忘了收进,大约三小时后突然想起,都快午饭时间了,急急赶回,鸭不见了!陡闻隔壁一阵鸭香,推门进去,一大桌人围着吃鸭,看到我脸色都变了。我问:你们这鸭哪来的?!

一桌人都不说话,眼睛全都看着那个起重组的"小矮子",那小矮子高踞桌头,面不改色,反问我:你这个问题问得忒"刮散",不是买来的难道还是偷来的?!我看着地上大堆的鸭毛,桌上大块的鸭肉,不是我的大麻鸭,哪有这么大的体量?!可是鸭子已经不会说话。那时也没探头,更没人愿意为我作证,捉贼捉赃,你凭什么一口咬定人家偷鸭呢?

只好悻悻地退出,背后是一阵阵的狂笑。

我心疼大麻鸭,"一对小眼睛贼亮贼亮,扁着头看人,又傻又调皮"。

以后"小矮子"每次与我邂逅,脸上都挂着诡异的笑,那潜台词直接就是:就我吃了你的鸭,你有证据吗?嘿嘿嘿嘿⋯⋯

有时想想,鸭固有一死,总得被吃,只可惜着了魔道,化成了歹徒身上的一部分。

萝卜皮

> "药圣"却没想到,灵芝、石斛、人参、虫草——如今这"不老仙草"的系列里居然也让萝卜插了一脚。他更不会想到,萝卜皮也会奢侈到特供或者无价呢。

"两会"反奢侈。全国政协委员何清华称:今年春节,国人境外奢侈品消费高达"72亿美元",而2011年,中国奢侈品市场的年消费总额也是一个"高达"——高达126亿美元。

路边有无"冻死骨",没看见。但朱门酒肉一定味道很难闻则是不用置疑的了。有个大佬朋友对我发愁:儿子一天没鲍鱼吃,就哭闹,怎么办?我说恭喜贵公子芝兰有根,将来必是大人物。他说此话怎讲,我说,王莽啊,王莽当年只要心情一憋屈就必须鲍鱼下饭,令郎未来前程不可限量啊。

他知道我在损他,就说那我就天天吃萝卜好了,免得你们仇富。我说那也不见得,如今奢风如炽,就连一向被瞧不起的萝卜也一"奢"就飙。

比如全国长寿之乡的"如皋萝卜",我最近就去见识了一回。

如皋在苏北。全国四个长寿之乡中,如皋的百岁寿星之多高居榜首,居然比联合国厘定的长寿标准还高出一倍。《山海经》

有"不死国",此其地欤?非耶。此地之所以荣膺"长寿之乡"据说靠的就是萝卜。于是主人接风不见山珍海味,却隆重推出"如皋萝卜宴",萝卜鲍鱼、萝卜羊肉、萝卜鱼唇、萝卜海参……不过大家最中意的倒是用镀金餐具盛放的"酱萝卜皮",入口无渣,说不尽的香、脆、嫩、鲜,怔怔地触动了我儿时的记忆——

弄堂里住过一对苏北籍夫妇,几乎天天烧萝卜吃,而且变着花样吃。他们有个儿子和我同班,实在是吃怕了,每饭必哭,其母总是千篇一律地讲述着一个萝卜优于红薯的故事——说,从前呀有个继母,每天给亲生子吃红薯,给前妻的儿子吃萝卜,亲生子以常吃红薯为荣,前妻子以顿顿白萝卜为耻,但是多年后,亲生子又黄又瘦,前妻之子却白白嫩嫩……

那似乎像一个隐喻。我也吃过他们家的腌萝卜,那种脆嫩鲜甜迥非寻常,但是和如皋的萝卜比,好像还是差得太多。

席间,群箸直指萝卜皮,须臾见底。众人嚷着再要,主人严肃地说,没有了!不会再有了!就像真正的"龙井",如皋的绝品萝卜其实也就那么块地,今天是"特供",只能尝尝了。"什么价呢?!我们出钱!"有人嚷着。"对不起,无价的!因为断档了!"

到得如皋,本该去著名的"水绘园"追怀冒辟疆,凭吊董小宛,但大家寻找长寿之道心切,考察的兴趣反被"无价"的萝卜左右了。

所谓"烟台苹果莱阳梨,不及如皋萝卜皮。萝卜皮咯嘣脆,常吃能活一百岁"。南京大学对如皋萝卜用"等离子发射光谱仪"

多次测定后确认：如皋境内"新王庄村"和"新民村"所辖的耕地出产的白萝卜乃"天上人间第一品"，富含铁、锌、铜、锰、硒、锶等微量元素14种，其中硒的含量高于寻常萝卜10余倍。奇怪的是整个如皋1477平方公里，就这么一小块土地专产"无价萝卜"，格外地"脆嫩汁甜"。物以稀为贵，萝卜居然也会无价，我们必须接受这个事实。

如皋的白萝卜素有"鸭蛋头""溜头青""捏颈""百日籽"等品种，尤以"捏颈"和"百日籽"这两种耐寒味美的品种为良。

早从1964年始，如皋萝卜干就进入了国际市场，如今已名动天下。它的制法是洗净后切成橘片形条块，使块块有皮，有皮面约三块一市寸。选择西北风向的晴天，置萝卜于通风处，强光下摊晒，勤加翻动。经过三四个晴天，萝卜片经风脱水后，清香四溢，本身已有甜味，然后下盐腌制……

萝卜，《诗经》里称"菲"，似乎很洋气，最初作为药用，后来才作食用，袁枚《随园食单》有"猪油炒萝卜"："用熟猪油炒萝卜，加虾米煨之，以极熟为度。为起加葱花，色如琥珀。"药圣李时珍亦盛赞它"可生、可熟、可菹、可酱、可豉、可醋、可糖、可腊、可饭，乃蔬中最有利者"。

但"药圣"却没想到，灵芝、石斛、人参、虫草——如今这"不老仙草"的系列里居然也让萝卜插了一脚。他更不会想到，萝卜皮也会奢侈到特供或者无价呢。

鲸鱼肉

> 俄顷，一盘似牛肉又不像牛肉的东西端了上来，冒着热气，肉面已都是胡椒，曹老师还"心虚"似的一个劲往上撒胡椒。我问，啥美味啊？

李白再狂也没有想过吃鲸鱼，尽管前人的诗文，给人的印象似乎他是骑鲸的常客，但事实上，权威的工具书也常常出错。如1997年3月版《辞源》"骑鲸客"词条："骑鲸背以游海上。喻仙家、豪客。唐李白自署曰'海上骑鲸客'。"

我因此查阅了《李太白集》，并未发现李白自署过"海上骑鲸客"。倒是宋赵令畤《侯鲭录》记载李白曾自题"海上钓鳌客"。有关李白骑鲸的瑰丽传说，明冯梦龙《李谪仙醉草吓蛮书》有这样的叙述："李白在江头畅饮……忽然江中风浪大作，有鲸鱼数丈奋鬣而起……只见李学士坐于鲸背，音乐前导，腾空而去。"又，杜甫《送孔巢父谢病归游江东兼呈李白》诗末句："若逢李白骑鲸鱼，道甫问讯今何如？"凡此种种说明，称李白为"海上骑鲸客"均系朋友或后世文人所为，而"吃鲸鱼"，不要说李白不敢想象，就连当年命力士"射鲸"的始皇也不曾想过。是以做一个现代人，自有现代人的"幸福"，比如可以轻易地吃到帝王也没吃过的鲸鱼肉。

第一次尝到鲸鱼肉是 2001 年的 8 月，在挪威一个画家朋友曹瑾乾的家里。

曹老师是中国人，请我吃晚饭，诡秘地说：请你吃从来没有吃过的美味！

然后只听得他厨房里"嗤啦啦"地响，俄顷，一盘似牛肉又不像牛肉的东西端了上来，冒着热气，肉面已都是胡椒，曹老师还"心虚"似的一个劲往上撒胡椒。我问，啥美味啊？答曰：鲸鱼肉！

赶紧尝一口，那肉绛红色，其味似麝非麝，似咒非咒，反正不像牛肉，也不像鱼肉，骚得很，腥得紧，古人所谓"一团腥膻"，怪不得画家"心虚"地大撒胡椒！问题是，口感也不好，枯老柴瘠，如嚼败革。画家殷切地看着我，显见得要几句表扬，我只好含混地说，蛮好蛮好，蛮有特点的……

心里却说，天哪，这就是鲸鱼肉？！

画家后来和我继续来往，但从此闭口不谈鲸鱼肉。

直到十年后的今天他再次出现，手擎一块绛红色的肉块，脸上放着光：鲸鱼肉又来了，这次一定让你吃得趴下！说完不由分说，系好围裙，当即下厨。

我不知这块肉是灰鲸的还是蓝鲸的、虎鲸的，抑或座头鲸的，反正看上去很嫩，他把它切成薄片，拿来平底锅，放入自己带来的黄油，待油升温便放入肉片，转过头来说，我上次的失误就是放入中国的豆油，然后烹上黄酒，此举大错，西洋食材很怪，只配西方烧法，中式烹调，味道极怪。

他嘟嘟囔囔地把肉片两面都"封"了油，便拿过红葡萄酒直接淋了下去，翻个身，投入从挪威带来的专供调料，最后撒洋葱丝，出锅。

奇香扑鼻。一口下去，鲜嫩滑爽，略带血水，小牛肉一般，但鲜美过之。我大奇，这也是鲸鱼肉吗？虽然还有点腥味，但和十年前相比，不啻霄壤，为什么区别那么大呢？

画家笑了。说，十年了，十年一肉啊！十年前，你吃过我煎烧的鲸鱼肉，我永远忘不了你当时哭笑不得的表情，那东西一定非常难吃，但你却不好意思直说，我为此一直耿耿于怀。听说日本是食鲸之天堂，便去考察。

日本人说，吃鲸是他们的传统文化，烹饪古籍举鲸第一，鲤鱼第二。到专门的鲸鱼菜馆观摩，鲸菜繁多，炸鲸排、清蒸鲸肉、烟熏鲸肉、鲸鱼刺身、寿喜烧鲸肉、咖喱烤鲸鱼、芝士焗鲸鱼、腌制鲸鱼皮等等，有的店家还用鲸鱼肉来做汉堡包。

问题是，所有的日本人都不会泄漏烹鲸的秘密，亦即怎样把鲸肉做得既嫩又香，我苦苦琢磨了多年，才找到窍门……

曹老师敏感而执著。因为一次烹饪的失败而耿耿于怀十年，似乎为常人所不能理解。其实，对一个微末小节的"耿耿于怀"，有时足可影响人生甚至人类历史进程，牛顿因为一个苹果而顿悟，弗莱明如果不对青霉菌周围的葡萄球菌忽然消失而"耿耿于怀"，又哪里会有青霉素的发明呢？

十年一肉，可代圣贤立言。

清流与浊流

> 兰州人觉得奇怪：为什么我们这里的牛肉清汤，到了你们那里就成了咖喱浑汤，而且还要打着"兰州"的招牌呢？

旧时官场士大夫之间常有"清流""浊流"之争，爰至唐末李振因为屡试不第而迁恨朝廷，挑唆朱温把裴枢等朝臣三十余人统统沉入黄河，说，"这些官僚自命不凡，标榜自己是什么清流，现将他们投入黄河，让他们永远成为浊流"。此举固然残忍忌刻，因为事实上官场情形远为复杂，所谓"不为小恶，难行大善"，像戚继光这样的民族英雄为剿灭倭寇而不得不经常向上峰行贿，可见清流浊流之外至少还有"灰流"或清浊并行之流吧，不比拉面，除了清汤，就是浊汤。

说起兰州拉面大约是20世纪80年代进入上海的，其汤色最初分清、浊两族，后来历经清—浊—清的历史变迁。

我对那种咖喱味很酽，因此很黄很暴力的"浊流"是否正宗其实是一直心存狐疑的，因为我尝过"清流"的出品，觉得两者不能相比，前者先用咖喱轰炸我们的正常嗅觉，以饰其劣，然后又用余孽熏蒸我们一天，让你整天嗝的就是咖喱。

那咖喱什么东西？一种对万般食材一律格杀毋论的"香

霸",经过它的格式化,就算是腐肠败肉也洗白了,还能咋地。

但是不知何故,"清流"很快就成了少数派,二十年前的1996年左右尚有一家残存的,店名很俗,叫什么"人民拉面店",坐落在打浦桥,生意十分兴隆。那面是极有嚼劲的,牛肉片薄而含筋,入口即化;那汤,则用牛骨煨就,色泽碧清,香如兰麝,据说加入了13种香料。我以前上班,每天一定要吃一碗的,问题是,人们吃得酣畅之际又总是要嘀咕:这汤,怎么会是清的呢?言外之意,兰州拉面的汤不浑得像马尿一样还不行。

对此,店里那个姓马的掌勺大师傅曾经气得大吼一声:你们懂什么,清汤清料清面才是真正的兰州拉面!现在是马尿的天下,大家喜欢淘糨糊,清汤的反而做不过马尿的了。

果然,说什么清者自清,浊者自浊,那店不久也守不住而不知所终了。

话说面条,魏称汤饼,晋称不托,所谓汤饼就是面片汤,至晋代,汤饼已由面片而拉成细条了,只不过那个"拉"字,古称"搊"字。拉拉扯扯了一千多年,直到八十年代进入上海,人们才恍然,原来面条除了"切面""卷子面",还可以手工拉得如此细长。此前,大概至少有一半的上海人认为面条从来就是机器里轧出来的。

感谢兰州人给我们上了生动的一课,但是兰州拉面进入上海的历史毕竟是一段被迫改变自己的历史。

为探究竟,我去兰州还专门考察过拉面,被告知"金鼎"和"麻子禄"最正宗、最负盛名,其中"金鼎拉面店"是兰州拉面的"国标",青瓷大碗一上来果然是清汤,汤清见底,素有"一清、二白、三红、四绿"之说,清的是牛肉老汤,白的是萝卜心片,红的是红椒辣油,绿的是葱花蒜苗,面一入口,幽香沁脾,韧而不棱,糯而不糊,片片牛肉更是粉如霞、薄如磬、酥如酪,嚼之啜之,天上人间。但是,兰州拉面有无"浊流"的一席之地呢?事实上我跑遍兰州拉面店也找不到咖喱一族,兰州人觉得奇怪:为什么我们这里的牛肉清汤,到了你们那里就成了咖喱浑汤,而且还要打着"兰州"的招牌呢?

答案其实早经当年"人民拉面店"那位掌勺的师傅诠释了:是你们逼我们放咖喱的,不放还真卖不动,为了生存,大家只好把汤搅浑。

久而久之,"清流"也就放下了身段。有趣的是,眼下,不知何时起,全上海的拉面又变成清汤世界了,以往横行沪上的"咖喱拉面",忽然又不见了。偶有一家,比如康定路、延平路转弯角处的那一家居然成了咖喱牛肉拉面的珍稀店。

大众的选择就是如此无常而且没道理可讲,在时代的洪流前,所谓的清浊贵贱之争一概失语,就像我们的茶叶在欧洲被放入了牛奶;而欧洲的红酒又被我们放入了"雪碧"以及美国的麦当劳被老宁波佐以臭乳腐一样……

谁知道谁在主宰着这一切的变化呢?

清流与浊流

鲥鱼难吃

> 良久,一个大佬慢慢地说,说实话,忒腥气,刺太多,一根舌头忙着剔刺都来不及,实在品不出"御膳"的味道……

这个标题本来打算做网红:近来鲥鱼在长江江阴段人工繁育成功。

然而,被人捧上天的鲥鱼其实一点也不好吃。今年因缘两次尝了鲜活鲥鱼,才敢说这句话。

以往,市面上的冷冻鲥鱼大都来自东南亚。尝过多次,难吃。故第一眼看到鲜活鲥鱼时,口腹是期待的,毕竟是"长江三鲜之首",毕竟正式的记录表明,长江鲥鱼早已绝迹,三十多年未见它的踪影了。

但让人想不到的是,活蹦乱跳的鲥鱼不是长江鲥鱼,而是引进的美国鲥鱼,同样在长江长大,两者外观也几乎一模一样,除了DNA结构高度相似外,生物学分类也几乎一样,都是"鲱形目,鲱科,鲥亚科"。

那么两者口感相同吗?三十年前常吃长江鲥鱼的老渔民说,相同。

我愿意相信老渔民的口感。毕竟它们都是"鲱形目,鲱科,鲥亚科"。然而尝下来的感觉实在不咋的。

第一次是和一群书画界老饕一起品尝。活鲥照例不去鳞，对剖开，酒酿火腿片蒸，鱼身较大，2斤半左右。动筷以后问大家，有没有"首鲜"的感觉？同桌的一脸尴尬，看表情似乎没人想为它背书。良久，一个大佬慢慢地说，说实话，忒腥气，刺太多，一根舌头忙着剔刺都来不及，实在品不出"御膳"的味道……

席终筷子投票：鲥鱼没吃光，残躯剩一半。

第二桌是几位主持人在著名酒家接待来自联合国的朋友。鲜活鲥鱼作为国粹再次登场，主人以为客人会一惊一乍的，毕竟是鲥鱼，而且还是活的。没想到客人尝了一口就不再问津。这条鱼的"筷投"结果更惨，席终基本没怎么动。问感觉，细嫩，不及老鼠斑；肥腴，不如雅片鱼；弹牙，不如苏眉鱼；滑爽，不如松江鲈；鲜香不如兴凯湖翘嘴红鲌……

但它却要1 000元1市斤。像某人莫名其妙就网红了一样，比它好吃的鱼多了去，甚至和它同样多刺的堂兄弟鳓鱼也不比它差很多。

凭什么它这么红呢？

因为"少"而凭物以稀贵。长江鲥鱼已经灭绝，灭绝到捞一对亲鱼繁殖后代都不行。都没辙了，只好万里以外，有劳美国鲥鱼。尽管长江鲥鱼美国鲥鱼两者的生物差别以及生理区别很微小，微小到据说就是菠萝和凤梨的区别，但还是被冷落，原因我想只有一个，它本来就不太好吃。

鲥鱼价居高不下的第二个原因无非就是它的历史地位高。所谓"清明挂刀,端午品鲥",鲥鱼之美不在鱼肉,在那一身深锁了脂肪闪闪发光的鱼鳞。汉代开始,严子陵、苏东坡、李渔、袁枚都是历史上有名的"鲥鱼控",其中严子陵据说便是以难舍鲥鱼美味为由,婉谢了光武帝刘秀入仕之召。

鲥鱼体扁而长,色白如银,肉质鲜嫩,有鱼的美味,亦有肉的质感,丰腴肥美,细腻嫩滑,入口即化,鲜香逼人。由于鲥鱼鳞下富含脂肪,故烹调加工时不去鳞,带鳞清蒸,保持真味,以增加鱼体的清香。宋代大文学家苏轼称其为"南国绝色之佳",并作诗赞曰:"尚有桃花春气在,此中风味胜鲈鱼。"

我曾疑惑,海棠无香,桃花有香气吗?只知道诗经之"桃之夭夭",似乎色相不错,没留意它的香。后来较真了一下,始信东坡之言不误,桃花的香,淡淡的甜香,很清雅的。转而怀疑鲥鱼毕竟水族,不言腥膻已经很特别了,喻其"桃花香"是否过了?

是以它的地位真那么高、真那么无敌么?

未必。有比较才有伤害。应该确认,它当红之时,古人的食谱太窄,囿于征服自然的能力,很多美味和我们是无缘的,也就无从比较。因为太偏爱,苏东坡拟人化地捧它为"惜鳞鱼",据说它的鳞片一触网,就君子般地一动不动了,古美男卫玠一般地高冷。

但苏东坡吃过"老鼠斑"伐?这种石斑鱼生活在南海暖水,极其细嫩且无细骨,"鲜滑一口爽",现价也1 000元一斤,味道不知道比鲥鱼要鲜美多少。那时没有冰鲜能力,"老鼠斑"根本无力北上。康熙帝也捧鲥鱼,每年一上市,就三千里加急地送京,跑死马,跑死人,但玄烨尝过雅片鱼头伐?雅片鱼产自北海深处,彼时虽天子亦无以品尝也!那种丰腴弹牙真是"掼鲥鱼几条横马路"。

当然,捧它最神的是张爱玲,什么海棠无香、红楼未完、鲥鱼多刺——鲥鱼居然因为多刺而被她列"人生三大憾"之一,但我几乎可以打赌,张爱玲没有品过东北兴凯湖的"翘嘴红鲌",它又叫"大白鱼",在兴凯湖沿岸,有湖水炖白鱼的吃法。活鱼洗净,加入湖水,清炖30分钟,佐以精盐、胡椒粉、香菜末。届时汤白如乳,色白如玉。曰"赛蟹肉"。

从鲥鱼想开去,名过其实的美味其实还有好多,那河豚,值得你"拼死"去吃吗?!你倒是和我"良心对话"一下,为破解毒素而烧成红吼吼、烂糟糟的"一作堆",除了一团腥臊,既不鲜又不腴,无非"皇帝的新衣",你也跟着叫好,"不叫好就是没见过世面",是也不是?

河豚刺生,在日本是必须经受30道工序考验的庖厨至尊——"豚道",雪白的肉、雪白的精巢,那才是"拼死一食",你这里炖得稀烂都快"烂猫糊"了,还"拼"什么死呢。

被人为堆高的野味也大抵虚妄。江湖上,朋友常用野鸡野鸭款待,说是最高礼遇,其实我心中往往叫苦不迭,因为再珍稀的野物都有两个字让你遭罪:"臊"和"柴"。

"臊",便放香料,你还不如直接咀嚼肉桂丁香;"柴",更没办法,直接嚼木料吧。还有驴肉。什么"天上龙肉,地上驴肉",一尝,还不如牛肉,差猪肉更远,只能让人想象龙肉,即便有,大概也极难吃罢。

从鲥鱼想开去,它们只不过是一堆曾经辉煌过的食材,我们之所以对其顶礼膜拜,无非因为前人膜拜。如今它们是高开于拍卖行的一幅旧画,虽然平庸,也得叫好。拿来请你,无非体现一下:诺,将您置顶啦。对侬重视伐?

是不是好吃,还很重要吗?

小强往事

> 小强自古即良药,《陆川本草》称它"驱风解热,通血脉奇效"。《本经》称它:消瘕。主血瘀,寒热,破积。《分类草药性》称,治一切饮食诸毒。

据报道,澳大利亚因为鲤鱼泛滥成灾,政府将一条植入芯片的鲤鱼放生,并宣布能够钓上这条鲤鱼的垂钓者可以获得 100 万澳元(466 万人民币)的奖励。

看了这条消息,我照例是冷笑不止。466 万元人民币固然是不小的诱惑,但是考虑到它大海捞针的偶然性,这样的激励效果其实远远不如发动公众的食欲为好。事实上,按经验,你要剿灭一种生物,最彻底的方法就是全民吃它。是的,一般而言,饕餮才是最强的力量。研究中药史的知道,中国最好的人参不是东北人参,而是山西的上党人参,但上党人参就是被生生吃光的。说起上党人参,大家都会误以为"党参"就是上党人参的简称,其实党参是党参,人参是人参,两者的差别比人和猴子还大。上党人参又叫"紫团参",和东北人参是亲兄弟,都是木兰纲、伞形目、五加科;而党参则属于双子叶纲、桔梗目、桔梗科,完全两码事。"紫团参色黄而东北参色白",著名老中医裘沛然生前告诉过我,古时紫团参曾遍布整个太行山地区和陕西、山东、河北一带广袤的森林，是一种常见药物，但在隋唐已晋升为贡品；宋时，紫团参越来越少，《梦溪笔谈》有王安石拒收紫团参的故事，可见紫团参已成珍稀。

紫团参和东北人参功效相同，但前者妙在服后不上火而后者稍有不当则"上火"，而且正因为"滋补而不上火"，达官贵人便疯狂地消费着紫团参，歌榭琴台、青楼瓦肆，参茶最时髦，"延客不见紫团参"，公子哥是要掀台面的，故爱至明季，紫团参已经绝迹，亦即活活挖光吃光的。

或曰蟑螂你总剿灭不了了吧，我说未必。当然，它的别名很多，且令人不恭：偷油婆、菜婆虫、灶马子、小强。唯"小强"为它赢得了唯一的幽默感和正能量，在励志一族，它是打不死、拖不垮、砸不烂、压不扁的象征。

1967 年，我母亲赴太仓名医陆大德处求诊，陆大夫对她说，你年纪轻轻，肝硬化已经如此严重，如不用非常之药——直说了啊——恐怕活不过 40 岁！母亲时刚 35 岁，一听几乎崩溃。陆大夫沉吟半晌，突然问：蟑螂肯吃吗？捉来开水烫煞，去翅，去肢，炒十，磨粉，一大 5 调羹……我母亲说实话当年可真是年轻貌美，乍听此言，差点休克。

天哪，吃蟑螂！首先是抓捕难。腻心。谁下得了手？我还小，这任务就归了老爸。他用开水烫，但小强是紫色的闪电，往往开水下去，烫倒的虽有，更多的却闪了。陆大德规定服用的数量很大（中药的一个缺点就是服用量大），老爸根本完不成任务。

救星来了。舅舅一家在杭州肉联厂生活，舅公爹爹来信说，肉联厂的蟑螂多得可以移山填海。于是我们去肉联厂考察，它的全称是：杭州市肉类联合加工厂，坐落在杭州望江门外。时值暑假，我那年13岁，晚上的肉联厂几乎所有的车间都覆盖着"紫色的闪电"，此处小强不仅数量爆棚而且趾高气扬，大概有足够的肉食和血渍，肉食者鄙，见人是不逃的，个个色如紫缎而肥如肉弹，远望一片紫雾。舅舅时年18岁，直接启动烫猪的高压开水龙头，接上皮管，灭火一般往小强群落激射，那小强世代守法良民，骤遇天劫，不知所措，纷纷给烫得四脚朝天，我们小孩跟在后面直接把它们捡进箩筐即可。所谓"造物没有弃物"，说来难以置信，炒熟又磨粉的小强，味道香得像炒麦粉，毕竟是动物蛋白，烘焙后都有一股蛋白香。母亲一天5匙，后来增至10匙，吃了两个多月，身上的"黄翳"居然渐渐褪去，唯脸上的"黄翳"是两年后在上海逐渐褪去的。

她是个热心之人，发动周围人到处介绍小强粉的神效，尤其是治疗血吸虫感染所致的肝硬化和脾脏肿大的神效。那时候，患肝炎与血吸虫病的人特多，一传十，十传百，以至于附近成群的人都去肉联厂捉小强，一个月不到，竟把偌大肉联厂的小强全部捉光！

母亲后来坚持服用小强粉，肝硬化晚期的她因此多活了二十年。多年后，著名的"蟑螂教授"、荣获全国五一劳动奖章与国务院特殊津贴的李树楠先生终于公布了他的科研结果：小强粉是治疗癌症和其他重症免疫性疾病的良方；小强体内有奇特的免疫因子，是其他生物不具备的，这就解答了小强不生病的原因，它的抗癌因子多达 1 000 多种；多年不愈的伤口只要敷上小强粉，就痊愈；从小强提取的"蟑螂多肽"，可治疗胃出血、溃疡性结肠炎、直肠炎、宫颈糜烂、外伤、刀伤、激光创面、化疗伤口不愈、糖尿病性溃疡、放射性溃疡、褥疮、瘘窦……

事实上，小强自古即良药，《陆川本草》称它"驱风解热，通血脉奇效"。《本经》称它：消瘀。主血瘀，寒热，破积。《分类草药性》称，治一切饮食诸毒。

小强粉能治癌，并不代表小强生前不是传染疾病的大户，既然消灭小强是一代又一代人的夙愿，那么，就让蟑螂变成良药或美味吧——

这是最好的结局，我想，小强将不是被杀光的，而是被吃光的。阿门。

平望辣酱

> 尝了一下,大喜过望:原来和我们上海人从小吃大的"辣火酱"一模一样!一样的"辣中有甜,甜中生香,说辣不辣,说不辣也辣"的独特味道。

周天子好酱。酱,传为周公所创,《周礼》有"百酱"之说,所谓肉酱(醢,音"海")、醓醢(猪肉酱)、蚳醢(蚂蚁卵酱)、兔醢、雁醢、蜗醢(田螺酱)、蠃醢(蛤蜊酱)、鱼醢、鲲醢(鱼子酱)……但就是没有"辣酱"。故古人知辛而不知辣,这也难怪,辣椒乃明末传入中国,距周快两千年了。今人但知川辣、黔辣、湘辣,好像辣是他们的专利,孰知江南也有辣,其最著名的就是平望辣酱了。最早知道它是1976年的11月,为"支援小三线"我们数百人坐包车进山,路经平望,老职工说不买平望辣酱的至少后悔一年。

于是大家都买。尝了一下,大喜过望:原来和我们上海人从小吃大的"辣火酱"一模一样!一样的"辣中有甜,甜中生香,说辣不辣,说不辣也辣"的独特味道,特别那个香,真所谓"似兰非兰,似麝非麝",不夸张地说,厌食症的闻了也会胃纳大开。

刚进山我们住临时宿舍。伙食也较差,食堂里天天是烂糊肉丝和炒青菜,幸亏有了平望辣酱作伴,那温和的辣味和特殊的鲜香,才使我们大吞白饭。但奇怪的是,放在宿舍里的平望辣酱没几天就迅速少下去,其速度很明显地超过我们的消费力度。五个人共处一室,每个人的辣酱都在剧减,这可就奇了,屋内有"辣贼"?把辣酱当饭吃?

猜忌心从此蔓延。"真没出息,辣酱也要偷吃伊港!""侬在讲谁?!""啥宁偷,就港啥宁!""说不定就是侬自己偷的呢?贼喊捉贼!""……"D 与 G 平时就有隙,稍稍龃龉几句就当场打了起来,一时劝架的、助拳的乱成一团。等他们乱定了,我说,别吵了,都是倒霉蛋,每顿饭靠辣酱拌菜下饭,已够苦了,还打架,何必呢。这个贼呢,就在我们中间,是毫无疑问的,没有一个外贼敢在五双眼皮底下,均匀地偷吃每一瓶辣酱,所以呢大家从此呢自己东西看看好,估计不久,大家都要分流,归并到自己车间所属的宿舍去,好分好散吧!

我其实在警告这个贼,见好就收,不要做过头了。这番话只有好友殷海斌听出了我的意思,我们交换了一个眼色,不响。

第二天我去石方处找一个云南的朋友。所谓石方处,就是"铁四局"入驻我厂采石的外协单位,一次登山活动中我认识了一个叫"辣菩萨"的老头,现在因为辣酱天天被偷,便想起了他。"辣菩萨"听了这等糗事哈哈大笑,说那个平望辣酱能叫辣酱吗?知道为什么叫我"辣菩萨"?就是我这里什么辣椒都有啊!四川海椒、海南朝天椒、云南象鼻辣……随你拿,这样吧,你只要牺牲一瓶平望辣酱,我保你这个贼一定现身!

偷酱贼是谁,我早就怀疑W了,他体格魁梧饭量极大,好辣而且工作特殊,每天早晨6点上班,上午10点就下班回宿舍了,且有个恶习,进屋就把门反锁,说是安全第一,当然有"偷酱"之嫌。问题是,他同时也大吃自己的辣酱,水平线同时下降,你怎么拿问他呢?

我按计而行,翌日约好了海斌,上午10点许提前下班,W又把门给反锁了,但平时总是及时应门,这次作怪,拖了很久才开门,开门的瞬间跌跌冲冲,满头大汗,青筋暴绽,两眼暴突,面如喷血,张大嘴,拼命作"呲、呲、呲、呲"的深呼吸,形同窒息。我们吓坏了,他指了指平望辣酱,捂嘴倒地,饭菜洒一地。

原来我从了"辣菩萨"之计,在我的那瓶平望辣酱里放了一点"象鼻辣"。这辣椒可是有不同"辣度"的,做平望辣酱的是"佛手椒",乃最没脾气的,但四川海椒、海南朝天椒、云南象鼻辣可是一个比一个辣,其中象鼻辣又叫"涮涮辣",是野生小米辣的一个变种。食用时用筷子夹住它轻轻地在汤汁中随便涮几下,辣味便爆棚,它的产地德宏州过去经常大象出没。据说,因大象的鼻子碰到了这种辣椒便辣得它狂奔不止,象鼻不停地甩动,象鼻辣因此而得名,可见其辣得凶悍。

真相至此大白。但我不知轻重放多了象鼻辣,那蘸一蘸就辣爆棚的,我居然放了芝麻那么一粒。现在当然救人要紧,赶紧送医务室。医务室能怎么样呢,他涕泗横流,大喊大叫,面部像着火一样,手脚抽搐着整个人绷得像一张弓,大家都觉得吃点辣椒就这么夸张简直不可思议，只好用冰凉的井水毛巾反复捂他面部，很久很久才平复下来。

因为差点出人命，大家决定装傻，整件事不再戳穿。倒是W却一直揣着一个闷葫芦，直到四十年后老同事大聚会，才瞅个没人处讷讷地问我：展奋，一直想问你，还记得当年那瓶平望辣酱吗？哪能会的介辣，辣得来差点要了我的命啊！

"童养蟹"

> 大家吃得如痴如醉,在一片"童养蟹顶忒了"的呼啸声中只有我言不由衷,一脸尴尬。

友自昆山来,赠我四对蟹。时已过小寒,我嫌其寒碜,说,都快落市了,还这么"抖豁"。

他听了,眼睛瞪得很大:只只5两的,你可知道这是什么蟹?!

什么蟹呢?最多不过阳澄湖"大闸蟹"罢,又不是没有吃过。那蟹缚着,看去也就青壳白肚金爪,并无特别处。

"告诉侬,那叫'童养蟹'!"压低喉咙的腔调像是介绍正宗毒品。

我听了不觉好笑,我们这辈人只听说旧社会的"童养媳"。新社会,蟹也有"童养"的啊?

是呀,朋友说,现在阳澄湖最顶级的蟹,若要正宗,要"原生态",就得从"娃娃"抓起——你存心要吃阳澄湖大闸蟹,那么第一步,寻位置。阳澄湖的属地由三地管辖,苏州、昆山、常熟,这三个地方的湖底泥质都不同,昆山是"沙草地",最优质,湖底沙地上长细草,大闸蟹最欢喜;苏州是泥沙地,也不错,最差是常熟,那个湖底都是烂泥,蟹肚子泛黄微黑。所以讲究的人先找好阳澄湖的位置，三个不同位置，蟹的品相也就不同。第二步，阳澄湖上先找好"过房爷"（养殖户），然后一开春就买好正宗的长江蟹苗，必须是正宗的，而不能是鱼目混珠的"辽蟹苗"和"闽蟹苗"，种要纯，否则长大以后的差距可大啦。第三步，将正宗的长江蟹苗交给"过房爷"抚养，从小就吃规定的饵料，钱我来掏，他们叫"奶粉钱"。稍大能动大荤了，仍吃指定的饵料，银鱼、小虾、螺蛳肉、黄蚬肉……钱，仍然我来，他们叫"青苗钱"。这样一直到上市，按湖养蟹的价格售给我。这样的蟹，你想想哪能不是顶级身价？！

我听了以后第一个反应就是不敢吃它们，熟视良久，放进保鲜箱，拱璧般地供了起来。

几天后想想又不对，毕竟不是古董呀，再拱璧的蟹也只是蟹嘛。急急招饮，把蟹洗了，临下锅多瞥了一眼，发觉有一只神色不对，雌的，两只眼睛高高竖起，怒视苍穹，怎么也按不下去，俗称"口眼不闭"。细细一看，像人的瞎眼一样，呈"夜壶蛋"毛玻璃状。暗叫不好，临时买蟹，已来不及，欲待弃之，却又舍不得，到底是"童养蟹"呢，况且亲友们酒过三巡，就等你"童养蟹"上桌了，到时候发现少了一只，不够分，就算主人不下箸，其他人多尴尬。只好装戆，死蟹下锅，悄悄掰掉一条腿做了记号，到时就自己吃。

但心里到底翻腾：不是都说死蟹不能吃么？也不尽然吧，不是说"叫花子吃死蟹，只只灵"吗？可见死蟹不是绝对不能吃……再说闻闻毫无异味，说不定刚刚驾崩呢，冰箱如此低温，还是"热气"的呢……

俄顷,蟹熟。大家兴高采烈,唯独我心怀鬼胎,抢先捞过"死蟹",已打定主意:一辈子没有吃过死蟹,偏要尝尝!既然"童养",说不定死后也不可一世。

"望、闻、问、切"的第一步,望之红彤彤的像红玉。再闻了闻,居然香味毫不递减,暗喜。急切打开就是一股异香,红膏高凸,赤脂块块,唯一蹊跷的是,那块白色的"六角",也就是吃蟹必须挑弃的那块"蟹心"怎么会像一块水发海参一样耷拉在红膏上?这是不正常的,常见的"六角"蒸熟后都很小,且很隐蔽地藏身膏内,一般都要将蟹身一拗为二时,才现身。

现在,它怎么看上去像阑尾头一样地被掼在外头?而且泡得那么虚胖。

"这就是死蟹的死相!"我暗忖。尝了一下红膏,到底"童养"的,味道还真没有走样,只是心虚,狠狠地吃了一撮生姜,希望它解毒。

可是剥蟹肉时,"童养"也无济于事了。那肉不仅没有弹性,而且无甚鲜味,阳澄湖蟹肉,应该甜津津的,可现在木哒哒的,如嚼败絮,而且那蟹脚立马成了"小裤脚管",怎么吮也吮不出整段蟹肉。幸好调料不恶,到底把舌头糊弄了过去。渐渐地,权当咀嚼鱼肉——胖头鱼、白水鱼一旦死了,我们不也照吃?都是水族嘛。

就这样,大家吃得如痴如醉,在一片"童养蟹顶忒了"的呼啸声中只有我言不由衷,一脸尴尬。我吃了一只死蟹,又不敢吭声,如同"假装高潮",内心很是鄙夷自己的。

幸好,观察了三天,安然无恙。渐渐地索性作如是想:第一个吃蟹的固然勇敢,但第一个吃死蟹——吃"童养"的死蟹,同样勇敢,只是"勇敢"得尴尬。

"童子米"

> 从南星桥想到久违的萧山,都两代人的时间过去了,思绪最后还得回到手中的"童子米"。一句话,软糯爽口,涨性大,一把好米哎。

日前在广州作客忽然接到一个来自浙江萧山的快递,沉甸甸的,打开一看,一包大米,发出玉质的安静的光泽,一看便知上等大米,是我的得意学生周小瑛的儿子陶塞渊所种,所谓"童子米",意义非凡呐!

陶塞渊才8岁,小名"陶娃",杭州市天长小学二年级学生。今年的端午,他母亲带他到萧山的"中国水稻研究所"试验田体验水稻的种植,立意当然很好,小瑛说,希望以这种方式,通过孩子们的潜意识来"挽留最后的农耕",用农耕连接起断裂的城市与乡村。

我今天收到的大米,就是"陶娃"和他母亲在那天中午插下去的秧经过五个多月而长成的,如同当下的"童子鸡","童养蟹",我叫它"童子米",大家都乐了。

事实上,"陶娃"的家就在萧山,在萧山的"滨江区"的钱塘江边,属于居住环境相当优越的"江景房",正对岸是杭州城内著名的景区"玉皇山",天气晴朗时可以悠悠地观赏玉皇山的

"八卦田",斜对岸就是我小时候非常熟悉的"南星桥"和渡口,前些年渡口拆了,造了"钱江四桥"。南星桥现在还在,它往东1公里许,就是我当年居住的望江门了。

历史上,萧山是一个很大的区域概念。作为山名的萧山,早在《汉书·地理志》余暨县名之下已有记载,其来历是当年越王勾践被吴王夫差战败,率剩下兵卒停留于此,四顾萧然,故称此山为萧然山,亦名萧山。它原属绍兴专区,1966年起,萧山开始开展大规模围垦。我当年就是萧山开展围垦不久来杭度暑假的,那应该是1970年的暑假吧。邻居"麻子哥"养猪。杭州人叫猪为"狃猪",麻子哥第二个儿子比我大1岁,他老爸因为喜欢猪,居然就直接叫二儿子"狃猪"了。

"狃猪"家养着五六条大猪,他的任务是每天一早去南星桥拉"泔水"。杭州人叫质量高的泔水为"脏儿汤",就这么个读音,我至今不知其确切语义,大概含有猪下脚的意思。

"狃猪"是个快乐少年,和我玩得投缘,总要我陪他一起去拉"脏儿汤"。他骑的是一辆黄鱼车,车上一个大木桶盛泔水。我那时也不嫌脏,和木桶坐一起。那狃猪虽然才十五六岁,却是力大无穷,蹬着空车从望江门到南星桥,仅需十来分钟。

恕我直言,脏儿汤其实不太脏,它就是肉类加工厂遗弃的猪下脚,主要是当时杭人不食的猪肺头、胰脏、喉管、生殖器以及大肠或淋巴组织,偶尔能找到猪肝与腰子。麻子哥拿它们煮熟了,杂以糠麸与水浮莲,狃猪吃了狂长肉。但价格却便宜得惊人,才五毛钱一斤,也因为如此它热销得很,常常缺货。一旦缺货，我们就得渡江到对岸萧山去买，所以那时常常去萧山。那时的萧山，可真是"萧索"，渡得江来，哪有现在的高楼大厦，只是一片无际的滩涂与农田。下水供应点在很远的县城，狙猪蹬得怨气冲天，我反正没事，风景看看，偶尔跳下，路边拽几根"甜芦黍"与狙猪嚼嚼，番茄黄瓜也不错，一路吃过去。

这条路上农村的少妇很多，我们常常招惹她们，用萧山话里的脏话吃她们的"豆腐"，习以为常。那萧山话介于绍兴话与杭州话之间，极有音韵的"橡皮筋"似的上下回荡感，其尾音又总是向下，以至于她们明知道我们不是萧山人，滑稽的萧山话让她们看似嗔怒，其实很受用的。狙猪说，他喜欢远远地偷看她们的春光，有一次他走远了，看到一群少妇在甜芦黍田里解手，居然大着胆子蹑过去近距离偷窥，结果被发觉。"你猜怎么着？"他问我——"被她们围住，农村妇女都是很有力气的，暴打了一顿，还摁住了我，在我脸上撒尿"！

我听了大笑，笑得差点从黄鱼车上栽下来。

萧山城西现在有风景名胜"湘湖"，号称是西湖的姐妹湖，但四十多年前只是一个野湖而已。我们常常路过那里，但见秋水茫茫，白露横江，只是钱塘江远古时留下的一个蓄洪池罢了。沿湖一点风景也没有，但如今湘湖景区已形成湘浦、湖上、城山、越楼、跨湖桥等五大景区，有湘堤卧波、湘浦观鱼、忆杨思贤、绿岛掬星、湖心云影、城山怀古、湖桥拾梦、越堤夕照、纤道古风、越楼品茗、跨湖问史等二十个景点，先后被评定为国家 4A 级风景旅游区、中国百强旅游景区、中国休闲旅游最佳目的等。去年,"狃猪"陪我去玩,这风光旖旎到我都被惊倒了。

手里的"童子米"让我再次从广州神驰杭州望江门,又从杭州望江门想到南星桥,从南星桥想到久违的萧山,都两代人的时间过去了,思绪最后还得回到手中的"童子米"。这米照周小瑛的说法正是中国水稻研究所与人联合研制的新品,叫"天优华占",其米质的主要指标:整精米率 69.9%,长宽比 3.4,垩白粒率 3%,垩白度 0.3%,胶稠度 80 毫米,直链淀粉含量 20.7%,达到国家《优质稻谷》标准 1 级。米粒透明度高,淀粉含量也高,所以黏稠度略低。

一句话,软糯爽口,涨性大,一把好米哎。

广州小菜场

> 他们的菜场,普遍地叫"肉菜市场",看蔬菜品类,和我们颇有不同,广东人主要消费的是生菜和橄榄菜。

近日受邀到广州居住一段时间,因为深入闾里,日夕感受,顿觉和以往住宾馆所了解的广州迥然不同。北人眼里,上海、广州均为"南方",其实两者之生活习惯、市井俚俗相差不可以道里计。

首先都是"吃大米的",但是广州市民所好乃"油粘",也就是上海人所鄙薄的"籼米",没有黏性,我们所好的粳米,他们基本不碰。不过要是你以为他们的籼米和我们一样那就大错了,事实上,"油粘"的吃口和泰国大米一样既香软又利爽,但因为产在珠江三角洲,故而价廉物美,一到广州我们立刻"改事新主"吃籼米了。

早晨起来溜达,广州没有大饼、粢饭和咸豆浆,油条倒是有的,但是它的搭档不再是大饼或粢饭,而是白白的肠粉,名字也变了,和肠粉一结合就叫"炸俩"(炸两),而且这油条不像上海公然地在菜场附近现炸着,而是"偷偷地"先于后台制作好,换句话说你不知它什么时候在什么地方炸好了,大清早突然涌现街头的点心铺，被肠粉裹着出售，一如我们那里被大饼裹着。

油条，他们也叫油炸鬼，在所有的早茶店叫"炸面"，似乎这样雅一些。

广州人没有上海人单吃油条，尤其蘸着酱油下粥、下泡饭的习惯。因此他们的油条都是冷冷的、软软的、韧韧的，热而松脆的很少。

他们的菜场，普遍地叫"肉菜市场"，看蔬菜品类，和我们颇有不同，"塌棵菜"根本没看见，黄芽菜又瘦又小，我们的青菜，他们叫"上海小白菜"，民间曾暗喻上海近郊的楚楚可人的小村姑，但这里是"非主流蔬菜"，广东人主要消费的是生菜和橄榄菜。这里的葱，倒要讲一讲，没有我们所习惯的细细的香葱（白米葱），凡事讲究精致的广州，不知何故，吃的都是我们无奈时才用的"胡葱"，虽然不是大葱，但也有筷子般粗，我们用来烧鱼的，他们却细细切了丝，拌入云吞。而你若走进水产部必须先习惯了，这里的海域已不再是东海，而是南海了，暖水系鱼类的天下。当年清政府以长江口为界把中国海域大致分为"北洋"与"南洋"，广东海域可算是真正属于南洋了，于是鱼档所见自然是光怪陆离，带鱼与黄鱼、乌贼、鲳鱼不再是主角，而是什么罗非鱼、赤眼鳟、鲮鱼、黄尾鲷、花鲈，有一种黑鲷，当地人叫乌翅、牛屎鱲，长相狂野，肉质厚嫩弹牙。还有大白腊和大头叫姑鱼，我们一看就像黄花鱼的表亲，其实它们的血统与吃口都与鮸鱼更近些，粗糙。

更多五花八门、奇形怪状的鱼类我们根本没法分辨，广州鱼市场淡水鱼的四大家鱼也不是我们那里的草、青、鲢、鳙，而是珠江流域的鲮、鲩、鳊、鳙，以及当地的主流鱼类生鱼、塘虱、蓝刀、猪嫲鲩，没有一个熟悉当地物产的广东朋友陪同介绍，你走近广东鱼档也就是走近一大摊模糊的血肉而已，什么也不知道，在此我要好好感谢我的广东朋友沙先生。

然而，令人不解的是，走遍广州，你无论如何也找不到"大排"，上海人过日子怎么可以没有大排呢？想我胡某，媒体三十年，走遍各地吧，哪里会吃不到猪大排呢？最北线的城市内蒙古二连浩特、齐齐哈尔、哈尔滨、陕北榆林，南到福州、海口、南宁，哪里会没有大排面呢？

但是广州没有。无论是超市还是"肉菜市场"，怎么也找不到大排骨，尤其肉铺，问他"大排"，浑然不知。广东的猪种难道很特别吗？

那天我们去广州东站著名的超级大卖场"东方宝泰"，据说规模大到上卖天文地理，下卖鸡毛蒜皮，但走进去还是不见大排，然在"生肉柜台"的"汤骨专栏"里发现"疑似大排"。就肉质而言，上海人一看就是"大排的肉"，粉红娇嫩地碎碎地附着骨头，但一看标签，对照墙上的"整猪剖面图"，写着"脊骨"。

天哪，原来广东宁好汤，居然把如此精贵的大排也一律劈碎后混入尾骨、棒骨、小排骨"笃汤"了！

呜呼！

咖啡旧地图

> 无论"造反派"还是"黑六类",无论"红卫兵"还是资本家,在对咖啡的认同上却有着惊人的默契,这一点非常吊诡。

岁月漫漶。"文革"距今不过五十年,不少事情的原委与真相尽管很简单,现在却开始模糊了。

比如有一种说法,"文革"横扫一切来自西方的、带有资产阶级生活烙印的东西,香水、钢琴、口红、咖啡、首饰、高跟鞋都不能幸免。这种说法其实是不太确切的,带有很浓的想当然色彩,往往逻辑成分大于事实。

"文革"高潮时,咖啡被定为"四旧",这没错,在1949年以后的叙事语境中,它无疑是十十足足的"资产阶级腐朽情调"的东西,与口红、项链、香槟、高跟鞋一起,在各种宣传场景中充当"腐朽生活方式"的道具,但偏偏这个"四旧"在上海打而不倒。无论"造反派"还是"黑六类",无论"红卫兵"还是资本家,在对咖啡的认同上却有着惊人的默契,这一点非常吊诡。

曾有一篇文章说"文革"后第一家恢复营业的咖啡店是衡山咖啡厅。我觉得好笑。因为行文者一看就是"文革"期间没在上海生活过,想当然地认为咖啡店那个时候都打烊了,都被"横扫"了。

事实上,"文革"再疯狂,咖啡仍淡定。首先,"策划于暗室"或抄大字报的人要熬通宵伐?写检查、写交代、写揭发材料要熬通宵伐?越疯狂越熬夜,越需要一杯一杯的咖啡提神,这是"革命"需要,也是生理需要,豪言壮语再生猛,也强不过腺体的分泌吧。当然,对咖啡当年也崇尚大众化,而要说价廉物美,首推中央商场附近的"沙市小壶咖啡"。那地方通宵营业,沙市街里,多家饮食店都有供应,1毛钱一杯;沙市东面的德大西菜社虽然改了名,但咖啡和蛋糕仍然没断档,旁边的"东海",上海跳水池附近的"凯司令"(彼时改为"凯歌"),大光明电影院附近的"喜来临",一直到南京西路黄陂北路拐角的"海燕",乃至更西向的"上咖"(南京西路铜仁路口),都长年不断地供应着咖啡。往南,淮海中路陕西路交界的"天鹅阁",淮海中路嵩山路附近的"淮海西菜社"(前身是一家糕团店,"文革"后期辟为西菜社)也都常年供应咖啡。然而最最有名的还要数八仙桥春光布店旁边的"金中饮食店"(金陵中路柳林路相交处),那时的咖啡店都不敢冠以"咖啡"两字,几乎都叫"饮食店",这家"金中饮食店"以它香浓醇厚的"小壶咖啡"饮誉"上只角",并且像"咸亨酒店"一样,"长衫""短靠"者都可以来喝,"老克勒"尤其多——要特地说明一下,"文革"期间,但凡西菜社和咖啡店(不管它们叫成什么名字)一类的地方,越是屁股不干净的人,越是不敢去,我们的资本家邻居,日常举炊连"罗宋汤""炸猪排"都不敢做,买一瓶"辣酱油"都鬼鬼祟祟,生怕

咖啡旧地图 | 049

被指"复辟",胆小的甚至连牛奶面包也偷偷地吃,怕被指"怀念失去的天堂",故而,去"金中饮食店"解馋的"老克勒"们无不穿着老旧的"工作衣",左胸无不醒目地标着"安全生产"四个字,以示自己也是"工人阶级"。

似乎是"顶风作案",这一切的源头——上海咖啡厂,不知何故一直顽强地开着,一直源源不断地生产着小包装的"方块咖啡"(早期叫鹅牌咖啡),烟纸店、食品店、南货店,车站码头公园,几乎到处有卖,7分一包,剥开外面是白糖,里面才是咖啡芯,省钱的买可可粉,6分一包,里面也掺了白砂糖。

"淮国旧"那个时期曾堆满几十元一套的红木家具,以及乱柴一样乱垛的钢琴、提琴和铜管乐器。我们在弄堂里打弹子,弹子总是落到阴沟里,我们也就经常从阴沟里捞出钻戒、嵌宝戒和金戒指,这就是历史,就是"粪土当年金戒指"。只有咖啡是个例外,它凭借某根腺体而逆袭了阶级和时代。而我们之所以重提往事,无非因为"不少德国青年已经不相信奥斯维辛集中营真的存在过"了。

关帝庙前小吃多

> 荆沙的麻辣烫之所以特别好吃,据说不在辣,而在于它的甜,它用的醪糟很特别,是湖北孝感出的醪糟,用糯米酿制而成。

"闻听三国事,每欲到荆州。"无论文化历史还是经济地位,当下的荆州市都不容小觑,其建城历史长达 2 600 多年,创造了堪与古希腊雅典文化相媲美的楚文化。众所周知,三国时期"关公大意失荆州"的故事就发生在这里,是国务院公布的首批 24 座中国历史文化名城之一,但同时又是血吸虫病流行地区。

我虽在上海,却因为"血吸虫调查"之媒而与这座城市结下不解之缘。

有鉴于血吸虫病盛行,我曾经两次深入荆州调查。一次还是遥远的 1989 年,听说当地血吸虫肆虐,我带了两个实习生前往荆州。一次是 2003 年,听说湖南、湖北血吸虫病大幅回潮,我独自前往调查,后来有长篇调查报道在《新民周刊》发表,效果很是震撼,不但被央视请去作专访,中央和各地的血防领导小组还因此而恢复。那报道至今网上还很多,标题就是《湘鄂赣血吸虫惊悚调查》。

荆州古称江陵,这个港口城市的魅力在于古建筑与现代化建筑和谐并存，江城上下，一片浓荫，水汽氤氲，涛声如诉，连绵不绝的古城墙上一座座飞檐流丹的箭楼，与稍远处高耸入云的现代高楼交相辉映，但给我印象最深的就是香火旺盛的关帝庙。

荆州关帝庙，始建于明洪武二十九年（1396年），后多次重建。大殿内关羽塑像高丈余，身披重铠，长髯飘飘，威风凛凛；大殿两旁内壁上，有关羽"镇守荆州""迎亲救主""义释曹操""单刀赴会""驰援当阳""水淹七军""刮骨疗毒""父子忠魂"等巨幅壁画，庙前大街名为"得胜街"。每年正月和农历五月十三，关帝庙都要举行大型庙会，届时，荆州人在这里玩龙灯，划采莲船，骑马射箭，吹喇叭套轿子，把关帝庙内外闹腾得红红火火。更值得注意的是关帝庙附近的小吃，我们当年去的时候就很兴旺，那年正逢5月庙会，我等三人大大饱了口福。荆州的美食很多，什么荆州鱼糕、鱼丸、千张扣肉、皮条鳝鱼、冬瓜鳖裙羹、珍珠糯米丸子、江陵八宝饭、公安牛肉、松滋杜婆鸡、石首笔架鱼肚、洪湖莲藕藕带、洪湖野鸭……小吃更是多得令人口水来不及地淌：麻辣烫、早堂面、公安锅盔、公安豆皮、米丸子、元豆泡糯米、藕丸……

这里要提一提荆州的麻辣烫。荆州因为和沙市连接在一起，俗称"荆沙"，麻辣烫，特别以沙市女人街的最出名，具有湖北"千湖之国"的水乡特点。

麻辣烫最初是船工和纤夫创造的，从宜宾到三峡的川江流域，纤夫是必不可少的劳力。他们拉纤之余，在江边垒起石块，支起瓦罐，捡拾一些树枝作干柴生火，舀几瓢江水，一切都就地取材，有菜放菜，没菜就拔些野菜充数，再放入海椒、花椒等调料，涮而食之，既可果腹，又可驱寒、祛湿。这种吃法因其简便易行很快便在江边流传开来。后来，码头上的小贩看到了其中的商机，便将菜品和炉具加以改造，置于挑担两头，边走边吆喝，江边、桥头卖劳力的百姓便围着担子成了常客。时至今日，麻辣烫也渐渐从江边走到了岸上，这就是麻辣烫的起源。改革开放后，麻辣烫犹如雨后春笋般地向全国辐射蔓延。其中，黑龙江蓁汤麻辣烫、双河镇马氏麻辣烫，穆棱市龙江尚品骨汤麻辣烫更是近些年发展起来的新秀，曾参加过多次川蜀美食大赛获得很好的赞誉。北京泡泡烫骨汤麻辣烫、河北好煮艺骨汤麻辣烫、四川乐山牛华麻辣烫、黑龙江杨国福麻辣烫、辣洋洋砂锅麻辣烫、湖州碗里香麻辣烫、浙江吉阿婆麻辣烫和上海周氏麻辣烫都称得上是个中翘楚。

而荆沙麻辣烫的水乡特点是"水珍海错汤里游"，各种鱼片、螺蛳、蚌肉、蚬肉、鱼肠、鸡胗鸭胗野禽肉都放里放，汤的鲜美难描难绘，嫩、脆、糯、滑、爽，加以麻辣香甜的汤汁，让你"麻"了这一顿还想"麻"下一顿，其基调很辣，但可不能光说它辣，可谓是辣中带甜，甜中带辣，甜辣又鲜，让人回味无穷。

荆沙的麻辣烫之所以特别好吃，据说不在辣，而在于它的甜，它用的醪糟很特别，是湖北孝感出的醪糟，用糯米酿制而成，米粒柔软不烂，酒汁香醇，甘甜可口，稠而不混，酽而不黏。调制汤卤底料加入醪糟，能增鲜、压腥、去异味，使汤卤在麻辣中产生回甜味，全然不像普通的麻辣烫，所用的大都为阿斯巴甜。

  当然，荆沙的鱼糕也极有特色，但我不想展开了，一想到为我提供大量血防内情的胡国富与汶守德我就心情沉重，他们都是血防战线的全国劳模，截至2003年那会儿，他们退休后都没有退休金，汶守德靠摆香烟摊度日。

  这么多年过去了，他们还那样吗？没记错的话，老胡也该有七十六七了。

妙药就在米氅里

> 大米的滋阴功能竟然超过熟地，你还小看它吗？世人懵懂，大都以其不过为一种粮食而已，岂知用得得当，实乃一味良药啊。

看武侠小说免不了要看到"飞花摘叶，运朽为兵"之类的传奇，你要真信的话一般都认为你的心智幼稚，但在中医，寻常之物都可入药却不是问题。

《本草纲目》"人部"共列人药37种（发、乱发、头垢、耳塞、膝头垢、爪甲等），有人据此非议李时珍口味太重，甚至斥为"糟粕"。其实是对李时珍的误读，因为你没有细看下去，书中斥其"惨忍邪秽""甚哉不仁也"的——不正是李时珍的态度吗？虽然"不仁"，但他并不否认这些确实是药，只不过出于文献的备要而记录而已。内中的奥秘说不定将来的科学能解开，我们还得感谢他的记录呢。

不过，中药材里最"寻常"的，我认为还是五谷，所谓"药食同源"，当年沪上"以米为药"最为精湛的当数张镜人先生。

曾任上海市卫生局副局长的张镜老乃全国首届"国医大师"之一（沪上三大国医，另外两位分别是裘沛然、颜德馨），以擅长治疗慢性胃炎、慢性结肠炎、慢性肾炎、尿毒症、红斑狼疮,特别是慢性萎缩性胃炎和慢性肾功能衰竭而驰名全国。他住新华电影院后面的"新式公寓大楼"里,我曾多次上门采访请益。

张镜老那时六十开外,举止儒雅,肤色白皙,神态雍容。某日一面目姣好的女士求诊,自诉眼干、鼻干、口干、心烦易怒、失眠多梦,而且口气腥膻,安静时自己都能闻到,用桑叶贴大陵穴,又含服白豆蔻、丁香都无效。自己是搞文艺工作的,简直没法出门。张镜老听了默然,为之把脉,又看了舌苔,良久,为处一方:新大米 100 克熬粥,日食 2 次,续方 15 天。忌食一切荤腥。

患者大奇。我亦大奇。病人走后便问,口臭乃顽症,丁香、豆蔻都投之罔效,这区区大米能治顽症,药房岂不要开到米店里去?

张镜老对我抬抬眼皮,慢悠悠地说,没错,你可知妙药就在你的米瓮里。大米,古人奉为"五谷之长",性平,无毒,《黄帝内经》认为能为人体补充强大的能量(谷气),与父母赋予的先天之气同样重要,《本草纲目》《普济方》《肘后方》等中医典籍都十分推崇大米的滋阴功能,清代学者赵学敏所撰的《本草纲目拾遗》说:"米油,力能实毛窍,最肥人。黑瘦者食之,百日即肥白,以其滋阴之功,胜于熟地。"熟地,乃补血滋阴名药,大米的滋阴功能竟然超过熟地,你还小看它吗?世人懵懂,大都以其不过为一种粮食而已,岂知用得得当,实乃一味良药啊。

我听了将信将疑,和张镜老约好,半个月后再来。届时,我又见到了那女子。奇了，仅仅相隔一周，不啻换了一人，面色白亮，精神焕发。一见面就诉苦，半个月不吃肉，日子非常难过，所幸心烦失眠的症状明显改善，口臭也没了，唯小便味道很难闻。张镜老听了莞尔，说，身体里的龌龊总要寻地方跑啊，从口腔释放，肯定不是正常渠道，现在小便难闻，恰恰是废物改道了，下泄是正道。再吃三天粥就全好了，你就开荤吧！不用来了。

见我挢舌难下，张镜老俟患者一走便说，这位女同志，阴虚血亏很典型，"虚则实之"，阴虚解决了，血亏也就扭转了，新大米的滋阴补血功能你见识了吧！体虚之人进补，米汤的补益功效并不输给昂贵的人参，故有"穷人的人参"之称。当然，若等量视之，米汤之功要比人参弱很多，然它可大量服用，而且不像人参，多服上火，我要她日服100克（2两）大米所熬的粥，对一位女同志而言是很大的量了，但贵在坚持，她成功了。

见状，我对那"贱如泥"的大米不由得刮目相看，便问大米还有什么功效。张镜老还是抬抬眼皮，轻轻地说，那太多了。我平时收治的病人，以各种胃病居多，如果是比较严重的胃溃疡，我往往建议病人每天三餐都喝浓稠的米汤，不吃一粒米，连续一个月一般就明显好转，更多的甚至痊愈了，为什么呢，因为胃溃疡有创面，如果天天有不易消化的食物从创面通过，好比一条修好的马路总是频频被打开，愈合的难度可想而知。大米通经络。经络一通，凡事好说。

催奶，浓米汤是最好的，胜过鲫鱼汤；退小儿高烧，浓米汤的效果是挂盐水的2倍（但是忌螃蟹、烧烤和糯米食品）；浓米汤调月经，如果女同志肯配合，不吃冷饮和海鲜，往往也效如桴鼓；更奇的是，很多不肯吃米饭的育龄妇女总是不孕，一旦"大吃米饭少吃菜"，马上就怀上了——虽然不孕的原因很多，但是赶时髦、不吃饭无疑是不孕的重要原因。

至此，我真是佩服得无话可说，这鬶里的，平庸得不能再平庸的大米，我们常常一不高兴就倾入泔脚，怎么一到名医手里就治病救人了呢？世间还有多少被遗弃、被糟蹋的异质良才？

张镜老闻说也叹了口气，大米还能排毒、去湿、清火、止咳、治过敏呢，古时军中，士卒患疽痈毒疮，或者刀枪箭伤，用"新炊饭"（刚煮熟的大米饭）立刻敷上，不知救活了多少军人！可惜现世之人总是因为它太容易得到而不当它一回事，仔细想想，它是种子，能够长成苗壮的作物，该有多全面的营养和旺盛的生命力！新鲜的大米，刚熬成粥时，往往是浅浅的碧绿色，《易经》里叫"震色碧"，什么意思呢，震为雷，震卦代表的一类事物特征就是跳动不息，大米先天便具震卦之气，是不是提示着我们，碧色的东西无不意味着新生和活力呢？

张镜老离开我们已经八年了。犹记得当年他送我出门，信口谈到苏东坡对大米的热爱："夜甚饥，吴子野劝食白粥，云能推陈致新，利膈益胃。粥既快美，粥后一觉，妙不可言。"

我至今仍为对大米的无知而感汗颜。

夏天的毛豆子

> 夏日的毛豆子就是如此地吃香,而且还不要忘了它的另一胜场——烤毛豆。那也是它唯一担纲主角的一场戏。

夏日弄堂剥毛豆的场景至今蛮难忘。

毛豆无非是黄豆的幼齿版。它的昵称是"毛豆子",沪语称谓中是含有一份亲切的,因此被广泛用于小名,我们弄堂当年叫"毛豆子"的至少有三个。我小学同学"六毛豆",家中排行第六,往上居然全部顺着次序叫"毛豆"。

大热天的上午八九点开始,天色还凉,老头老太、前楼阿姐、厢房嫂嫂就纷纷搬出凳子,围着小桌或两只方凳一拼,阴凉处剥毛豆了。通常是边剥边聊,亭子间囡囡的皮鞋不凭票,前客堂夫妻的揩布忒齷齪,谁谁谁"花擦擦",谁谁谁"嘭嚓嚓",谁谁谁"戆嗒嗒"。

剥毛豆时大抵视线向下,不与人接,故而平时不说的都说了。

其实剥毛豆是可以见人、见心、见性情的。有人手势急,飞快地捋着豆荚抢话头,这类人心直口快,火烧火燎,常常毛豆虫与蛀毛豆统统撸进,行事多半马大哈;有人喜欢攒着大把的毛豆不断捋，盈盈满握地快崩溃了，才放入容器，这类人好妒忌，赌性重，恋战恋槽贪利，上海人所谓"吃心大"，炒股容易输，为人人缘差；也有人悠悠地剥着，八九粒一定放下，多半性情淡定，自控力强，操办事情有理有节，弄堂的意见领袖；更有人每打开一个豆荚就捋光毛豆归入器皿，掌心从不积攒毛豆，此君很主观，多半有洁癖，做人一板一眼，行事锱铢必较，凡事忒强调"桥归桥路归路"……

剥完毛豆，各归厨下。而夏天的餐桌怎么可以没有毛豆子呢？这毛豆也是"百搭"，好比腊月里的冬笋丁，相声里的捧哏，和谁搭档都得为对方增色，天生就是个"撬边"的，你能想象一盆咸菜炒肉丝能没有毛豆子吗？除了释放自己的鲜香，毛豆往往吸取他人的菁华，特别是隔了一夜的毛豆子每每因为渍透了肉丝咸菜的汤汁而导致筷头像雨点一样奔向它。

我们小时候常吃的咸鲞蒸毛豆，以及臭豆腐蒸毛豆，如今不多见了，其实先人如此的搭配自有奥妙，盖毛豆子既"吸咸"，又"除臭"，实乃两者的"共享基金"，无论味道太咸还是太"熏"都可以多吃几粒毛豆子带带节奏。

面拖梭子蟹听上去太没诗意了，十足的市侩嘴脸，但只要毛豆子一加入便立刻碧绿生青，立马就是"遥望洞庭山水翠，白银盘里数青螺"的意境了。况且毛豆吸足蟹鲜，芡汁又拥抱毛豆，个中琼浆妙味唯食者自知矣。

茭白炒肉丝设若没有毛豆力挺，那整个菜就软得趴下。而丝瓜炒扁尖丁一旦缺少毛豆，那就等同于炒"萧山萝卜干丁"而不放毛豆的"巴子",老上海人会轻轻地撇一下嘴:缺喜。

因为,你难道不曾有过这样的观察吗,那几个菜总是吃到一半而毛豆子早拣光了。

夏日的毛豆子就是如此地吃香,而且还不要忘了它的另一胜场——烤毛豆。那也是它唯一担纲主角的一场戏。

烈日炎炎如果不耐烦剥毛豆,不妨手持剪刀一把,嚓嚓两记把毛豆荚的两个尖角剪去,放盐水里一煮,那味道同样美之如酪,丢下筷子,直接手捞,并且"刹不牢车"地一口气捞下去,饭都不碰,一直捞到釜底朝天。

不过,烤毛豆最好吃的要算晚熟的"牛踏扁"了。毛豆品种很多,著名的有成都白水豆、南京大青豆、上海慈菇青以及"紫香毛豆",但只有"牛踏扁"最适合做烤毛豆。老上海都知道,20世纪70年代前后,上海郊区特产一种豆形像牛脚掌那样扁圆形的"牛踏扁"毛豆,中秋以后上市,因其糯、酥、微甜且颗粒大被誉为最好吃、最正宗的上海毛豆。不过,由于荚壳厚,出肉率低,每公斤毛豆剥壳后只有300~400克,而且易倒伏,台风一吹就碎了一地,近年来的种植量日渐减少。它的体魄明显大于寻常毛豆,扁圆且浑身金毛——注意,一定是浑身裹满密密的金色毫毛,入口酥香无渣,且回味甘甜。能够与其媲美的则是"紫香毛豆",此种佳品近年亦不多见,上市当在每年的10月初,外观与普通毛豆无异,但开荚之后令人眼睛一亮:饱满,椭圆,老翠色的球面但见缕缕紫线,<u>丝丝绛脉</u>,蜿蜒明灭冰裂状,粒粒都是艺术品,外观如珠如釉,入口糯香两全,你都不忍心直送刀镬庖厨了。

不过,毛豆毕竟只是毛豆而已,说了半天还是离不开"吃"。一如青菜的幼年期就是"鸡毛菜",大豆的少年即毛豆,古称"菽",汉代以后才叫"豆","喜看稻菽千重浪",我们这代人当初可是通过毛泽东那首诗才知道豆的古称叫作"菽"的。遗憾的是,近郊眼下还有多少毛豆地呢?就像弄堂里剥毛豆的乐趣正日渐消失,超市内、菜场里如今触目都是剥好的裸豆,像开了膛的什么一样,你称了分量,包好就走人,哪里还有昔日的弄堂情趣呢?

"夏天剥毛豆子",不再了。

过年要吃"水磨粉"

> 对我来说,谈年俗,就要谈"水磨粉",谈水磨粉就会想到朱家角。

年前同学聚会,甲乙两人因为"年货"而争吵起来,甲满怀深情地怀念"文革",说那时的鱼类至少都是野生的,乙就没好气地介绍他去朝鲜生活,说那里是更野生的。甲当然不服。两个人的龃龉倒让我想起一个地方,朱家角。

对我来说,谈年俗,就要谈"水磨粉",谈水磨粉就会想到朱家角。

朱家角现在是名震遐迩的中国历史文化名镇,但四十年前却是个异常冷落的地方,上海人的说法就是"乡下"。

乡下有乡下的好处。"文革"破四旧,到处宣传"过革命化的春节",上海尤其"革命",本质上就是要大家光"革命",别过啥节了。什么扫穷、春联、红包、舞狮、压岁钱,一律不许,总算允许大家凭票买点糯米粉做汤团,但糯米粉都是机器磨的,既不细也不糯,做出来的汤团都是"刺毛团"。市面上缺的就是水磨粉。南方人都知道,糯米粉只有"水磨"才好吃,"文革"把这个也革掉了。想"水磨"就得自己动手,弄堂里的磨子刹那间高度短缺。谁家有台小石磨,那腊月十五就开始有人登门求借了,然后列出左邻右舍的名单,一家一家紧挨着队,借用时间以小时论,从早晨6点至半夜12点,一般可以轮流转四五家,或者"石磨不出门,加工求上门",大家排队到石磨的主人家,"求水磨",排期比赴美签证还扣人心弦,原因也只有一个,市面上既没有水磨粉,更没有磨子。

外婆见状忽发奇想,"石磨结人缘"——我们家因为父亲的历史问题一直受邻居排斥,如果拥有一只专磨水磨粉的小石磨,岂不一举扭转被孤立的局面?

她有个年轻时的闺蜜阿珍住朱家角,父亲是石匠。一封信过去,阿珍回应一句话:快过来,正好有!外婆便带着我坐长途车去青浦朱家角,感觉就像现在去外地,去湖南、去福建那样路途遥远,先乘15路电车到徐家汇转长途汽车,后来又换水路,坐船,再转车,到达朱家角天都黑了。阿珍外婆住在一家酱园附近(后来才知道叫"涵大隆酱园"),进屋很暗,天井里到处堆满了石材和工具。阿珍外婆的爸爸很老了(他们叫老爹),大概有七十岁左右,他要我们随意挑,还介绍了石材的不同,什么"青磨""白麻"。后来我才知道,做石磨不是什么石头都能做的,大青石和白麻石的最好,白麻石产自福建,老爹当年口说的"福建货"可能就是指白麻石。

我当年十四五岁,考虑到我和外婆的体力都有限,阿珍给我们留了最小的一副石磨,但即使是最小的一副,我们也拿不回去呀!它们虽然可以拆卸(磨头和磨座),但起码也有百把斤,这么长的路,天哪!外婆事先怎么不想想清爽!

幸亏老爹"路道粗",早就约好了一辆送肉猪的卡车,对我们说,明天一早,不要嫌脏,只有这个办法了!

老实说,此刻的窘境,不要说和猪同行,就是和粪同行又能咋的。第二天我起得很早,老街转一圈,总算留住了一些古镇的记忆。

那时的朱家角,哪有现在的山青水绿。老街比现在破得多,镇上到处是寒风中呱啦啦响的大字报,青石板路破损严重,就用红卫兵刚刚挖出来的墓碑填路。商店很少,"涵大隆"门楣上贴了"永革"两字,里面做了缝纫加工厂。放生桥倒是原来模样,但桥边根本没有现在的亭台楼榭,桥上几株荒枝,桥下一片白水,景色相当萧瑟。桥边一家点心店有早点,但是酱油红汤面只准叫"光面",破旧立新,不准叫封资修的"阳春面"。

吃了一碗光面,我们跟老爹与阿珍外婆告别,上了猪车。

老爹叫人用麻袋装入小石磨,和猪共载,我和外婆坐前面驾驶室。车是"交通牌",车头既大又方,那时叫它"方豆腐干",驾驶室连驾驶员可坐五个人呢,老爹路道实在粗!一路上听着猪叫,熏着猪屎,到龙华屠宰场卸完货,再送我们到外婆所在的沪西"大自鸣钟"。

这一程,没有老爹的一路安排,想也别想。

问题是,小石磨后来所起到的作用并没能如预想的那样,成为我家的"统战利器"。弄堂里突然搬来了一个"城隍庙(豫园)工人学哲学小组"组长,这家伙原来是"宁波汤团店"的青工"小宁波",大概造反成功当了小头头。他教大家,把机磨糯米粉早早浸入水中，起码浸10天，再把它们捞出置布袋中沥水，沥一天一夜即可，唯一的禁忌是立春后的水，不能用来浸糯米粉，否则糯米粉就会发红起酸。

"小宁波"的几把刷子还真灵，几乎立即赢得了全弄堂工农兵学商的热烈欢呼，被"街革会"推为"学马列，出真知"的积极分子，而我们家呢，还是阴暗潮湿，凄凄惨惨戚戚。

外婆"变天"失败，非常沮丧，那副小石磨后来不知弄到哪里去了。年呢，还得过。当然，"水磨粉"后来也越来越不稀罕了。

小时候没吃够

> 罐头、油条、咸带鱼、龙虾片、老咸肉、"老虎脚爪麻花"……五十来岁的人回头一看,少时没有吃够的东西实在太多。

去长辈家拜年。排出宴来,居然是个"没吃够宴":黄鱼鲞烧肉、鳗鲞清蒸、水笋炖肉、罐装盐水火腿、蛋饺肉丸粉丝汤……长辈说了,都是你们小时候没有吃够的,今天敞开吃!

最出彩的是餐后茶点:自制红茶菌,伊拉克蜜枣!大家眼睛一亮,纯进口的伊拉克蜜枣!暌违多少年了。栗色外皮,半透明的肉质一口下去,无渣无滓,馨甘满颊,甜而不腻,糯而不黏,小时候也没有吃够啊。由此又忽然想起那天电梯里看到的一幅广告画,当场馋火中烧。

是罐头厂的罐头大全,五香凤尾、清炖猪肉、红烧扣肉、蜜汁东坡肉……说实话,论吃,这几年也算得是老饕了,真的要我尝罐头,大抵是一口就腻了,可就是挡不住眼馋。原因一个,小时候没有吃够。

是心理性的"馋痨",如同心理性的"性成瘾者",治也难的。我们小时候自然是物质短缺时期,那时候的罐头在我们眼里就是宫廷御膳一样地遥不可及,哪个同学家里开了罐头,事后总舍不得洗,大家传着,轮流嗅一遍,那种掺杂着肉桂和豆蔻的独特香味总是使大家抓耳挠腮,想着,将来一定会实现的共产主义,大约就可以天天嗅这样的香味了罢。

小时候没有吃够的东西还很多。油条,早饭时只准吃四分之一,多蘸点酱油,啃下很小的一口反复嚼着,以至于直到现在一有机会仍要报复油条,一个人吃 2 根甚至 3 根。花生酱也没有吃够。小时候母亲要我们去酱油店 1 毛钱打一匙来,牛眼般一摊,加水加盐搅拌,三兄弟一人只能吃几筷而已,余香可以议论几天。

现在可轮到我收拾它们了——一大瓶的过来,要幼滑型的,视若敌忾地挖下去,发起飙来一个人就干掉它半瓶,快哉快哉,跟偷来一样。四川榨菜和"猪油渣"也常是我原汁原味报复的对象,总是辣得我窒息或"蚝"得我干咳。

至于咸带鱼,可能欠我更多。当年的干煎咸带鱼,鲜美而且细腻,一口咬去,抿在舌下,腴香透喉,如醴如酪,半天舍不得下咽,真不知人间美味还有逾此者。但是这几年报复咸带鱼时却使我大跌眼镜,那带鱼绝咸,香味既已荡然无存,肉头倒比火鸡还粗,一口咬去如击败革,说是来自南非的"绿眼带鱼",如此旧梦不温也罢。

龙虾片、老咸肉、"老虎脚爪脆麻花"……五十来岁的人回头一看,少时没有吃够的东西实在太多,真所谓此一时,彼一时。但是后之视今未必如今之视昔,某小朋友就曾郑重地提醒我,"经研究发现",他肃穆地说,你们常念叨的"小时候没有吃够"的，几乎都是垃圾食品啊！

我说，人类用高温、用油脂、用调味把食物弄成美味的过程，就是垃圾化的过程，因此，不仅"小时候没吃够"的常常就是垃圾，就是"吃够了"的，何尝不是"垃圾"？其实吃惯了的，就是最喜欢的，没吃够的，才是最念想的，人是习惯的俘虏。朱元璋和李自成进京后都保持喝杂粮粥、吮面糊糊的习惯，歌颂农民起义的赶紧说，"举义成功不忘根本"！岂知那其实是他们"小时候没有吃够"？或者自小吃惯了的？爱至现代，一些名人，特别是国家级名人，一旦显贵后仍然爱喝粗茶、爱啖红薯小米或者下水臭卤猪油渣，这其实很本真，很满足儿时记忆，但马上有人进表歌颂"拒腐蚀，永不沾"，或景仰地推许"反贪倡廉的优秀品质"，真是何苦？粗茶滋味厚重，喝惯了的会觉得尽管"龙井"是"王者之香"，也不如粗茶过瘾；而油渣呢，旧时家家自制，我们小时候都曾有过趁大人不备，叼一块就闪人的经历，把人家再度"偷吃油渣"的生活印记也报送"光荣榜"，叫人怎么自在呢？

据说周公旦很廉政的，奄有四海的周王室每餐供应天子的不过就是"盖浇饭"，说到底也就是米饭浇上了菜肴的混合物，亦即盒饭而已。明明有实力"酒池肉林"的，却偏把生活标准压到民工水准，周王朝因此享国最久云云——

会有人如此借古喻今吗？会的。在这里，有的文章总是重复着。

小时候吃腻了

> 如今它们再怎么猪扮象,我们知道它们的原型。面疙瘩就算有鱼翅为它站台,还是"面疙瘩";而山芋,哪怕用象牙碗供着,它还是山芋。

小时候被我们吃腻的当然不会是翅参鲍肚。那时过节才吃肉。

那时只要听见楼下的"阿三"哭——那种哭是炸雷型的,现在赌场有种叫"炸金花"的,不知是不是——我就知道他们家的餐桌上红薯了。这东西上海人喜感地叫"山芋",有"栗子山芋",闻起来香香的,吃口就是寡淡的淀粉,吃快了,胸闷;吃多了,不但泛酸而且大量放屁,说得优雅一点应该是"排气"是不是。当然,条件好一点有"糖心山芋",山芋中的贵族,外皮红红的,内里黄心或红心,吃口喷香而且蜜甜,但是事后除了"排气"依旧,泛酸更厉害,胃里像醋钵打翻,而且越好吃,越反酸,反酸的结果必然是痛苦的"烧心",弄堂里无数人因此落下了胃病。

所以那些日子往往楼下阿三哭了,我们也跟着哭,家长们愤怒地斥骂我们,说我们"嚎丧"。哪里知道,那时候还有大量吃山芋藤的,甚至连山芋藤都吃不上的。

当然，那几乎是六十年前的事了。每个月规定 25 日是买大米的日子，大家备好"购粮证"去排队。问题是家家的大米都捱不到"25 日"那一天的，常常 20 日左右就没米了，于是杂粮登场，远远地，我们看了就哭，谁叫我们还是不懂事的孩子呢？

小时候吃腻的还有"面疙瘩"。计划大米是不够吃的，除了山芋，我们常常吃面疙瘩。母亲先放点盐，把面粉拌得像厚浆糊一样，烧沸了水，一勺子一勺子地刮成手表大小，甚至更大些，丢进沸水，熟了捞出，就是"面疙瘩"。油花，几乎是看不见的，偶尔滴一点麻油或猪油，那可要仔细闻，耐性闻，才能闻到。

弄堂里，面疙瘩大普及，使很多玩伴的绰号就叫"面疙瘩"。

海带也是我们的仇人。泡开了，现在可吃香了，放肉排，放棒骨，放海参，放淡菜，放火腿。它是个势利鬼。母亲说，要"轧好道"，就是交富贵中朋友，"红二代"之类的，那它会越炖越好吃，越炖越鲜美。叵耐彼时瓮中有米即富贵，哪里有更富贵的，自来水＋盐＋海带，于是它就特别地难吃，第一像油毛毡，第二像塑料，第三才像铜版纸。有人说"长征吃皮带"，我怎么觉得它就像皮带，进了肚子，还会膨胀，渐渐爆发大海的脾气，翻滚而发泡，化成无数的酸水，向贲门冲击。通常那一晚是很难过的。对它，不是吃腻的问题，而是吃怕了，现在看到它，仍然想唱《大海啊故乡》。

不过世事难料，小时候吃腻的东西不知何故，现在统统变脸了。

似乎是存心想打我的脸，那天在一家会所，菜单上赫然印着:天虎翅金疙瘩。

我猜不透内里,怕人讥我"乡下宁",又不敢问。死撑着。结果上来一看,"鱼翅面疙瘩"也!面疙瘩居然有鱼翅做跟班,果然成了"金疙瘩",真所谓穷秀才攀上了金马门,窝囊废当上了驸马爷,我当下就失态窃笑:老朋友,混得真不错啊!

无独有偶,红薯也来打我的脸。那日我毫无准备,吃着古色古香的"洛阳水席",吃着,吃着,上来了一盏银盖碗,下面丁火微微烘着。打开一看,红泥一坨。还以为"红泥小炉"一类的浪漫,勺起一尝——咦!这不就是山芋吗?!至多"糖心山芋"而已,凭什么金盏银碗地折腾呢?还真土老帽假冒老克勒啊!

它居然也叫上了"紫佳人"!

见大家都面色凝重地一迭连声夸奖,我不想揭它的底,做人要厚道是不是。

至于海带的今天就别说了。就像同学会上猛然见到当年天天被你"吃头踢"的"小扁头"突然开着一辆保时捷横过来"豁胖",你再看不起他,看在众人都上去呵脬的份上,你也得给点面子吧。

忽然换个角度想,如果是贝子贝勒,世家纨绔,比如贾宝玉、薛呆子那样的"小时候",吃腻的应该是龙肝凤髓、翅参鲍肚吧,一旦成年后看到的仍然是满桌的龙肝凤髓、翅参鲍肚,那,该怎么办,岂非没吃的了?

生活这个东西,由低走高易,自高而下难;由贫入富易,从富返贫难。所谓曾经沧海难为水,极盛之后难为继。吃腻了龙肝凤髓、翅参鲍肚的，偶尝藜藿之羹自然没问题。想那西太后、光绪帝逃难，第一次尝到小米煎饼据说还后悔没有早点出宫逃难，至于那些个窝窝头，西太后吃得跟山珍似的，高兴之余赐名为"黄金塔"。还有什么西安的"虎皮糖"，老佛爷一高兴，赐名为"琥珀糖"。那都是她饿极的时候，觉得特别好吃。那般粗笨的食物，真要她常吃，周围人就不怕掉脑袋吗？

结论是，幸福感当然我们这些"由低走高"者最强，小时候吃腻的，如今再怎么猪扮象，我们知道它们的原型。面疙瘩就算有鱼翅为它站台，还是"面疙瘩"；而山芋，哪怕用象牙碗供着，它还是山芋。草民如我等一旦与珍馐有缘，自然比较珍惜，幸福感爆棚。

而纨绔子弟、豪门闺秀就不同了，他们的生活水准本来就像我们的 GDP 增速，一直在高位运行，并不觉得特别幸福。再上去虽然有困难，但稍有下挫，便立马感觉不爽。再下挫，就要骂娘。一旦下到我们"吃腻"面疙瘩的时代，则草民如我仍能"疙瘩"，而他们就有"濒死感"了。

做个草民真快活。

油条酱油汤

> 油条汤是否可口,是极有讲究的。水一定要开,葱花一把,兜头浇下,猪油、葱花、油条、酱油,高温下花朵一样盛开。

前不久在新加坡吃"肉骨茶"。朋友颜君介绍,油条是吃肉骨茶时不可缺少的配料,通常把油条撕碎后放进肉骨茶内吸满汤汁后食用。

我尝了一下,风味倒是有,肉骨、肉骨,主料是炖得极酥的肉排,油条只是辅料。细细一品,忽然觉得蘸着肉汁的油条,还不如吃惯的"油条酱油汤"可口。

话说油条,一定要搭着泡饭来聊才有劲。

凡盛产大米的地方,必有冷饭。冷饭再吃,最便捷的就是开水加温。

故而,泡饭从来都不是上海的专利,只因吃的人过多,且"大上海"的名气太大,以至于泡饭居然成了上海之"物望"。它同样"不可缺少"的搭档油条也搭了便车,酱油蘸蘸,施施然地备受追捧。

前些日子,太太的微信晒出了我俩的午餐,蛋炒饭加油条酱油汤(猪油、葱花、酱油)。原不过是解解"厌气",没想到会陡然爆表，点赞150多条，留言90多条，说的都是"油条酱油汤"，都是早年的记忆。我们这才知道，油条酱油汤在市民心中的地位竟然不亚于泡饭。

一般而言，油条倒不是"吃剩"的，而是"省吃"的结果。早饭之后是午饭，家里都是"双职工"，我们的午饭如果不想再吃泡饭，最简单的就是"泡"油条。沸水泡油条，凑着冷饭就能对付一顿了。

但油条汤是否可口，是极有讲究的。首先油条越新鲜越好，最好是刚炸好的油条，香葱一把，开水一冲，亦酥亦脆，咬起来颇有质感。冷油条越冷，时间搁得越长，口感越差。其次，冲泡时非用酱油不可，若用盐来冲泡，那就毁了油条。

不过，酱油也是有讲究的。先倒一点红酱油（老抽），再倒一点鲜酱油（生抽），后者吊鲜，前者则不仅着色，而且自有生抽不具备的风味，香味沉郁而厚重。不过，油条虽然"油"，但冲汤时因此而不放油，那味道一定寡淡，油条内蕴之油根本不足以让你喝汤时有"油感"。问题是，在争论"油条酱油汤"放猪油好，还是放麻油好时，我倾向于放猪油，盖猪油之香，君子之香，幽幽而谦恭地不冲鼻；麻油之香，小人之香，张牙舞爪而大声喧哗。你油条汤不能不放葱吧，可被那麻油一咋呼，葱香就没了，全被麻油盖死了。猪油相反，因为谦谦君子，习惯把一定的空间度让给了香葱，两者互补，各为表里，那才叫"相得益彰"。

综上所述，水一定要开，沪语所谓"火热突突滚"，最好100度，葱花一把，兜头浇下，金石为开，猪油、葱花、油条、酱油，高温下花朵一样盛开。

泡饭，我主张朴素为好，佐以酱菜乳腐，条理清晰，绝配。什么海鲜泡饭、鸡汤泡饭我以为都是画蛇添足，低级趣味，都抹杀了大米的本香。但油条酱油汤，因为是米饭的小妾，是配角，就不妨花哨一点，放一点虾皮，足以增鲜；放一点紫菜，咀嚼快乐；放一点榨菜，微辣怡情；放一点扁尖，野趣飞扬。

油条的叫法各地不一，东北和华北很多地区称油条为"馃子"；安徽一些地区称"油果子"；广州及周边地区称油炸鬼；潮汕地区等地称油炸果；浙江地区有天罗筋的称法（天罗即丝瓜，老丝瓜干燥后剥去壳会留下丝瓜筋，其形状与油条极像，遂称油条为天罗筋）。小时候在杭州，油条有叫"油炸桧"的，说是《宋史》记载，南宋时，秦桧迫害岳飞，民间通过炸制一种类似秦桧夫妇的面制食品（油炸桧）来影射泄愤。

反正油条怎么做都好吃。泡酱油汤更好吃。因为含铝，你说它不够生态，我承认，其实任何食物过多都是毒物，有科学的计量，一星期吃个二三根油条，调剂调剂口味，没事。但你若嫌它"档次低"我就不服了，当初宫人把"油炸桧"进呈宋高宗，高宗也连连称好吃，难道天子的档次也不如你吗？

汪曾祺的《四方食事》还详细地介绍自己改良过的一种油条呢，说比炸春卷还好吃。

偶饮"鸡尾茶"

> 瓜片搭龙顶,老竹配崂绿,不苦了,不酽了,不淡了,每每喝得我啧啧称赞,天工开物,人设格致,勾兑一下,多好。

有鸡尾酒,为什么就没有鸡尾茶呢?

也许自以为聪明,我一直这么想。

茶本性情事。且解渴。但时下喝得越来越装了,动辄"唐风宋韵"的,都快喝成了教条,就不好玩了。曾应邀去过几个场所,据说完全复原了唐宋茶艺,古装翩跹,瑞兽吐馨,古琴悠扬,袅袅绕梁,一道道的仪程,一道道的演示,那个繁琐劲,等她们秀完了,我抬脚走了。

那是演戏。若说是陶冶情操,培补修养,何不多看看《闲情偶寄》或唐诗宋词,或茶话随笔比如《古今茶事》之类也可以。其实有没有修养,举手投足间自然自带仙气,可见修养本是随身之物,岂是赴几次茶道便能急就的?

说是为了表示对茶道的敬意,必须走程序。问题是茶本性情事,光顾"程序正义",岂不成了呈堂研究,司法研讨?

当然,忙里喝茶,难免造次。旅途中的茶,解渴而已;办公室的茶,驱乏而已;茶室里的茶,助谈而已;朋友家的茶,礼节而已。

是故真品茶还是独处的好，净水沏一壶，静静心，闻香，辨味，舍此即便在寺庙叙茶，也不免有点"装"，装得很"禅"、很恬淡的样子。

当然，独处就会遐想，有鸡尾酒，为什么就没有"鸡尾茶"呢。

狮峰龙井的地位无可撼动。但我的舌尖对它不敏。彼乃茶中屈原，清则清也，惜乎失之寡淡，狷介自高，孤芳自赏，世人有多少在乎的呢，若仅仅牛饮解渴，真是"淡如水"了。赏龙井须得清静时，摒却杂念，细细闻慢慢咂，方能体会它幽兰一样或栗子一样的王者香，一缕一缕，时隐时现，好墨好砚好诗好女子都是这样的，东坡说，从来佳茗似佳人，躁下不得。

但常因为浮躁，喝着，老觉得淡，当天泡的，第三潽就想弃了。有一次觉得可惜，便滗出茶汁，注入新泡的"涌溪火青"——那是皖南名茶，司马迁的气质，瑰丽奇绝，香高味厚，不想一旦掺入了龙井，味道立刻发生了微妙的变化，"火青"的火气突然减轻了，柔顺了。这个变化于我，不亚于瓦特的顿悟：不同品性的茶，为什么不能"混搭"着鸡尾一下呢?！

龙井掺火青，屈平遇马迁，浓淡相宜，纤腴互补，勾兑而喝，妙不可言。

我有个感觉，茶一过江便"酽"，便"苦"。虽然耐冲耐泡，醒脑甚好，但过于威猛肃杀，比如六安瓜片、信阳毛尖，山东的崂山绿、日照青，连云港的"花果山云雾茶"——既酽又苦，即令"香"，也是杏眼圆睁、柳眉倒竖的香，是女汉子，是刀马旦，是黄天荡擂鼓的梁红玉,是刘备喜欢掂枪弄棒的老婆孙尚香,有人喜欢,我看到是怕的。而江南的茶呢大抵如吴门才子,淡雅斯文,打躬作揖,开化龙顶与老竹大方就是谦谦君子。"嫌味淡,就掺北",瓜片搭龙顶,老竹配崂绿,不苦了,不酽了,不淡了,每每喝得我啧啧称赞,天工开物,人设格致,勾兑一下,多好。

渐渐地,红茶也和绿茶鸡尾了。红茶一经发酵大都有"油腻"之嫌,沉稳、世故而暧昧敦厚。滇红中有一种叫"晒红"的,特别醇厚,其浓郁的果香每每令人陶醉,遗憾的是"不鲜"。"香而不鲜"乃所有红茶的通病。为此我请出鲜爽第一的"安吉白茶",一兑,"晒红"马上点了味精似的,鲜香满口。这样的勾兑可以类推,安徽茶中"太平猴魁"最鲜,体格魁梧且具兰花香,我目其为颜真卿,用它点了"茶中李煜"金骏眉,同样鲜香满口。某日还加了生普"金圣叹",三贤相揖,茶分三色,一,猴魁最清;二,生普次之;三,金骏眉最沉郁,托底。缓缓入口,细细品之,心里还在得意,有鸡尾酒,为什么就没有鸡尾茶呢?

朋友号茶痴,从杭州来电揶揄,说这种喝法是"没格局",茶,应守原香,混喝是"夺其原香",野蛮。我直接怼她是强迫症。说得雅,转益多味有真趣;说得俗,麻将还分清混碰呢?怎么就"没格局"了?原香原味并非神圣不可侵犯。顶级的美味和香水,一定是材质"复合"的结果。

唐人煎茶普遍用姜,还加盐,更有撒葱而去昏,加梅而驱倦呢,放在今天岂不大惊小怪?唐人还有莲花茶,日初出,置茶叶于莲花蕊,取其香;有梅花茶,置茶叶于梅花蕊,取其香。这叫"花点茶",如是则茶的原香何在?宋朝读书人研碎核桃与松子而入茶的,非常普遍。苏东坡上好的茶叶被太太按时俗放入了姜、盐,东坡也不以为意,说:"人生所遇无不可,南北嗜好知谁贤。"史载孝钦后饮茶,喜欢加入金银花,而唐德宗呢,喜欢在茶内加酥酪与胡椒,非常地"洋派",他的贤相李泌还为之赋诗"旋末翻成碧玉池,添酥散作琉璃眼",然则他们都是"没格局"之人吗?

忽然想到,宰相之道不也如此?高明的宰相就像高明的庖厨,把不同的人才或食材恰到好处地融为一炉,并且让他们各得其所,各尽其才。

当然说说容易,真要做到千难万难,哪比我坐而论茶,反复"鸡尾"呢?

说实话,我何尝不喜欢"原香原味"。但原香原味并非神圣不可侵犯。喝茶而偶尔"鸡尾"一下妙趣无穷,君盍不一试?

皇帝的盒饭

> 这盖浇饭也奇怪，流落在大街，叫"盒饭"，一旦进饭店，就是"盖浇饭"，到了港台，又叫"便当"，我们那摄影棚大家叫得更皇家：御膳。

今天不谈皇帝的新衣，谈皇帝的盒饭。

自我的《小时候没有吃够》发表后，众多读者对文中"奄有四海的周王室每餐供应天子的不过就是'盖浇饭'，亦即盒饭而已"的叙述感到困惑甚或质疑，所幸现在"质疑"流行，我便也乐于回应质疑。

我之熟悉"盖浇饭"，只因常在摄影棚，常吃盖浇饭。这盖浇饭也奇怪，流落在大街，叫"盒饭"；一旦进饭店，就是"盖浇饭"；到了港台，又叫"便当"；我们那摄影棚大家叫得更皇家：御膳。

其实说到底也就是米饭浇上了菜肴的混合物，所以也有叫作"盖浇饭"的，本来不过是廉价填充物罢了，可是前几天偶尔翻《礼记》，发现周天子也常常吃"盖浇饭"。《周礼·天官·膳夫》记：凡王之馈，食用六谷，膳用六牲，饮用六清，羞用品百二十品。珍用八物，酱用百有二十瓮。

所谓的"八珍"就是淳母、淳熬、炮豚、炮牂（母羊）、捣珍、渍、熬、肝膋。名字听上去奇奇怪怪，"渍"，也算是一只菜啊？西洋镜戳穿了一点也不希奇。淳敖：《礼记·内则》解释："淳敖，煎醢（音海），加于陆稻上，沃之以膏。"翻译过来，醢，就是肉酱，把滚烫的肉酱盖在糯米（陆稻）做的饭上，再浇上动物的脂油就是。而所谓的"淳母"，《礼记·内则》记载："淳母，煎醢，加于黍食上沃之以膏。"居然和淳敖差不多，只是把滚烫的肉酱换一个地方浇浇，浇到黄小米饭上罢了。想那周天子（当然，当时不叫皇帝）的尊严和奢侈应该天下无俦，现在弄了半天不是廉政不廉政的问题，而是比现在的弱势群体还不如，就拿我们摄影棚里的"御膳"来说，"盖上去"的东西，有时候是梭子蟹、大排、红烧肉、油爆虾、鲳鱼、带鱼，有时候还有烤鸭和咸鸡，比当天子的幸福多啦。

周朝（约前11世纪—前256）是个很奇怪的朝代。小时候听书，说姜子牙辅助武王开国八百年，以为是牛皮，八百年多长啊，现在计算是790年。果然如此，似乎也不能得出"盒饭绵延国祚"的结论。周幽王后来连诸侯都敢随意戏弄，哪里还会守着祖训吃盒饭？不过，说到盖浇饭，则现在的盖浇饭，再怎么也没有儿时的盖浇饭好吃。

已经40多年过去了，我始终怀念上海西郊公园内的盖浇饭。

那时候的西郊公园，比现在野趣得多，大门，似是木质的栏栅，柴扉一样。进得园来大树很多，草坪也极大。还记得餐厅是一个大大的圆顶的凉亭，茅草顶，梁柱和栏杆似乎都是粗毛竹的，漆成浓浓的绿色，望去极有田园味。因为第一次在公园用餐,我们对吃什么充满好奇,大家放鸭子涌进餐厅,喧闹声至今还在耳畔,都是被饭菜的香味刺激的。"盖浇饭真香",班主任说,自己带饭的请集中用餐。事先班长已经收钱,素盖浇,1毛5分;荤盖浇,2毛5分。至此,我们才知道,素盖浇就是卷心菜加豆腐干,或者油豆腐。荤盖浇也是卷心菜作底,但是上面有几片肉片。

那碗,都是搪瓷的,绿色或白色的,卷心菜炒豆腐干简直香极了,我敢说我从此以后就没再闻到过这样香的盖浇饭。

但并不是每个同学都有条件吃盖浇饭的,包括班主任在内,全班至少一半的人自带干粮,其余都是素盖浇。女同学中有一个叫"雪琴",一个叫"裴丽"的,家里都是"吃定息"的,人也漂亮,两人交钱的时候都是交的"荤盖浇",现在看大家都是素盖浇,就害怕起来,怕被大家排挤,被骂"资产阶级小姐",便忍着饿躲在一边商量,看看大家吃得差不多了,才鼓足勇气到窗口去领饭。

即便如此还是难逃一劫,几个男生悄悄绕到她们后面,把糖纸头和棒冰棒头扔进她们碗里,然后哈哈笑着一哄而散……

很多年后,回忆起儿时的西郊公园,并不见老虎狮子,而只有极香、极美味的卷心菜"盖浇饭"。

而当今天的盖浇饭已不见卷心菜,其内容之奢华也远远超过周天子的时候,我心中的盖浇饭,并且连同那个时代其实都已经死了。

尚飨。

咸鱼很忙

> 咸鱼也没闲着,《食用本草》载,咸鱼干可疗骨折、扭伤、淤血不散并女子阴道流血,兼通乳汁。

大概和最近历史人物频频被翻案有关,一天去朋友家饭醉,朋友突然说,王莽是冤枉的——至少,说他"伪廉洁"是不公的。他说,他看书看影视,都说王莽面临危局,极其焦虑,胃口不好,只有不断地吃鲍鱼,才能保持体力,但他查了一下,鲍鱼在古代是"咸鱼"的意思,王莽只不过靠咸鱼下饭而已,如同我们现在吃不下饭也靠咸鱼一样,宁波人因此对"咸货"有"下饭"一说。凭什么说他伪善伪节俭,临死其实过着骄奢淫逸的生活呢?

我听了一愣,还真被他唬住了,忙问他是否查过汉书,答称没有,但书橱里正好有。忙找来一看,《汉书·王莽传下》:"莽忧懑不能食,亶饮酒,啖鳆鱼。"

鳆(音 fù)鱼就是鲍鱼吗?所有的字典都说是的。王莽临败,以鲍解忧并没被冤枉。但朋友"鲍鱼即咸鱼"的说法也来自工具书呀,而且历史上至少有两大公案支持鲍鱼和鳆鱼没一毛钱关系。

一为始皇。史载秦始皇东巡至沙丘宫时，重病身亡，李斯和赵高为篡立胡亥，便用随军携带的"鲍鱼"掩盖尸臭，以达到秘不发丧之目的（《史记·秦始皇本纪》：会暑，上辒【wēn，即卧车】车臭，乃诏从官令车载一石鲍鱼，以乱其臭）。

始皇是突然死亡的，"以鲍掩臭"是急智，可见鲍鱼是随行的常备之品。如果史记指的是鲜鲍（鳆鱼），则沙丘（今河北邢台）离海已经很远，时值高温，海味早就腐烂不堪，以帝王之尊怎么可能带着如此腐物长途巡幸，况且古重量一石合现制120斤，鲍鱼乃珍馐，那得多少鲜鲍？！

只能是咸鱼。在保鲜技术原始的古代，军粮中腌制品占极大比例。除非能就地尝鲜，否则大部分时间里，将士们就只能吃腌品。秦汉之际，腌鱼、腌肉被统称为鲊，并因做法不同又分为两类：腌而湿的称为"鲍"，也称"暴腌"；腌而干的称"鲞"（音同"想"），至今宁波人还把"腌而湿者"称为"鲍"，如"黄鱼鲍"；把"腌而干者"称为"鲞"，如"黄鱼鲞"。

故史记所记的"鲍鱼"跟现在的鲍翅无关，而是盐渍后因高温腐臭的腌咸鱼，用臭咸鱼来淆乱尸臭也算是一大发明。

其二是一句著名成语。西汉刘向《说苑》："与善人居，如入兰芷之室，久而不闻其香，则与之化矣；与恶人居，如入鲍鱼之肆，久而不闻其臭，亦与之化矣。"

拿来比方的事，一定是大众熟悉之事，鲍鱼乃海珍，内陆所知甚少，只有满大街都是的咸鱼店被喻为"鲍鱼之肆"才说得通。刘向距司马迁不远，《说苑》之鲍鱼，直指咸鱼应该没有疑问。但问题仍然没有解决,那就是现在的"鳆鱼"和"鲍鱼"之读音相差甚远,这两个字在古代既然各司其职,一个专指珍馐海错,一个专指臭烂咸鱼,我们现在怎么把它们搅在一起了呢?

看唐人颜师古注《汉书》时说:"鳆,海鱼也,音雹";清代段玉裁《说文解字注》中称:"鳆,音薄。(颜)师古曰:鳆,音雹,雹与薄同。"

原来这样!原来这两个字,虽然一个土豪,一个屌丝,一个贵在庙堂,一个贱在寒门,霄壤迥异,清浊殊途,并且各司其职,各行其道,但在古时读音却完全一样,后来大概终觉得贵贱要有别,人要分九等,就给"鳆"字换了行头,由"bào"转读"fù",大约也是讨口彩"富"或福,没承想青山有意,绿水无情,换了金装的新贵"鳆"就是流行不起来,倒是贬入底层的"鲍"字反而鸠占鹊巢,扶为正室,活活挤掉了"鳆"字,真所谓"咸鱼翻身"也!这样的变化大致发生在清代。得了势的鲍鱼,虽然一步登天从此告别咸鱼店、咸肉庄,但毕竟"咸湿"难去而暗萌性侵,港台新马一带的坊间鄙俚常以"鲍鱼"隐喻女阴,大概就是其"咸湿"基因作祟吧。

鲍鱼是著名食材,也是著名药材"石决明",《本草纲目》载,调经,润燥,利肠,可治月经不调,大便秘结。鲍鱼壳平肝明目,可治高血压、目赤肿痛诸疾。

当然,咸鱼也没闲着,《食用本草》载,咸鱼干可疗骨折、扭伤、淤血不散并女子阴道流血,兼通乳汁。

形格势禁,只有履新的鳆,彻底废了,不读"鲍"了。

一包碎米嘛

> 又是"精选",又是"胚芽",让人顿觉高大上,只是外包装颜色厚重,怎么也看不清米粒形状,买回家,拆开一看,愕然失笑。

那日去超市忽然看见一包"农工商五常粥米",心想,我们家还真常常烧粥,杂粮粥,取玉米渣、燕麦片、黄小米、大米各一份,压力锅混煮,味道颇不恶,如同菜鸽、蛋鸡、胆熊,这粥米应该也是专门用来煮粥的吧?"五常"我知道,东北大米最著名的产地,细看是这样写的:五常粥米是在稻花香大米磨制过程中精选出来的米中精华。含有较多的胚芽,胚芽是大米中营养聚集地,适合煮粥。

又是"精选",又是"胚芽",让人顿觉高大上,只是外包装颜色厚重,怎么也看不清米粒形状,买回家,拆开一看,愕然失笑:不就是一包碎米嘛!

明明一包碎米,不说轧米时轧碎的,偏说是从整粒大米中"精选"的,这"精选",不就是筛网过滤的,留下整粒,淘汰碎屑,说"汰选"还差不多。至于胚芽有多少,只有天知道。但是用来烧粥毕竟一点问题都没有,虽说基本是废话,五谷杂粮谁不能烧粥啊,可标明"粥米"你也不能说它欺诈啊。

"碎米"和"粥米",只是换一种说法,但我相信效果迥然不同,标了"碎米",形同下脚,褒以"粥米",旌旗飘扬,一字之差,判若云泥,你能不佩服这种营销智慧吗。

人又说中国文字厉害了,似乎非此不能证明中国文字的丰富和奥妙,对此我一向是不同意的,明明是人厉害好伐,和词语有什么关系。

前些年有人把失业说成"待业";剩女也叫"待嫁";把"穷人"或"贫困者"称为"待富者",其实都是换一种说法,但已不再是营销智慧,而是一种励志,化消极为积极。它们都有一个共同的特点,那就是把已经存在的不如意轻轻一撸,即变成"愿景暂未达成者",表述是正面的,未来是积极的,沪语所谓的"轧姘头",换一种说法就是:"长期以来和多名女性保持不正当关系"。

你说汉语玄妙,请问上述哪个词语是艰涩或深奥的?换了一种说法,只是让一个熟词加班兼职而已,至少可以避免视觉污染,有时还能避免尴尬和龃龉,如此运智,惠而不费,比如夫妇间那事,老祖宗不知何时就改称了"同房",西方人士会诧异,男女就算同一个房间,并不一定就做那事啊。那是西方人不懂"高度盖然率"。再如中药,按《本草纲目》的"人部",凡毛发、指甲、牙齿、唾液、乳汁、眼泪、汗水、胞衣、人胆、结石……无一不可入药,但是明说了毕竟不雅,于是就有"人中白"(尿液结晶)、"紫河车"(人胎盘)、"金汁"(男童矢)、血余炭(人发制成的炭化物)、天癸(月水)……一类的别称,那不也是"换一种说法"吗?

不过,有一种"换法"我是很鄙夷的,它把对象的本质偷换了,比如"优衣库不雅视频"。那试衣间发生的事岂止是"不雅"?明明是顶级重口,却被"不雅"轻轻一拂,立马月白风清,其后果很可能造成我们度量衡的错乱,既然"淫秽"不过就是"不雅",那"不雅"又是什么呢?联想到我们的高邻日本,军妓就是军妓,他却说成"慰安妇";战死就是战死,他说是"玉碎";投降就是投降,向中国人民投降,向世界人民投降,天皇的诏书却说是"终战",倒像是他向往和平了。

如此的"换一种说法"可千万别学他。

我说驼奶

> 只请小心了。况且那驼奶我喝过,咸的,很膻。

最近被驼奶蹭得烦。打开电脑或手机,碰来碰去都是它。说驼奶好,就把它往死里吹。先吹驼奶中的乳铁蛋白:(1)抵抗力低,经常感冒的孩子,能减少感冒次数;(2)生一次病长时间好不了的,能缩短生病的时间;(3)感冒初期加量吃,可以防止病情加重,快速痊愈;(4)咳嗽严重,气管受损时,能修复气管;(5)反复性肺炎、气管炎的孩子,能显著降低发作几率;(6)贫血的幼儿,能帮助铁吸收,让补铁的速度提升4~6倍……

一句话,一旦大家喝驼奶,所有的儿童医院就都打烊了,歇歇去了吧。

明眼人一看就看得出它的狗皮膏药味道,什么"生一次病长时间好不了的,能缩短生病的时间"?请问什么病?"长时间好不了"的儿科疾病实在太多,喝了驼奶就能迅速痊愈?还"修复气管"?修复气管那一层组织?达到什么效果?什么"贫血幼儿的补铁的速度提升4~6倍"——幼儿贫血的原因太多,难道"再生障碍性贫血"也是驼奶能扭转的吗?

牛皮就挑大的吹。一位 132 岁的老奶奶为什么坐享高寿？因为驼奶；新疆地区为什么长寿老人最多？因为驼奶。按照促销秘技，名人怎么能放过呢？于是张学良的红颜知己赵四小姐也被拖来，说她年轻时就患了癌症，之所以后来活到了 99 岁，也"因为驼奶"。宋美龄呢？赵四小姐既然上了船（反正死无对证），你怎么能悠然在外呢？

于是说宋美龄也患过癌症，又是"因为驼奶"，她活到了 100 多岁。问题是，物流怎么解决的呢？1949 年以后赵和宋都身居海外呀！没关系，有说上述两位所喝的驼奶都是长年空运的。可问题是，大陆与台湾曾几十年不通航的呢！这，吹牛的可不管了，说不定还有地下航线呢。

驼奶可能的确优于牛奶。但即便如此也犯不着如此恶捧啊，褒之为仙，贬之为魔，这是我们的老毛病了。我们孩提时见识过的"鸡血疗法"，因为后来恶变为网络骂人话"打鸡血"，就不去说它了；那个"鳖精"——冠以"中华"两字，衬以巍巍华表的鳖精现在哪去了？想那 20 世纪 80 年至 90 年代简直就是"鳖精时代"，什么五劳七伤，陈年慢病，男女虚证，老少恶疾，光荣入伍，高考复习，金榜题名，花烛洞房——鳖精！我们只认"鳖精"！有鳖精，什么都好说，没鳖精，什么都别说！甚至连国家的荣誉"马家军"的荣衰也离不开鳖精！

结果呢？看山还是山，看水还是水。鳖精不过就是王八的汤。王八，还是王八。它能补益，但夸大就是毒药。于是就转个向，恶捧虫草。一时节"神州何处不虫草"，什么五劳七伤，陈

我说驼奶

年慢病，男女虚证，老少恶疾，光荣入伍，高考复习，金榜题名，花烛洞房——虫草！我们只认"虫草"！有虫草，什么都好说，没虫草，什么都别说！甚至连民族的骄傲某某"登山队"严重缺氧下的最后一跃也离不开虫草！

结果呢？看山还是山，看水还是水。唯独虫草不再是"九天神草"，2016年3月4日，国家食品药品监管总局下发了《关于停止冬虫夏草用于保健食品试点工作的通知》。贬它的话也越来越多了，什么"重金属超标""本草纲目不载"，什么"加重感冒""升高血压"，甚至还会加重类风关的症状……

虫草有错吗？它没错。虽非"神草"而仍然具有抗疲劳、抗衰老和增强免疫力的作用，问题是被捧得过高，难免要摔下来，结果走向反面。人也一样，被捧的时候谁会说"不舒服"呢？

只请小心了。况且那驼奶我喝过，咸的，很膻。

地沟油改口

> 谁能给他压力?谁能迫他改口?致癌油脂的真相,既然油脂专家说了不算,那么,谁说了算?!

清明无雨。但清明前的事却把人情绪搞得相当潮湿。

且不论"疫苗门"到底还给不给真相,那"全国粮油标准化委员会"的何东平教授的突然改口,就给了公众一记闷棍:这么大的事情,"粮油专家"也敢改口?

继"李庄改口"后,又是一次横扫眼镜的改口。据称,他"根本就没有说过全国每年有200万吨到300万吨的地沟油回流餐桌";又称自己"压力很大",且"这个数字太敏感,不该以我的名义讲出来"。

"前言"未免太调戏"后语"了。"前言"是说"没有说过";"后语"则无疑是承认说过的,只是"不该以我的名义讲出来"而已。

地沟油的致癌性举世震撼,光毒性就超过砒霜100倍,而且年产300万吨——如此性命交关的大事,不赶紧部署从根部"结扎它"、截断它,却在纠缠"该不该公布",这样的昏庸和麻木简直让人匪夷所思,况且类似的事件如果发生在日本、法国……

正在"以最大的恶意"揣摩何东平改口的动因时,电视开始直播王家岭煤矿大救援。一厢壁在"杀人",一厢壁在救人。按理,如此激动人心的场面应该把我彻底震慑才是,但是不行,救援队的黄外套和地沟油的黄脂块仍然搅做一团,"一厢壁在救人","一厢壁"呢,仍在"杀人",而且因为公众眼球的转移可能再次被隐匿。两厢比较,前者即使全部获救也就150余人,后者的慢性"杀人"动辄以数十万、数百万计,却因为没有火爆的场面,没有直觉的震撼而"长河渐落晓星沉",世事吊诡,一至于此!

问题是,何教授乃"全国粮油标准化委员会"之"油料和油脂工作组组长",专业性、权威性不言而喻,谁能给他压力?谁能迫他改口?致癌油脂的真相,既然油脂专家说了不算,那么,谁说了算?!

是他的学术同行迫使他改口吗?"油行"中他已经是最牛的了,能让一辈子搞"油"的权威改口,同行应自问是否比他更牛。

是非法产业让他改口吗?也不至于。地沟油产业链中的回收、加工和流通环节固然因利益受损而痛恨揭黑者,但是何教授的揭黑毕竟是泛指而非特指,本身见不得阳光的人,有谁敢出头对他近身胁迫呢。

排除了学术同行和非法产业,就是官场的高压了。

何东平的揭黑言论无疑让监管部门难堪,原本致癌也就致癌了,"有人"不吃就是,如今何教授驾长车,踏破贺兰山阙,激起全国耸动,弄得一些质监、工商、卫生等部门纷纷被迫表态:"地沟油主要不归我们管",但其一转身后的怨毒和业力之大,不要说你一个何东平,就是当年的王安石也一摞子奏本把你给活活拽下去!

既然"到女人心里的路是阴道",既然我们已经"不惮以最黄的恶意揣测"了张爱玲,那么干脆以最黑的恶意继续揣测——通往男人恐惧的通道不就是"官道"——为官之道吗?

官场犯了众怒——如果是这样,我们将深深同情何东平。我们无权要求他砥砺高尚道德,做堵枪眼的英雄;我们无权要求他毁家纾难,为了区区的黄曲霉素。

"死不改口"的压力有时非常之大,大到即令伟人也难以豁免,最容易找到的例子就是伟大的伽利略。伽利略发明的天文望远镜,证实了哥白尼"地球绕日"的学说,对教会的高压他长期不屑一顾,但终究也有改口的一天,当教皇直接以镣铐和火刑威胁他时,他只好跪在圣玛丽亚修女院的大厅,在"悔过书"上签字。

他被迫念着这样的文字:"我以严重的邪教嫌疑罪被捕,这种邪恶的观点认为太阳是中心……而地球在绕日转动……"

相传他念到最后几个字的时候,曾跺着脚喃喃自语:"可是,地球的确在绕日转动啊!"

我们不知道何东平改口时,心里是否想到伽利略,我们只知道,就算他再改一百次口,这地沟油还在全国的餐桌流动,还在制造无数的癌症……

清明无雨。但我们的心雨滂沱。

"死亡"盛宴

> 说实话,在证伪前,谁都不敢拿自己的身体冒险,但对于明显的恫吓,大家最好的回答就是,吃!

这辈子接到过多少请柬自然是记不得了,但让我头皮发麻的仅有这一次——打开后,那四个字让我傻了一会:"死亡盛宴"!

夹着一张回执,乃是免责签名,然后是赴宴细则。

美国真是一个什么都会发生的国家。万圣节前的一个月,居然有这么一个邀请。朋友刘博士久居旧金山,堪称双料博士,中国拿过中医学博士,又在美国拿了医学博士,常对人咕哝:流传民间的"食物禁忌"究竟有没有一点道理?比如"大豆,忌猪肉,小儿不得与炒豆食之。若食,忽食猪肉必壅气致死,十有八九"。又如"兔死而眼合者,食之杀人。"为什么它们代代相传?有人试过吗?为什么一直没人敢较真地试一下呢?在旧金山通往萨克拉门托的路上,有她一个小小的农庄,那天的农庄布置得像一座地狱,入口处,竖着一块大木牌,上面用中英文写着:欢迎品尝死亡!嘻嘻哈哈的人群正围着门口的牌楼聊天,那是由一串大南瓜砌成的拱门,高约8米,南瓜都被雕成空心的髑髅,可以想象入夜被点亮后的狰狞。

我们不知道刘博邀请了多少人,黑压压地大约五六十人是有的。刘博士的致辞非常简单:进货渠道都是合法的,都是冷冻品。由于寻找食材的困难和进出口免疫检查的复杂,我们整整消耗了一年的时间来做准备。这是一次挑战,也是一次游戏,您随时可以退出,因为没人为您买保险!

于是很快,农庄内到处是端着盆子、兴奋地游荡着的人们。那些平时不太在意的食物,现在都是可疑的。

"黄牌警告区"的人群蠕动着,挤进去一看,不禁食指大动,老菱烧肉,不正是嘉兴的名菜么?江南的"红菱"被剥后,白生生地和五花肉烧在一起,一旁的告示牌上写着:猪肉与红菱合烧,食之立即腹痛;看他人还在犹豫,我叉起猪肉红菱尝了一下,只有一个字,棒!白醅浸润脂香,肉糯菱脆红亮。如果"食之肚痛",我愿意吃光它。旁边一个菜更拽:牛肉烧栗子。都知道"栗子烧鸡"乃一等美味,牛肉烧栗还用怀疑吗,尽管它的告示牌写着:牛肉+栗子=呕吐!一个红头发的老外踌躇了一下,便熊扑了上去,顷刻就三分之一没了,他还自嘲地摇摇头。

——记得谁说过,谈毒理而不谈剂量基本是扯淡。几经碾压,既不"呕吐"又无"腹痛",大家开始横扫这个区域,什么鲫鱼烧竹笋,食之脚踝酥软;萝卜黑木耳汤,皮炎或荨麻症;兔肉烧芹菜,脱皮脱发;韭菜拌蜂蜜,腹痛;什么红枣蒸海鲜,腰痛;驴肉与猪肉,腹泻……兔肉我是一向不吃的,吃它不等于吃老鼠吗?我看到一个老外大肆吞咽着"驴肉炖猪肉",边吃边翘拇指，没有内急的迹象。那么"红牌警告"会给点颜色瞧瞧吧？兔肉烧生姜＝霍乱；这个太扯，有个爱吃兔肉的老外大口吃，抱怨着姜片太多。鸡肉与兔肉同食，成泄痢（腹痛肠鸣，脘腹痞满，嗳腐酸臭，不思饮食）；这个有点恐怖，刘博把它们混在一起红烧，华人中没人敢试。但有个墨西哥人不停地吃它，我后来不断地注意他，也没见他上厕所。

蟹与柿子共食，会剧烈腹泻，古书说"杀人"。刘博的螃蟹从"99大华"超市买来，旁置一个个新鲜柿子，不知道是不是心理作用，我们几个混着吃了，果然觉得剑突下隐隐地不舒服。蹊跷的是，老外又没事，一个叫查理的，吃了两只蟹、两只柿子，还想吃。刘博解释说，老外体质偏热，大冬天仍然喝冰水，区区"蟹寒"与"柿寒"能奈其何？

红薯据说决不能与柿子同食，易生胃柿石，导致胃出血。刘博则把两者炖成一锅甜羹，告示写着"易致胃柿石"，偏偏成了大热门，大伙一拥而上把它勺个精光，也没见人喊胃疼。其他诸如"南瓜不可与羊肉同食，否则黄疸""苹果不可与海鱼同食，否则呕吐"之类，大概味道不好吃（刘博把苹果泥与带鱼泥搅在了一起），基本没人问津，但在"黑色警告牌"前，没人敢叫嚣。

首当其冲的是著名的"虾类与维C同食"，中英文的告示牌上写着可能会化学反应，生成砒霜。农庄的做法是，南美大红虾仁清炒一大盆，旁置一壶橙汁。

所有来宾都被它镇住了，刘博却大勺大勺地吃，又大口地喝橙汁。"这是个流传最广的谣言"，她说，经计算，要想通过吃虾和维C产生砒霜，需要一顿吃40公斤虾！于是大家一阵哄笑，虾仁很快没了。事实上，"黑色警告牌"下，耸人听闻的告示还很多，刘博说，都是有记载的——咸鱼炖西红柿，强烈致癌；猪肉烧菊花：易中毒直至死亡；猪肉与獭肉同食成遁尸（一种突然发作、以心腹胀满刺痛、呼吸衰竭为主症的危重病症）；黄鳝烧荆芥，令人吐血。青色鳝鱼（毒鳝）每次食用250克有致死危险。竹笋烧羊肝，致盲；豆腐拌蜂蜜，致聋；甲鱼，红足杀人；蟹，目赤杀人；鲶鱼赤目赤须者，杀人；玄鸡白首者，食之杀人……也真难为了刘博，触目皆是红眼睛的蟹类与红爪子的老鳖，那条"赤目赤须"的鲶鱼还是委托越南人超市从湄公河觅来的，为了弄到"青色的鳝鱼"她花了足足一年的时间。现在它们陈列着，厨师屠夫似的后面站着，手持小炒锅，眼睛瞪得老大，好像谁吃就把谁下油锅似的。

说实话，在证伪前，谁都不敢拿自己的身体冒险，但对于明显的恫吓，大家最好的回答就是，吃！豆腐拌蜂蜜其实很难吃，我狠狠勺了几口，听觉至今还好好的；菊花烧猪肉也被吃光，那恐吓未免太幼稚了；至于荆芥，乃发汗、解热的常用草药，治流行感冒，头疼寒热。它怎么会和黄鳝滚床单的，我可怎么也想不明白，问题是，素称强悍的几个美国小伙子也不去碰红眼鲶鱼和红爪老鳖，看到绿莹莹的"青鳝"更是躲远远的，其想法用上海话来说就是"腻心"，而不是害怕。

"死亡盛宴"的设计者，大概希望把最后的一道冷餐变成隐喻：一支滴眼瓶里注满了褐色液体，旁注："寒鸦目睛汁注眼中，则夜见鬼神";一只铝盒里放着满满的骨灰:豺狼头骨烧灰,拌酒喂食坏脾气的牛马,它就驯良了,更依附人;一桶鸳鸯肉的上方,吊着一块铜牌:吃了鸳鸯肉,令人美丽,如夫妻不和,悄悄地给他俩吃了,即立马相爱也;一个竹编里盛着加州所产大麻子,旁注:要见鬼者,取生麻子,加入菖蒲,鬼臼(为小檗科植物八角莲的根茎),用石杵捣烂为丸,弹子大,每天早上对着太阳服一丸,服满百日即见鬼也……

见大家吃吃地笑,刘博正经地说,这些说法都是有来历的。分别来自《食疗本草》(唐)、《本草纲目》(明)和《医心方》(宋),请各位不要轻慢古人,我坚定地相信,每天吃一颗大麻丸根本不用百天就能"见鬼"……

这时南瓜灯拱门突然亮了,它高大巍峨,狰狞中闪烁着几分幽默。我回头一看,那小桶鸳鸯肉,不知何时已被悄悄吃光。

洛杉矶的"洋馄饨"

> 鲜虾奶酪馅、牛肉奶酪馅、鲜虾猪肉馅、鲜虾鸡肉馅,天哪,那还是我们的馄饨吗?!而且只有"炸",没有汤汁,更没有"干挑",这姓林的想干嘛?

5年前去洛杉矶就被它的体量吓到——居然是北京的五倍。但整个城市给人的感觉是"大而旧",走下飞机一瞥,机场设施有点破旧,走廊与传送带都是黑黢黢、灰蒙蒙的,毫无特色可言。

出机场,直通市中心的那条路,也是那么没精神,两边的绿化带与水泥隔离带都灰扑扑地毫无喜感,但最令人沮丧的是,如此著名的一座城市,至今没有一条像样的地铁。相比国内二线城市目前纷纷在建的地铁工程,洛杉矶简直让人可怜,你都不忍心再吐槽它、糟践它,因为它的面积虽然硕大无朋,但越大越觉得它的颠顸和颓败,或曰:因为属于地震多发带,所以不造地铁。

问题是,你可以发展轻轨呀!日本也是地震多发带,它的轻轨交通之发达不是有目共睹吗?

又说,乘客少,实用意义不大。但是,洛杉矶还人少吗?

前面说过，它的面积是北京的5倍，总人口1 840万人。交通模式是可以改变的，你若存心发展低碳的轨道交通，还怕大家不来享受便利而甘心承受超级的拥堵吗？

但是，洛杉矶的可爱之处毕竟也不少，首先是气候，冬暖夏凉的地中海型气候令人一年四季舒服得没话说。其次是人——华人特别多，以至于无论何地，你都可以找到华人的生活圈，没有身处异国的感觉。华人中，又各行各业的都有，5年前，给我印象最深的莫过于林伟梁、李华夫妇。

这是一对音乐家伉俪，男的在国内是乐团圆号手，女的是小提琴手。2012年那会儿，他们来美已4年，还是没有到位的感觉。首先此地的乐团根本无视他俩的存在，就像拉二胡、弹三弦的歪果仁在上海会是一个笑话，中国人玩西洋乐器又不懂英语，在西方的乐坛基本没戏。

于是，为了生活，什么都干，用林伟梁的话说就是"在美国混，要生存就得放得下自己"！不懂英语怕什么呢？手势加单词，就是世界语，他们"淘过旧货"，在美国小镇捡洋漏；做过房屋拍卖生意，也是"捡漏"，接过法院拍出的特低价房屋，修缮后提价出售；他们甚至开过一家叫作"哈里老伯伯"的机器修鞋店……

5年前，我和他认识于洛杉矶的"蒙特利花园市"。这洛杉矶是由80多个小城市组成的超级大市，蒙市只是其中之一，特点是市井繁荣，华人聚集。凡去旅游的中国人都知道那里有个"丁胖子广场"，丁胖子当然是个华人，据说开埠有功，人早已去世而"广场"之名长留。林伟梁是好友施国亮的大舅子，那天开车来接我们，远远地就热情地笑了，两眼弯弯地像两枚月牙。以后的日子，从"棕榈泉"到圣地亚哥、比弗利山庄、好莱坞、长滩海边，他开着车到处陪同我们，毫无怨言。被他感动之余，常暗暗想，好人啊！要有一个稳定的工作该多好！

5年过去了，近日一入洛杉矶，就被当地的一个新闻耸动：洋馄饨风靡洋职场，鲍德温市的白人职员被一家新开的"馄饨店"迷住了。

再细看，这家馄饨店的老板居然就是老友林伟梁！

林伟梁的"洋馄饨"——JUMPING WONTONS 就开在鲍德温市的市政府对面。店里店外，洋快餐色彩严重，除了一个"吞"字，菜单与广告全是英文说明。四壁都是亮丽的柠檬黄，主产品是"油炸馄饨"——那馄饨馅子，除了荠菜猪肉、荠菜鸡肉、荠菜蘑菇外，正是洛杉矶华界最近争论最甚的：鲜虾奶酪馅、牛肉奶酪馅、鲜虾猪肉馅、鲜虾鸡肉馅。

鲜虾奶酪馅、牛肉奶酪馅、鲜虾猪肉馅、鲜虾鸡肉馅，天哪，那还是我们的馄饨吗？！而且只有"炸"，没有汤汁，更没有"干挑"，这姓林的想干嘛？

五年不见，林伟梁当了老板自然精神抖擞，开口第一句话就让我对其刮目相看：我是一个中国人，但既然想做老外的生意，就必须研究外国人的口味。国人再怎么议论，我也以老外的投票为准！

老外用他们的舌尖投票。林伟梁说。

那，老外的投票如何呢？林伟梁骄傲地说，川流不息，门庭若市。

我坐下尝了一下，尤其尝了"奶酪系列"，不得不承认，一旦佐以他们特制的"骚丝"（调料），这洋馄饨还真别有风味！

为了适应老外的口味，他们研制了四种调料。但毕竟馄饨才是主体，诀窍在于，我们中国的油煎馄饨，着重一个"煎"字，同样用油，传统的煎馄饨是平底锅"浅熘"，林伟梁的洋馄饨则是"深氽"。将馄饨置于钢丝方笼，浸入大油锅里炸透，电脑设定的时间为3分钟，时间一到，自动跳脱，馄饨皮子经此一炸，像巧果、像麻花、像油馃，香酥脆俱全，配以软软的馅心，外脆而内嫩。如此洋馄饨，平均一块美元一只，难怪喜新厌旧的老外会纷至沓来。我们的采访，正值午餐时段，老外排着短队，指点着九个品种的洋馄饨，付钱提货就走，极其干脆利落，一天下来的营业额轻轻松松地就破了一千美元。

洋馄饨的香味直飘大街。对一家连老板林伟梁夫妇在内一共才5名员工的小店来说，每天一千美元的毛利很不错啦。

洋馄饨不胫而走，寻求合作的不断上门，林伟梁最中意的是来自大陆的"投资移民"者，"二十五万美元就能开上一家连锁店了"，他笑眯着眼大声宣布，"今后还将研制洋葱系列和咖喱系列呢！只要输出我们的经营模式，用我们的统一馅料和调料，就可以无敌于洛杉矶！"

展望未来，林伟梁的计划是：八年里推出五十家——"没问题"！

尝尝食人鱼

> 当数量不占优势,无法形成"多数人暴力",甚或"落单"时,不可一世的食人鱼其实是一种非常胆小、非常猥琐、非常怂的鱼渣。

最早知道食人鱼自然是那部著名的好莱坞大片《食人鱼》。后来做新闻,1999年《新民周刊》最早发表"食人鱼在上海市场出现"的深度调查,调查过程中我还弄到了"食人鲳"的活体标本,红腹,利牙,当时看着那牙不禁毛骨悚然:怎么和人的牙齿排列很像?尤其是门牙和尖牙,不但和人一样,而且更其锋利发达。

当时就想,维持生态平衡,"吃"一定是最好的方法。当下的美味大闸蟹事实上是一种食稻伤农的东西,曾经对江南的水稻为害极大。直到元朝,江南一带的螃蟹对水稻的损害还被称为"蟹厄"。

《元史》记载:"吴中蟹厄如蝗,平田皆满,稻谷荡尽,吴谚有蟹荒蟹乱之说,正谓此也。"水稻田里的大闸蟹多的时候,竟会像蝗虫一样,给水稻带来毁灭性的灾难。

可想而知,古时江南农民对为害水稻的螃蟹有多痛恨,恨到了极点,便群起而大嚼。论用药,"人药"一向是最好的药,

《红楼梦》薛宝钗的《螃蟹咏》写道:"于今落釜成何益,月浦空馀禾黍香",意谓吃掉螃蟹才能保住庄稼的丰收,"蟹厄",是可以吃掉的。不过有一点,"痛恨之物"也得恰巧是美味才行,老鼠虽然人人痛恨,但"人药"不启,从没人想去吃光它们,盖因口感远逊大闸蟹吧?

同理,食人鱼如此可恶,南美人有过吃它们的念头吗?为什么不去吃光它们呢?因此马上想到,食人鱼的口感如何?大概不会好。鄙人当年做调查时吃过"食人鲳",肉质很木,粗粝而寡淡,和我们后来在古巴吃的食人鱼完全不同。

在古巴的那些日子,哈瓦那中菜馆"天坛饭店"天天给我们烧海参吃。海参是加勒比海参,糯鲜适口,然时间一久就吃腻了。老板陶锦荣说,换换口味吧,此地食材少,大名鼎鼎的食人鱼怎么样?大家一听都欢呼起来,很快大厨罗书贵端来了一大盆,介绍说,食人鱼品种很多,今天这盆叫"印第安武士",此鱼因稀少而名贵,其特征为从下颚延伸到背部有一条黑色的线,粗看像武士的勇武的络腮胡子。食人鱼的体形一般都呈铁饼状,唯独此鱼的背部特高,成鱼的身体可大至30厘米。我们尝了一下,鲜美的肉质颇像"马面鱼"(沪人俗称"橡皮鱼"),虽然略嫌粗糙但很有弹性,小罗烧得也好。这种鱼必须红烧,事先曝腌一下,让咸头渗进肉里,再沸油里炸透,弹牙而鲜香。

同行中,有喜欢清蒸的,吵着要吃清蒸。陶老板说,一般凶猛的水族,食肉类,肉质都很细嫩,但食人鱼的肉头偏偏都较老,它要肉质细嫩的话,估计早就像大闸蟹一样被吃光了。人类"好嫩而厌老""好鲜而厌木",你别看非洲人、拉美人、黄种人或白种人,这一点上却惊人地相似,你们一定要清蒸就不妨试试。于是小罗就挑了食人鱼中号称最嫩的"蓝背"——鱼身很漂亮,毒蛇一样鲜艳,味很腥,远远地就冲鼻。大厨怕葱姜压不住,特地用剁椒蒸,端出来大家一尝,连声叫"难吃""难吃"!剁椒仍然压不住它的腥膻,同桌的甚至有恶心欲吐的。

说来也不可思议,食材的地域性似乎也是跟人跟族群的。大陆的水产只能用大陆的调料烹制,西洋的水产也只能用西洋调料烹制,国人用葱、姜、黄酒烧三文鱼,用糖醋熘鳕鱼吃,都很难吃;美国人因为痛恨泛滥的"亚洲鲤鱼"(其实就是大陆的"胖头鱼"和白鲢等),也有用黄油、胡椒对其煎烤的,同样难吃不堪。而这众人皆欲呕、皆曰杀的"蓝背食人鱼",第二天被小罗用朗姆酒一浸、大蒜汁一渍后,黄油一煎,佐以各种南美风味调料,诸如墨西哥辣酱、牙买加"朵朵"等,好吃得简直天上人间,勺筷刀叉,一顿群殴,瞬间只剩骨架。

古巴没有大湖泊,更没有大河流,食人鱼的来历不太清楚,据说都来自亚马孙流域或其他拉美河流。生物学家统计,目前已发现的食人鱼有20多种。它为什么这么厉害?因为它的颈部短,头骨特别是腭骨十分坚硬,上下腭的咬合力大得惊人,可以咬穿牛皮甚至木板,信不信由你,甚至能把钢制的钓鱼钩一口咬断。据说平时在水中称霸的鳄鱼,一旦遇到了食人鱼,也会吓得缩成一团,翻转身体面朝天,把盔甲似的背部朝下,并漂浮在水面上,使成群的食人鱼无法咬到它的软肋——腹部。

然而食人鱼最独特的禀性是"多数人的暴力",水里河里,他们是绝对的"乌合之众",亦即成群结队时它才凶狠无比。无数次的实验证明,你玻璃缸里养上几条食人鱼,一旦有客凑近或主人做一个尺度很大的手势,这种素有"亚马孙恐怖"之称的恶棍竟然吓得退缩到鱼缸最远的角落里觳觫不已。

那就是说,当数量不占优势,无法形成"多数人暴力",甚或"落单"时,不可一世的食人鱼其实是一种非常胆小、非常猥琐、非常怂的鱼渣。

恶人大都这样。

炒面与性欲

> 炒面居然与性欲有关系？有。印度人说有。
> 认同度最高的说法，居然是"中国炒面"刺激的，说中国炒面内"荷尔蒙"含量高，印度男人爱吃，所以如何如何云云。

炒面居然与性欲有关系？有。印度人说有。

印度近年来频发强奸案，平均每22分钟就发生一起强奸。据印度国家犯罪统计局的数字，从1971年到2011年，印度强奸案增长了873%，首都新德里2012年发生强奸案635起，故荣膺"强奸之都"。

我曾经怀疑自己眼睛是否看错。"每22分钟一起强奸"？这"22分钟"如果扣去预热的时间，再扣除猥亵的奸后余绪，那就是印度女性时时刻刻都有人被强奸着，这强奸可是个力气活，印度男人什么时候变得如此能干了？做过的人都知道，做爱这活只要一方抵牾，另一方就难遂其愿，因此而不能不承认，强奸者的犯罪工具（古人雅称"麈柄"）一定是相当卖萌的。

问题是，工欲善其事，必先利其器。印度之器，如此强悍，原因何在？对此印度的舆论众说纷纭，有说天气太炎热的，有说日本黄色游戏诱使的，但认同度最高的说法，居然是"中国炒面"刺激的,说中国炒面内"荷尔蒙"含量高,印度男人爱吃,所以如何如何云云。

中国炒面,我们可是从小吃大的,主要配料无非面条、青菜、植物油、酱油,各地的配料即令有别,也不过杂以豆芽、香菜之类,故想破头,也想不出"面条、青菜、植物油、酱油"抑或豆芽、香菜之属会含什么"荷尔蒙",要知道,这"荷尔蒙"原本价格不菲,谁肯冒蚀本的风险往低廉的面条或酱油里掺呢?目的是什么呢?况且,如果路边炒面居然能够壮阳,且如此便宜,我想,中国本是面条王国,面条男人也非常多,我们一定公益推广,甚或缉捕自己满大街的强奸犯还来不及,哪有余力出口邻邦,惠及南亚呢。

印度报纸如此荒唐地推断,是否隐含着一个成见,那就是"中国人善于补肾"?中国人善于补肾,不假,素的有淫羊藿、巴戟天、锁阳、肉苁蓉,荤的自然有各种鞭类和海马海蛇类,可惜,最傻的人也知道,那都是药材而不是食材。炒面与他们的"飞饼"原料完全相同,他们天天吃着飞饼,为什么就不是飞饼让他们的器官"飞"起来呢?

可见一个社会的性犯罪剧增,应该找找自身原因,而不能归咎于一种外来食品。印度男人和中国男人一样,强奸行为骨子里其实并不能显示其"内心强大",在专家眼里恰恰是某种"脆弱"。

我早年在《康复》杂志供职,近日打开多年前采访性学界泰斗吴阶平的笔记本,赫然有这样的记载:……(性心理)男女迥异,现代医学研究结果,男性特别易受裸照和脱衣舞的撩拨。这是因为,女性是"触觉型",而男性是"视觉型"。男人爱看女体的性意识的强弱,由个人固有的色情系数与对象接近的难易之函数关系来决定。就是说,女性越遮隐的部位,对男性的这种心理越有刺激性……眼下的印度,据说到处都是黄色游戏的天下,众多的强奸犯谁说就不是这么被拱上了不归路呢。

不过,一般来说,强奸犯罪毕竟是多种因素相互作用的结果。同一时期,我还采访了上海性学研究中心主任、亚洲性学联合会的副主席刘达临,谈起男人在性方面的"主动性"。他说得更为直白——男性普遍好猥谈,众多上流男人都无法避免,主因有三:化解尴尬,借这一类无聊的话松弛人际关系的紧张;增进"性闲聊"气氛而强化"男子汉"认同;当附近有女性时,有人故意语言猥亵,想借此一睹女性听到这一类话时的反应。

这位被称为"中国的金赛"的专家还指出,男性先天就有强烈的"接触异性欲",它符合动物学上的一个法则:"性爱的行为,只有雄性发挥其主动性,方为可能。"拍拖中的男女,男性尤其喜欢"动手动脚",这是由于这头"雄猿"希望把双方的亲密"公示",亦即"雄性确认"——古老的进化子遗。

从轨迹看,强奸往往就是"动手动脚"的终极行为,可分为攻击型、淫欲型、冲动型三类。前两类一般都是预谋性的,对犯罪的时间、地点、对象做了精心选择、周密思考,危险性较大。攻击型以暴力性质严重而较罕见,行为人仇视女性、心狠手辣,往往致受害人严重伤残,甚至杀人灭口。这种人多因婚姻生活受挫、曾受女性愚弄不能正确化解，而产生强烈的性变态报复心理，以极为残忍的暴力手段作为羞辱、贬低、征服女性，补偿个人损失的特殊方式，其强奸的目的主要是伤害妇女。淫欲型强奸犯最常见。他们具有性需求超常的特征，性欲经常处于亢奋状态，以单纯追求性享乐作为人生最大的幸福。与攻击型不同的是，他们在作案时的态度色厉内荏，一般不采用严重损伤女性的手段，而企图以恫吓或较小暴力达到性交的目的，尽量享受性乐趣。冲动型往往缘于偶然因素引起的性冲动，一般具有临时起意等特点，如行窃时发现熟睡的女主人而顿生邪念。这种人心虚力怯、意志脆弱，在受到被害人反抗时往往立马"索尼"而逃走。

从已经公布的案例看，发生在印度的强奸案似以"淫欲型强奸犯"居多，其爆发的频率既然如此频繁，遏制的手段显然绝不是荒唐的、嫁祸于人的"停供炒面"能奏效的，除了绳之以法之外，何不考虑韩国的"阉割"法？

传韩国近年通过了新法案，对性罪错者施行"化学阉割"。盖因近年来韩国性侵妇孺的案件也频频发生，民间请愿"阉割"的呼声日高。根据法案，不仅对性暴力惯犯施行"阉割"，还可以对初犯进行化学阉割，实施对象的年龄限定为"19周岁以上"。相关人士表示：化学阉割始于美国，是英文 Chemical Castration 的直译，不太高雅，其实是以雌性激素（女性荷尔蒙）注入"强阳"体内，令其放下淫棍，立地"公公"而已。

教育远远不是万能的。对冥顽不化者，盍不一阉了之？

喝到脚残

> 翻译扑哧一下笑着解释，蒙古的冬天常常是零下40多度的酷寒，不少蒙古人，越冷越靠酗酒取暖，喝醉了就直接倒在大街上，早晨醒来，脚趾当然……

最近几个乌兰巴托的朋友来找我喝酒，我真是怕了，拉几个善酒的学生来垫背。学生说，这些蒙古大叔走路怎么像跳蛙一样？蒙古朋友和我听了都笑了。

我们都想起了我们共同的朋友、蒙古交警兀烈旭。

都快十年了，我对蒙古人的记忆仍然是：他们爱喝酒爱到可以搭上性命的地步。而且手中有酒，差不多可以办成任何事情。当年我无法进入蒙古最大的铜矿采访，翻译说交警兀烈旭能行。我就送给他一瓶北京五星牌二锅头，不过一个小时，他就搞定了，还拽着我去他家喝酒。我的酒量在国内勉强可以在"轻量级"里混混，但一到蒙古就只能归入跳蚤级了。

可怖的蒙古式喝酒像一场杀戮。酒，不是斟的，是发的，一人一杯，半斤，一定要喝完，然后再斟满半斤，前提是：没下酒菜。

这很是黑色幽默。如果"干酪"也算是下酒菜的话，我情愿它没有，因为它使我丧失了"没菜不喝酒"的托辞。它是臭烘烘的，虽然苍蝇不去叮它，但是，用它下酒实在难为我了。

兀烈旭说，喝酒前，他们的习惯就是清空肠子，不吃午饭或者晚饭，然后让烈酒潺潺流入空腹，就可以慢慢地品尝那股子"冲劲"，并且很快"微醺"，接着尽量保持它和延长它的效果。他们说，这种被延迟了的兴奋，比敦伦、比床运还要销魂而且更容易操作。

喝完酒，去桑拿。中国东北人开的桑拿浴池，名叫"花刺子模"。

我早就发现兀烈旭走路不对劲，基本就是老鸭的步态。宽衣解带后，云里雾里地发现，他十个脚趾原来都付阙如！溜光滚圆，像"烙铁头"，更像硕大的龟头甚或干脆就是一条剥了皮的舌鳎鱼。

他察觉了我的瞠视，想解释，但最终翕动了一下嘴唇，还是没说。问题是，走进浴室，更多的"烙铁头"，精光滴滑，排挡一样地展示在走道两侧。

这是一个惊人的发现。我想。一个地方尤其是首都，居然有这么多的男人是没有脚趾的，无论如何都亮了。

我悄悄地问翻译：像白化病一样——他们也都是祖传的吗？

翻译扑哧一下笑着解释，蒙古的冬天常常是零下40多度的酷寒，不少蒙古人，越冷越靠酗酒取暖，喝醉了就直接倒在大街上，早晨醒来，脚趾当然冻得呱啦松脆，花生米一样，一个一个嘎嘎地掰下来……更有鼻子冻没的，软骨直接掉了下来，就剩俩窟窿。我们听了大笑，觉得他们憨得可爱。

兀烈旭猜出了我们在笑什么，喝茶时便对我们唠起他那脚趾头的故事。

我们这样没有脚趾的，蒙古人叫"舌头"。我是20岁那年把脚趾冻没的，他说。那年夏天，在色楞格省的达尔汗，我爱上了一个"二姨"姑娘（中蒙混血第二代），她是那么的美丽，走到哪里，哪里就是一片光亮，父亲说，这孩子将来一定会回中国，你们不会有结果的。

我没听他，继续追，她有着凸出的白玉般的额头，眼睛又黑又大，像库苏泊湖一样闪烁着淡淡的忧愁；她的鼻子笔直，红唇丰满，身材虽然有点瘦削，但是小巧玲珑，让人怜爱。

但是，一切如父亲所言，那年冬天突然她回国了。我疯了一样……我知道，天底下不幸的爱情故事都一样。但是我无法使自己平静下来，那个冬天我几乎把自己泡在酒里，于是某天早晨醒来，发现自己最后的一个脚趾也冻没了……

"噢，顺便说一声，不要以为我们的政府不禁酒，"他说，禁过多次，无效。马路上酒鬼之多，黄昏时你甚至可以从中找出几个高级官员来，他们这时完全像老百姓一样，大着舌头，流着涎水，蓬头垢面地讨水喝，所以我们现在很多行业都"禁酒"，禁止酒鬼入内，或者发现酗酒，就开除。是否酗酒已经成为我们甄别干部、任用干部的先决条件。换言之，有酗酒记录，就不能担任要职。

"所以，我就没有升官的可能啦！"兀烈旭说完这最后一句话，脚一伸就打起了鼾。跟所有伸出的光脚板一样，浴室里刹那间形成一条"舌头"的长廊。

德国大闸蟹

> 我看了看"德国大闸蟹",雌雄都 3 两左右,青褐色的背壳,肚子不怎么白,爪毛也非金黄色,而是枯黄色的,卖相似乎远远不如阳澄湖的喜感,只不知味道如何。

朋友颜先生请我去德国波恩白相,附加的激励机制居然是:我请侬吃德国大闸蟹!言下之意,德国大闸蟹不知要比阳澄湖大闸蟹好吃多少。

原以为在德国吃大闸蟹是一件很奢侈、很逸兴的事,不料却以惊险开头。

"这蟹,莱茵河里捞的吗?"朋友的家就紧挨着莱茵河,我想当然地问,孰料朋友连连摇头:没有捕捞证,在德国万万不能捕捞!

话音刚落,一群孩子在朋友孩子的带领下冲了进来,颜先生见状,大大失态,居然像堵枪眼的英雄一样,"呼"地一声向满大盆的大闸蟹扑上去,然后回头对着儿子用上海话亟叫:快点领伊拉出去!

儿子幡然醒悟,呼隆隆地带人跑了。我等被吓得一身冷汗,朋友忙解释:这里是个悖论世界,黄鳝、甲鱼、大闸蟹一百样都能吃，不犯法，而且不贵，大闸蟹每公斤也就5～8欧元，但只能吃死的，谁在家里动刀，或见血的，甚至活货而宰杀未遂的，都会有人举报。

我看了看"德国大闸蟹"，雌雄都3两左右，青褐色的背壳，肚子不怎么白，爪毛也非金黄色，而是枯黄色的，卖相似乎远远不如阳澄湖的喜感，只不知味道如何。

颜先生吃蟹不喜煮而好蒸，说这样的话，原汁原味毫不泄漏，但他的调料不敢恭维，认为有醋漂几根姜丝即可。内子看了大不以为然，拿过生姜，细细剁成大把的姜末，入醋，再加重糖，马上旌旗飘扬。

说起大闸蟹被欧洲商船的"压舱水"在20世纪初带到欧洲，早已不是新闻。因没有天敌，遂成灾害。

众所周知，"吃"，才是抑制物种最佳的手段，但德国人抵死不吃大闸蟹，从最初咬牙切齿地把它们大量地做成饲料，到如今德国一些渔业公司从易北河、莱茵河捕捞大闸蟹后，"半公开"地供应中国移民家庭和中国餐馆，不能不说是个进步，而且当然地——德国大闸蟹都是野生的。

野生的口感没话说。首先是雄蟹的膏，黏稠而微甜，那种香，沁人心脾的香，正是我们三十年前闻惯的蟹香。同样是人类的器官，我就想不明白，为什么白种人的鼻子闻上去就是"腥"呢？由此想到我们宫廷谜语级的美味，什么龙肝、凤髓、麋吭、豹胎、猩唇、熊掌……除了熊掌基本都是意淫之物，龙肝，据考证就是白牡马的肝脏。麋吭，就是小獐子的颈部肉，能比猪颈肉

德国大闸蟹 | 117

更鲜嫩吗?猩唇更是著名的吊诡食材,你以为猩猩的嘴唇,其实不过是驼鹿脸部的干制品而已,喻其珍贵,无非罕见罢了,哪里及得上野生蟹膏之万一呢?

雌蟹的"黄"自然也腴美,同样因为野生,蟹壳一剥开,蟹油居然立刻溢出来,似乎比雄蟹更其香腻。说句实话,吃这种蟹而去蘸调料,那真叫一个"巴"!跟吃鲥鱼刮鳞有什么两样呢?

李白《月下独酌》说道:"蟹螯即金液,糟丘是蓬莱。"可见蟹肉很不寻常。也许闻惯了大陆蟹的"药香",我们对"金液"之美已不太习惯,首先是诧异蟹肉原来可以如此有弹性,一剥出竟然还是笔挺的一字型,哪像我们这里的蟹脚,肉一离壳就蔫软地挂成了Ω。其次是甜,天然谷物的那种轻微的"甜津津",你一上舌尖,就又拒绝调料了,觉得被醋姜一熏,肉又糟践了。唐代诗人唐彦谦有诗:一斗擘开红玉满,双螯呷出琼酥香。蟹黄不过是"红玉",而蟹肉就是天上人间的"琼酥"了,我想他大约也是不蘸调料的一族罢。

在德国吃大闸蟹只有一点遗憾:"环境较差"。绝不是不卫生,更不是太嘈杂,而是氛围违和,没有几株疏竹斜影,没有几声吴侬丝竹,没人和你聊苏东坡"不到庐山辜负目,不食螃蟹辜负腹"的牢骚,更没人和你聊李笠翁日积一文以备买蟹的"养命钱",就知道吃。周围都是黄油面包与带血的牛排,你会隐隐觉得"蟹不是这样吃的"。环境很重要。你会觉得真正的吃货,不该只知道呲着獠牙直奔刀镬。同理,时隔多日,我还是忘不了那次去乌镇的强烈感受。

  入夜的乌镇琼楼玉宇，火树银花，亭台飞红，水榭倒映，但一路蹒跚，两旁的店家已尽为各地商贾盘踞，晚炊里传出的香味不是椒麻肉片、腊味合蒸、羊肉泡馍，就是腌臭鳜鱼、蒜子大肠、过桥米线；喇叭里传出的音乐不是"二人转""黄梅戏"就是"京韵大鼓""秦腔梆子"。

  这些都很好，都有自己的味道。只是看山已不是山，看水也不是水。乌镇已没了自己的味道。

  它固然世界著名，但再也不是我梦中的乌镇了。

在古巴捉龙虾

> 加勒比海是宝库。吃龙虾不稀奇。捉龙虾才稀奇呢。哪能？有兴趣伐？捕虾船的老板我们认识，有捕捞证。

去古巴前没想到过吃龙虾捉龙虾，此前只知道龙虾的滋味以澳龙为最。

但你无法想象，哈瓦那有一家中餐馆名气比中国驻古巴大使馆还响，它叫"天坛饭店"，老板是个女的，上海人，叫陶琦。命人上菜时，大概存心要吓人，竟然是一盆颤巍巍的龙虾——要知道这里是古巴，一个穷得想腐败都很困难的地方——一尝，比寻常龙虾还要细糯，且富于弹性。价格也不贵，一大盆，才15欧（人民币105元），可供三人饕餮而绰绰有余。

陶琦说，不要一副想不开的样子。这不是澳龙。而是加勒比龙虾（学名加勒比刺龙虾）。和澳龙是堂兄弟。长相虽然一模一样但便宜得多。出水价10个欧一条（三四斤）。加勒比海是宝库。吃龙虾不稀奇。捉龙虾才稀奇呢。哪能？有兴趣伐？捕虾船的老板我们认识，有捕捞证。

我们一听，顿时手脚发痒，那种久违了的孩提时代期待着疯玩的手脚痒痒。

因为和外界长期隔绝，古巴速冻一般长期被保鲜在农耕状态，缺的是现代工业，多的就是原始生态。近几年旅游开放，古巴政府划出几个景区，完全西方式的管理，供老外纵情消费，我们要去的地方叫"巴拉德拉"，加勒比海最迷人的海滩，租一艘快艇出海，当一天垂钓的海明威。

古巴的纬度相当于三亚，故清早还有些凉风，太阳一出就暴热。我们干脆泳装上船，披一条浴巾。快艇叫"奥利维亚"（加勒比海传说中一个欲壑无底的女人），驾驶员兼第一钓手叫"比戎"，西班牙后裔，50岁，粗壮；副驾驶员兼龙虾、大石蟹、海螺捕捞手叫"杜盖·奥利克斯"，西班牙后裔，48岁，霸气侧漏更粗壮。其皮肤晒不黑，只能晒红，为什么如此强壮呢？他们说无他，唯每日生啖龙虾数条，当饭吃。因此，当"奥利维亚"号从玛利亚·恰巴林港出海，一路狂奔外海的白沙岛时，我们的目标其实是一致的，我们是饱口福，他们是吃午饭。

天，蓝得不能再蓝。云，白得不能再白。水，翠得不能再翠。快艇在祖母绿的海水中航行一小时后，来到白沙岛，至此我们陷于两难，不知该沉湎于白沙岛的旖旎还是围观杜盖的捕捞。

白沙岛直接就是天堂。椰树下的沙滩，全部是象牙白的细沙，海水就是液态的翡翠，五彩的珊瑚间挤满了五彩的热带鱼，然而我们的眼睛还是盯着杜盖。杜盖穿上鸭蹼，戴上潜水面罩前，指着海水说，我们得和龙虾谈一谈，它们比较害羞，只长在干净的海水里，水深不超过三四米，必须有海流经过或者交汇，饵料才会丰富，一般来说它们只是看起来凶暴，其实是腼腆的，除了棘刺它没有自卫能力,唯一的本事就是躲,躲在石窟里、石缝里、沉船或者珊瑚间,所以捉龙虾时,最危险的倒是鲨鱼,而不是龙虾。

说完,杜盖"扑通"下去了,白沙碧浪间,可以远远地看到,他手持特制的长钩,凭经验把龙虾从石洞或石隙中一只一只挖出来。龙虾力量极大而且浑身盔甲,简直刀枪不入,你钩它时,它只有嘴部是软肋,必须一击到位,否则它强大的尾鳍一弹,早没影了。那期间还得防着鲨鱼"剪径",因此快艇还得缓缓绕着他转,以防一有险情就接应他上船。

而事实上杜盖下海只是眨眼的工夫,船尾就一片欢腾。杜盖腰悬长钩,举着两只大龙虾游近舷梯,比戎接过大虾扔甲板,那深红的尤物跳得满甲板都是。比戎咕哝着说,杜盖不但活好,心也好,养着三个女人呢!

"三个女人?!"我们表示吃惊。

见我们吃惊,杜盖憨厚而得意地说,仅仅海里的活好,是不够的,还得床上的活好!我的床很大、很大,每晚,我们四个人一起睡。所以,晚上我总是很忙。

大家听了畅怀大笑。问他为什么身体如此棒,他就指指龙虾,说,刚才不是已经说过了吗,每天能吃三四条,你也会和我一样啊!

看海底龙虾撒欢,陶琦憋不住也下海了。但龙虾根本不鸟她,她不会使钩,如果贸然用手抓,则跃动着的龙虾棘刺就是一组锋利的匕首,足够挑断你的筋。

好在她眼光敏锐，迅即发现一只硕大的虾笼，立刻招呼杜盖，一起把它拖上船，一数，六只大傻。你们看龙虾傻不傻，比戎说，它们从小就钻进去，一长大，就出不来了，坐等我们收拾它。

待到日影中天，"奥利维亚"已经捕到龙虾18只，船上当场开宴，熟劈生刺，大快朵颐，芥末不是很道地，酱油也不是很正宗，但是微颤的虾肉其实不用调料更好吃，糯、嫩、脆生生、甜津津，海风习习，四顾碧浪，乃不知天上人间也。

忽然想起了海明威的《老人与海》。比戎指着渐行渐远的白沙岛说，为什么不早说呢，那本书里的原型，那个永远不肯服输的倔老头，听说以前就住那儿……

古巴红豆汤

> 我也一直在想,红豆汤,不就我们上海人最常见的"赤豆汤"吗?如今居然可以坐上古巴"国宴"的台面。

李兹培邀请我们共进午饭,她的身份是"古巴共和国驻上海总领事"。说好是古巴特色的午餐,我们因此对这顿午餐充满期望。

总领事家中虽有厨师,但她决定这顿饭自己来做,结果开饭晚了,12:30才开吃。长方桌上,一大盆色拉,一盆烤肉,一大碗西红柿拌胡萝卜,一瓶红酒。

就这些?够吃吗?!我想,连主人九个人呢!总领事把色拉一一分到个人的盆里,然后举起酒杯为中古友谊"湿罗"(西班牙语"干杯")!

色拉虽然量大,但很快吃光,大家就把叉子伸向烤肉和西红柿。在我们的餐桌程序,这是很自然的事,但是李兹培却显得尴尬,不知该劝菜还是叫停。只是犹豫了片刻,她就果断地去厨房捧出一大锅的米饭和红豆汤(羹),每个人的盆里都是一勺米饭、一勺红豆汤、一勺烤肉片和一勺番茄胡萝卜丝。

原来,一共才两道菜。第一道是加勒比色拉,第二道就是拌饭，烤肉与番茄胡萝卜丝都是拌饭的组成部分。与我们中国的区别是，古巴的红豆汤断无甜味，而是咸咸的，味道很鲜，不知放了什么调料，米饭被它一拌，既糯又酥，美如醍醐。

这里插播一下，1968 年 8 月，顾准接受监督改造。一天，他正埋头看一本书，一个造反派走了过来，看了他读的那本书后，立即大声训斥：马克思早就说过宗教是人民的精神鸦片，你怎么可以私吸"鸦片"？原来顾准看的是一本中英文对照的《圣经》。几天之后，顾准又拿了一本书读着，那位造反派连忙走过来，见顾准看的是一本《共产主义运动中的"左派"幼稚病》，便放心了，正打算离开，顾准却开口了：列宁说修正主义者为了一碗红豆汤出卖了长子权，是什么意思啊？见他张口结舌地答不上来，顾准便说：这个典故出自《圣经》。可见，一个人不读《圣经》，就根本读不懂马列。

事实上我也一直在想，红豆汤，不就我们上海人最常见的"赤豆汤"吗？所谓"笃笃笃，卖糖粥"，这糖粥无非就是满大街的赤豆粥，那味道似乎没有好到连长子继承权都可以放弃的程度吧。

按照古希伯来人的规矩，长子在家庭中地位最高，享有分配财产的优先权，父亲的遗产绝大部分都归长子所有。《圣经》记载，雅各是个有城府的人，知道自己在家中是次子，处于不利的地位。一天，烈日当头，雅各正在帐篷外边的树荫下面熬红豆汤。大哥以扫从田野里回来，又饥又渴，远远地嗅到饭香就三步并作两步走到饭锅前，对雅各说：我都快渴死饿死了，你把这汤给我喝吧!

雅各觉得机会来了,说:想喝汤,你得把长子的名分让给我才行。

以扫手一挥,说:让给你就让给你吧,这长子的名分,于我有什么好处呢。雅各心中暗喜,说:你就对我起誓吧!

以扫对雅各起完誓,就迫不及待地把红豆汤喝了,长子的名分也出让了,根本没有想到这个草率的起誓会给自己的命运带来什么样的后果。

我们无法知道雅各时代红豆汤的配料,但可以知道咸味的红豆汤大概从中东传到西欧,再由西班牙、葡萄牙传到它们的美洲殖民地古巴等地,红豆汤拌饭也就成了古巴传统饮食,如今居然可以坐上古巴"国宴"的台面。

问题是,古巴红豆汤固然味美,不过九个人就吃这么两道菜,为什么事后就没有一个人觉得寒碜、觉得怠慢呢?

换作我们,招待任何客人,只有两道菜那是难以想象的,有时去朋友家或者饭店,桌面就算十多个菜,只要太普通,我们都会觉得主人抠门。去北方作客,越农村,越丰盛,菜盆常像叠罗汉一样,唯独作客豪门,菜蔬普通甚至寒碜,我们反而会为对方寻找解脱的理由,是魏晋风度、是低调洒脱、是节俭坦率,一如小时候弄堂里大家晒被子,富家晒出一条破被子,大家都觉得是难得的美德而交相赞许。贫窭的被子,稍微破点就被邻里大肆挖苦,说什么"面子革履都不要了";老外高架路上脱裤撒尿,我们会觉得是洋李白、洋阮籍的愤世嫉俗;国人看球跺脚狂笑,就会被讥超土豪乡巴佬伪球迷。类似的心态网上常被骂美狗、"汉奸"或者"势利眼",但古巴既非发达国家亦非人文大邦,我们为什么对只有两道菜的午餐毫无抱怨呢?

我想理由只有一个了,古巴拌饭,太好吃了!

等／鱼／断／气

一根鱼刺

那本赤脚医生手册

> 那时节,这是一本"不是黄色书的黄色书"。我不说你也猜到了是不是。是的,它叫《赤脚医生手册》。

今年的"世界读书日",不知怎么地会想起我们家那本神秘的、不给孩子碰的什么"手册"。

我不说你也猜到了是不是。是的,它叫《赤脚医生手册》。

我叫了书名至今都有犯罪感似的——那本手册在我家曾长期"猥琐"。它名义上不是禁书,在那个10年里,它至少被印刷了几百万册,能是坏书吗?但也不是什么"好书",父母不让碰,说明它有见不得人的地方。况且后面还印着"内部发行",也说明"不宜公开",不能畅行于阳光之下,是以父亲不但从不推荐它,还常常有意无意地藏它,掖它,有一次还被我撞见,他和母亲深夜的捧读,颇有前人"雪夜拥衾读西厢"的温馨。这么看来,它既是家庭"显学",又是家庭隐学。反正它混得不好,溜边,一直插在书架的最侧面。书脊还被贴掉了书名,不让鬼祟可疑的视线特别注意它。

彼时正从童年走向少年,我们兄弟的身体已经渐渐起了变化。

首先是无法安静，心痒，脚底也痒，四肢肿胀老想跑出去，在家哪怕静坐 10 分钟也像坐牢。一旦跑了出去，却又不知道想干什么，身体里老有只小野兽在耸动，老想喊几嗓，或者豁一个虎跳，打一个二起腿，潜意识地希望大人们注意我们，更希望路过的姑娘注意我们，但一旦真被注意，却又慌得不行，说话打颤，走路剖侧，整个人都走样了。

私处有了微黑的茸毛，还不至于吓我一跳，因为我们早就在公共浴室见识过父亲那地方的"乱头发"了，知道自己早晚会那样。兀那"微黑茸毛"的级别还是汗毛，只是加黑版的。我那声音还是童声，却如加了一层笛膜，说话间常会有破竹似的杂音侧漏。

除了悄悄地有了小小的喉结，我们开始对所有异性的信息都高度敏感，每每看到女性内衣和特别用具的晾晒就会心别别地跳，走进公共厕所更会觉得异样，隔壁的动静老在提醒我们，"那里是女人！那里是女人！"女人？多么神秘的人群！她们的身体是不能公开谈论的，否则就是下流，就是流氓，甚至扭送派出所！

但这却让我们更在乎她们，她们是磁石，我们是铁屑，有不可抗力使我们不能不注意她们。多年后我才知道，其实每个男人都在乎她们，都惦记她们，谁无所谓谁一定是装的，区别只是，在她们面前管好自己的，叫"文明"；放纵自己甚或失控的叫"流氓"，就是犯罪。比如那些年的那一刻，在下水道相通的男女公共厕所里，好像大家对隔壁的声音都是假装充耳不闻的，便是"好人"。拿一面小镜子,在那里偷窥的就叫"下流",就是流氓,捉进去判刑。

事实上,公共厕所里多少人前赴后继地栽在那里,已不可胜数。

我同龄的孩子中有几个据称还能闻到女性身上特有的气味。举例说,我们正撅着屁股扎堆地玩,他会突然叫一声:"我阿姐来了"!然后跳出人堆跑了,我们回头一看,果然是他姐姐奉命抓他回去。

事后我们问他,他说,女人身上的"味道"不是每个人都有的,有的浓,有的淡。是不是狐臭呢?他说不是。完全两样的。前者像甜甜的"哈喇"味,略微熏人,但是蛮好闻;后者就不行了,刺鼻,像老鼠身上的味道。

事情的突变是缘于一次偶然的"听壁脚"。我说了,我家那本书"时隐时现",它的来历已不可考,反正极破,父亲"饱读"后,总是晃几下,就不见了书影。某夜我听"壁脚",听到父亲轻轻对母亲说,那本书我收起来了,不能给小赤佬看到!这本书有个特点,一翻就翻到这一页,根本不用查目录……

我知道他们的意思。那本书事实上也被我"晃"过一眼。那天父亲看了不及收起,被我一个箭步上去,飞快地翻了几页,因为"那一页"被人实在翻得太多,以至于像有书签一样,一顺手就到了这一页,吓一跳,赫然一整页的画页,已被高度磨损得像一张翻毛麂皮,乍看黑黢黢的,奇奇怪怪,像早饭吃的"老虎脚爪",不懂,还想细看,已被父亲察觉,一把收走了,面色非常峻厉。

从此就一直想有机会细细地端详"那一页",无奈这样的端详几乎遥遥无期,一直等到"一打三反"期间,父亲再次被关进"牛棚",我才捞到机会——照例像有书签似的,一翻就翻到这一页。纸质都快磨破了,再翻下去,其实相关内容有好几页,那图已像毛玻璃一般,一根根黑色横线拉出来,本来说好是标注零部件的,然现在的标注线如此磨损不堪,都不知谁标注谁了,说起来那图都如此"卖相"了,还是老被人惦记算计。

然而还是看不懂。平日弄堂里流行的各种粗鄙不堪的通俗叫法,那上面一句都没有,所有的术语一律陌生得让人莫名,此种感觉就像长大以后看《旧唐书》发现,说书先生口中的、我们熟悉的"秦叔宝""程咬金"都被正规地称做了"秦琼""程知节"一样,非常别扭。

说白了,那时节,这是一本"不是黄色书的黄色书"。

说起此书,除了男女通吃的"那几页"翻毛麂皮,还有许多简易的保健防病知识。对面一栋房的杜利基,说好只借一晚的,等到翌日去讨书,竟然硬说没见过,他姐姐戴一副眼镜,高中生,满脸青春痘,一看表情就是她蓄意卡下的,当年叫"剋书",但死不承认。你拿她什么办法?我们在她家门口闹了很久不果,当天深夜就把他们家的玻璃窗给干掉一扇。

五十年后老邻居聚会,杜利基的姐姐已是个鸡皮鹤发、眼昏牙豁而年届七十的丑陋老妪了,问她当年还记得此事否,她居然哈哈大笑,说,你这样的书,当年一起插队的100多个兄弟姐妹一共才 3 本,"那几页"都翻黑了!也多亏了这书,靠着它我们自学针灸,学防疫,学避孕,防溺水,防触电,防蛇咬,防中毒……当然,那一晚的玻璃窗,是你砸的是不是?!

我们握手言和。同时对自己的父母表示感恩,别看他们表面严厉,其实很多父母对此书都是故留一条华容道的,那就是不建议阅读,但你偷看了也算了。

看了那几页"翻毛麂皮",我们才明白男人或女人。谢谢他们!

辟谷三日

> 光喝水,三天粒米不进,体重并没有减轻,可见体内的"存量炭薪"有多少,"燃烧"了三天,第四天的早晨不但人没崩溃,而且还格外精神气爽,顾盼自雄。

做人做到"不想吃饭",直接动因是我的空腹血糖指标为7.2,和糖友快拉手了。西医朋友要求深入血检,中医朋友说,先别急着服药,试试辟谷。

"辟谷"源自道家养生中的"不食五谷",以前上海有句很流行的骂人话:"侬勿吃饭的呀?!"喻指极其乖张或叵测或不通人情之人;杭州老话骂人则拐个弯喻指"勿吃饭"——"你登仙啦?"得无都是指辟谷?千古以来,国人都把吃饭视作人生头等大事。脑袋,叫"吃饭家伙";所有职业概称"饭碗";无论早晚,见面总问"吃了吗",现在流行"你好"了,但若要示好,或扮关切,也必从"吃过了吗"开始,绝不会问"睡得好吗"或"拉了吗"也。

"勿吃饭"源于先秦,首先得家境丰饶到"吃腻甘肥"吧,饥民饿殍早已"被辟谷"了,当不在议论之列,故即令盛世,估计也只是少数人的奢侈。宫廷养生千条万绪,归根结底也就四个字：阴平阳秘。平衡即健康，辟谷其实就是让过饱过奢的贵人们恢复体质的平衡而已。

"辟谷"读如"比谷"，早年读《史记》，看到张良辞别高祖，"从赤松子游"，就想，赤松子这个名字太拽了，清癯飘逸的一个半仙，能跟他的班，多荣幸。后来发现，赤松子乃神农时雨师，教神农氏祛病延年。"神农尝百草"是公认的医祖，赤松子居然是"医祖"的师父。而张良距他起码两千年，其说"从赤松子游"，当不是真跟赤松子玩，而是居家或者入山修习赤松子的祛病延年之法，如同我们的比喻一样，说走"长征路"，不是组织人马真来一下"强渡湘江"或"飞夺泸定桥"，而是一次体验式的红色之旅而已，又如说某人"想走阎王路"，只是喻指他"作死"罢了，并不意味着他真想死。

辟谷的字面直译就是"勿吃饭"。赤松子不吃饭吗？书载他是吃茯苓的，故分为服气辟谷和服药辟谷。前者主要是通过绝食、调整气息来进行；后者则在"勿吃饭"的同时，通过摄入其他辅食（坚果、中草药等），对身体机能进行调节。

我所归属的一派乃骑墙派，既服气又服药，一日三次服气（做操念口诀），一日三顿只服红枣（药）三枚，除白开水，粒米不进三日。

想想孤掌难鸣，便以"减肥"为饵把另外两个家人甚至住家保姆也拖下了水，四人一起绝食，厨下空空，餐桌荡荡，烟火绝灭，杳无人迹。我的家务清单原本只在早上煮鸡蛋、烧米汤以及清空洗碗机，现在好了，袖手游荡，整天无事，始悟人生也就忙一张嘴。

第一天的绝粒感受只像是案劳错过了午餐，傍晚才觉得饿，每顿红枣三枚嵌牙缝都不够，说做辟谷操（服气）可以消除饥饿感，试了试，有点效果。

当晚之梦都是大饼油条粢饭糕。翌日晨起唯饿，遵嘱不停地喝水，心想，熬油渣、汆肉皮尚且要加水，何况要烧掉体内的垃圾，不加水怎么行？但到傍晚，日子开始难熬，脚有点飘，文字也码不下去了，老想着当年外婆的亲历，说有一条骨灰级的老蛔虫寄生在她的胃中，只要胃里一空，它就在胃里摇头晃脑地催粮，俨然虫王风采，外婆每次都可以感受到它像一根细细的皮鞭，左右不停地抽打着胃壁。李白妙诗形容瀑布是"左右洗青壁"，外婆的胃大概也有如此喜感，如同我现在的感受，像有只小手在幽门抓挠，脑子里不断地涌现平日所喜所嗜之物，"大壶春"的生煎，夹一份牛肉汤；王家沙的"两面黄"，配一碗"单档"；老半斋的猪油菜饭，汤都不用；再不济，新天地"海逸"的三丝春卷蘸蘸"辣酱油"，或者德兴馆的硬骨子宽汤鳝糊面……

赶紧站好了"辟谷操"，眼观鼻、鼻观心地念三遍口诀：唵什瓦呢吽依本尼罗。然后两手缓缓提起，吸气，两臂缓缓张开，深呼吸至不能再呼吸为止……

饥饿太苦。已经不奢求"生煎"或"春卷"了，有一角大饼甚或垃圾食品也可以。视频里曾见饥饿的母豹因为饿疯了钻进野牛的肚子吞噬，最后竟然被活活地呛死在内脏里。

忽然想起地狱的严惩，油煎火炙刀锯之余，就是饥饿，其痛苦指数之高竟然足以刺激"人相食"，也就是让人性泯灭。饿是什么？饿，从头到脚就是湿哒哒的兽性，是让你双手震颤着发动原始的、茹毛饮血的吞咽，古希腊神话中有说坦塔罗斯王因自我吹嘘犯下罪过而遭受惩罚——忍受永远的焦渴和饥饿之苦。他站在大湖中，湖水深及他的下颌，湖岸长着果树，累累果实就悬在他的头顶。可是，当他口渴低头喝水时，湖水便退去；当他饿极伸手摘果时，树枝便荡开，清泉佳果于他始终可望而不可即。

总算是辟谷第三日的傍晚6点了。我诅咒着邻里的蒜香煎排骨、诅咒他们的面炸虾饼和辣子鸡，以如此粗鄙的香味肆无忌惮地糟蹋着我，"来一块'观音土'吧"！如同苦守节操的女人，为了遏制大欲只好木讷地自虐，在我就是再次做操——两手缓缓提起，吸气，两臂缓缓张开，深呼吸至不能再呼吸为止……

辟谷三日。光喝水，三天粒米不进，体重并没有减轻，可见体内的"存量炭薪"有多少，"燃烧"了三天，第四天的早晨不但人没崩溃，而且还格外精神气爽，顾盼自雄，类比当年的"猪坚强"，再次觉得只要意志加水，人类挨饿的本事远远地超过任何学术想象。

坐窗前，喝一小碗山西的"沁州黄"，顿觉浑身都是力量，脑洞非常空灵，情绪格外饱满。这具皮囊，都整整六十年没有清过仓了，谁知道该有多少陈年老垢硬痂一样挂满五脏，如果是一辆旧车，论公里数，也相当于行驶了"五十万公里"，濒临报废了。我们从小就知道，要洗净一只柏油桶是不可能的，唯一的办法就是烧,柏油桶都是烧干净的。

数日后去验空腹血糖——5.2,中医朋友大竖拇指,西医朋友微微摇头。

公允的话还是让我来说一句吧:养生之道不可照搬,辟谷之术于我也许是良药,焉知于你就不是毒饵呢?!

世事万物,大抵如此。

病房忆琐

> 什么是最幸福的人？不是亿万家私，不是美女如云，更不是荣誉等身。很简单，不被尿憋死，就是最幸福的人。

元宵那天我差点挂了。人还真有旦夕祸福。如我这样常把"养生"之道挂在嘴上之人居然也会"心梗"，一是很大的讽刺，二是不小的意外。

因为年年的体检报告，我总交上"出色的答卷"，可见体检报告不可全信。

没有任何预兆。那天下午突然胸痛，痛得蹲地，医生事后还表扬我：一是没有在家坐等"120"，这"120"超快也得1小时后到达，没人知道这1小时会发生什么事；二是挂了急诊后直接摁抢救室的应急铃，而不是坐等护士的叫号、开单、做心电图，否则就是邹碧华的悲剧。

事实上我是急性心梗，某根管子堵了90%，医生毫不犹豫地为我上了1根支架。那天是元宵夜，想象外面火树银花，饭局里的朋友真幸福，突然觉得重症病房的日子比号子里还苦。

不穿内裤。浑身插满管子。几乎四十年没有早起习惯了，但如今每天早晨5点你睡得最香的时候必须被弄醒，说量体温，这体温必须早5点测量的吗？然后空腹抽血。6点不也是空腹吗？干嘛不让病人多睡一个点？！

问题是，没有安排空腹抽血的病友也必须弄醒。而最荒唐的无过于每天晚上又把你摇醒，要你服安眠药。

刷牙，洗脸。我去过部队，部队战士也不用5点起床刷牙洗脸。我也去过监狱，监狱里的犯人也没有5点起床刷牙洗脸的，而且据说全上海全中国的医院都是早5点开始折腾，不让病人多睡，这是什么节奏？有什么科学道理？源于何条管理法则？

问题是，每天5点被叫早盥洗后，做什么呢？枯坐。坐等6∶30的早餐。这期间，你只能在床上"方便"——重症病人是不可下床的。

问题是，我遇到了"小便难"。也许是中医说法的"心气衰竭"，腹胀如鼓，却怎么也"小"不出。觉得周围人都看着我，拿着便壶在被子下面玩古彩戏法，很猥琐。于是拉上围帘，闭上眼，一遍一遍地自嘱：放松再放松……再放松……怂了很久很久，那尿，线状地艰难地攀向出口，所谓"蚁行"，蚂蚁一样地爬着，眼看快到了，忽然又害羞地缩了回去，如是者再三，内急越甚而外泄越难——不！我坚决地拒绝导尿，且不说导尿的痛苦有多大，即令导得眼前尿，日后的自主排尿也会更困难，我将长期受其困扰。

两眼死鱼一样定漾漾地瞪着天花板，急汗湿透内衣，护工阿姨很不知趣地催着，好了没有？好了没有？我大吼一声：没好！

好不容易蚁行到"瓶颈"的尿头又一下缩了回去。

最后，我设法想象着最爽的一次小溲：古巴，加勒比海的明珠"葩拉雅戈戈"岛，白沙、碧浪，鸟语花香，泉水叮咚，突然一场热带的豪雨从天而降，银瓶乍迸，天河决堤……

天哪，在"热带豪雨"的幻觉下，兀那"线头"终于冲决了热带丛林，欢畅地砸进了便壶，从古到今，真所谓"官急不如私急"，那一刻就是皇帝老儿御林大军也得让路啊！

什么是最幸福的人？不是亿万家私，不是美女如云，更不是荣誉等身。很简单，不被尿憋死，就是最幸福的人。

那些日子，住过大通间，也住过小房间，大通间菜场一样嘈杂。

左侧是"高主任"，某医院的外科主任，他是个昏迷的痰罐，整天呼噜呼噜，磣得我一背脊的鸡皮疙瘩，不停地想，当年上海地产大王周湘云的豪宅里不但有抽水马桶，还有抽水痰盂，天可怜见，那抽水痰盂为什么最终没有普及呢？！

幸亏右侧是个干净的老头杨先生，难得地还和我有共同皖南小三线的生活经历，他当年是贵池地区（也称池州）的"前进机械厂"的厂长。为了抵御左侧的"痰灾"，我们不停地回忆着李白和杜牧的贵池，细论着长江的"江鲜"，刀鱼、黄鳝鱼、大青虾，商榷着"杏花村"究竟在山西还是在贵池，李白在池州的"秋浦十九首"固然背不出，但是杜牧的《清明》总可以哼唧哼唧吧。

随手翻了一下百度，李白享年61岁，杜牧享年49岁，想想自己已经很受老天眷顾了，遂心满意足地出院。

痈疽危言

> 方子你们不是拿到了吗,那些药,一味一味的,都是你们自己去配的,又不是我提供的药源,效果好不好,我怎么知道呢?

今年夏秋之交逃过一劫。可谓痈疽之难。

溽热刚过,颈后大约第一胸椎处(沪语所谓"后势颈")就长了一个小疖子,初如粟,渐如豆,最终肿得栗子般大小,开始不疼不痒,但很快又疼又红肿,而且位置很不好,正是"大椎"之处,背部的要害。定神一想,这不正是痈疽嘛,民间俗称"搭背"。儿子一位年轻同事,去年差点为此送命,最初只是一个背部小疖,微痒,渐大以后大概剥过几下,便势成燎原,症状可见十余只黄色脓头,像只蜂窝或莲蓬,且发烧,及至医院急诊,竟然已是"败血症",生命垂危,收入"ICU",重症监护半年,大量的抗生素上去,终至伤筋烂骨,难溃难敛。病程缠绵了一年方可下床。古人常将"养痈为患"与"养虎为患"并列,史载范增与徐达均死于痈疽,可见此病大意不得。

范增辅佐项羽打得刘邦满地找牙,却被刘邦谋臣陈平抓住了项羽多疑、自大的特点,使用反间计所害。"项王使者来,为太牢具,举欲进之。见使者,佯惊愕曰:'吾以为亚父使者,乃反项王使者'更持去,以恶食食项王使者。使者归报项王,项王乃疑范增与汉有私,稍夺之权。"这种离间法其实是很拙劣的,项羽居然也会相信,平白蒙冤又无以自明的范增只好辞职,未到彭城,背上毒疮发作而死。唐末诗人周昙为之叹息:"智士宁为暗主谟,范公曾不读兵书。平生心力为谁尽,一事无成空背疽。"范增是被气死的,史记称他"疽发背而死"。只是疽和痈是有区别的,同样是毒疮,疽为阴性,痈为阳性。而且疽还分"有头"与"无头",有头疽,明火执仗,属于体表、软组织之间的阳性疮疡。因其初起患部即有单个或多个白色粟米样的疮头而得名。但无头疽就麻烦了,那是"深水炸弹",属于筋骨之间或肌肉深部的阴性疮疡。包括附骨疽、流痰、肩疽等。多因毒邪深陷,寒凝气滞而成。我那痈疽看来属于"有头"的了,揽镜自照,赫然三粒白脓头,尚未转黄。问题是身在美国,不知该找谁,尴尬中还是急电上海岳阳医院的中医朋友。朋友看了我视频,认为病因是过食膏粱厚味,外伤感染,邪热壅聚,化腐成脓所致,所幸尚未溃破,急令:1. 停止洗澡、多休息,停食参、芪类补药,停食一切油腻之物,特别是牛羊肉和黄油白脱;2. 痈表立即贴上"透气创可贴",防止半夜无意识地抓挠,停食一切发物(详细清单可度娘),目前"搭背"未熟,不建议去美国医院治疗,可内服仙方活命饮,外用金黄膏贴敷。他有一个师兄在洛杉矶悬壶,我马上登门拜访,又服又敷,先待"痈熟",再把脓全部吊出来,折腾了一个多月才痊愈。朋友说,幸好只是"痈","疽"就棘手了。

那日得闲，检视旧箧，发现当年和国医大师颜德馨谈过痈疽的笔记。那时大师还住鞍山新村，我曾多次拜访，其生前素称"内外兼修"。翻开当年的记录，彼称，古人因为没有抗生素，对于痈疽是极其害怕的，痈和疽不但有区别，而且还有内痈与外痈之别，《黄帝内经》有"痈疽十七死"，其中内痈："痈发于嗌（咽喉）中，名曰猛疽。猛疽不治，化为脓，脓不泻，塞咽，半日死。"也就是12小时必死。内痈生肝，就是肝脓疡，生于肠即为肠痈。但是外痈同样厉害，《黄帝内经》载："发于颈，名曰夭疽。其痈大以赤黑，不急治，则热气下入渊腋，前伤任脉，内熏肝肺。熏肝肺，十余日而死矣……发于胸，名曰井疽。其状如大豆，三四日起，不早治，下入腹，不治，七日死矣。发于膺，名曰甘疽。色青，其状如谷实瓜蒌，常苦寒热，急治之，去其寒热，十岁死，死后出脓。发于股胫，名曰股胫疽。其状不甚变，而痈脓搏骨，不急治，三十日死矣。发于尻，名曰锐疽。其状赤坚大，急治之，不治，三十日死矣。发于股阴，名曰赤施。不急治，六十日死。在两股之内，不治，十日而当死……诸痈疽之发于节而相应者，不可治也。发于阳者，百日死；发于阴者，三十日死。发于足上下，名曰四淫。其状大痈，急治之，百日死。"

千年以下，看内经之"痈疽篇"我们只看到个"死、死、死"。德馨大师解释说，痈是阳证，发于肌肉，红肿高大，气势汹汹，这种危险是明枪，"明枪易躲"；而疽发于骨之上，平塌色暗，多属于阴症，那才是最凶险的，"暗箭难防"。范增与徐达，都是"疽"，如果以现代医学来解释，就是两人在忧愤惊恐之际，皮下毛囊受到了细菌深度感染所致，现代人叫"急性化脓性炎症"，病原菌为葡萄球菌。用抗生素治疗效果一般都很好，但抗生素的问题是常常"失灵"，一旦失灵，就"药石罔效"，全世界每年注射抗生素而仍然死于痈疽的绝不在少数。

问题是，"仙方活命饮"与"金黄膏"并非痈疽大杀器，中医药库还有没有更好的宝贝呢？

"有！"上海疾控中心的"老法师"李申生告诉我，他听丁甘仁（民国时期的中医巨擘，国医大师裘沛然的师祖）先生的后人丁景忠说过一个故事：丁家有祖传的痈疽秘膏，分3号，1号拔脓，2号清创，3号生肌，享誉全国。"文革"时，造反派抄家把秘方抄了出来，但回去一试，效果不咋地，不禁大怒而上门问罪。但当时当家的丁奶奶的态度是"勿响"，你随便怎么大吼，我就是"勿响"，方子你们不是拿到了吗，那些药，一味一味的，都是你们自己去配的，又不是我提供的药源，效果好不好，我怎么知道呢？我又不是丁家发明此药的"老祖宗"，我去问谁去？

造反派碰了个软钉子，悻悻而去。其实丁家药方是有祖宗埋下的"地雷"的，都非常"促刻"，诚如鲁迅所述之"蟋蟀必须原配、甘蔗经霜三年"。丁家老方子在采集与炮制的过程中，有不少"密钥"，比如方嘱：猪胆汁捣葱白，敷外痈，清创。处方就这么一句话。岂知这胆汁，须野猪的胆汁；葱白，必须是"清明之前"的江南小葱之白；熬膏呢，必须无根水（天落水）。以前丁家有自己的药坊，方子不用写明是否野猪，是否"明前葱白"，当班药工一看就明白应该如何配药，如何炮制。

又比如,"百草丹",望文生义很容易理解为百草集约而成的妙药,其实就是羊胃里的草结石,又名羊胲子,必须塞北真正吃百草撒欢的"羊胲子"才有效,你个江南羊棚里拉来的、只吃饲料的羊胲子有毛用啊!

现如今老药工早已星散,密钥只在丁家老太脑子里,她"勿响",神仙也徒叹奈何。

现如今,丁家老太也早已仙逝,秘方也不知下落,只留下一段瑰丽的遗响。

胸片惊魂

> "读片显示,你患过肺结核,但是没等你察觉,它已自愈了。"朋友用欣喜的声音向我宣布。

都说"咳嗽、咳嗽,郎中对头"。意思是,无论中医还是西医,面对顽固性的咳嗽,常常是囧态百出而束手无策。

年前,我就遭遇了一次如此任性的、连续两个月的咳嗽,市面上几乎所有的咳嗽药水都搜罗来了,止咳的、化痰的、理气的、润肺的……甚至动用了罂粟壳(研末),但是没用,那就是没理由地整天地咳、咳、咳!曾经连续三个晚上,目不交睫地暴咳,居然咳出了"腰肌劳损",咳得声音嘶哑。最严重的一次,是参加 SMG 的一次重要会议,原定要发言的,临时居然因为喘不成声而请求取消发言,以至于会议主持遗憾得连连摇头。

朋友安排我去了东天目山,说养养肺,同时呢,又没事找事地说,拍个胸片吧,毕竟咳了这么长的时间了,当然,一般是没事的……

但谁说"没事"呢?这一拍就拍出了"事"——朋友的声音很轻,于我却如霹雳:不好意思,你的胸片发现"结节灶",我们医院小,你还是去上海复查一下吧。我盯着他问,肺部"结节灶"提示着什么?

朋友歉疚地说，可能是钙化点……如果从未生过结核，也可能提示肺部肿瘤……

脚，在飘。怎么回宾馆的已经走肉一般地忘了。一想到恶性肿瘤的可能，便一遍一遍地告诫自己：人，总是要死的嘛，鲁迅都死了，猫王都死了。花开花落两由之罢。

这世界，最怕的就是我等常看健康类杂志却又没看懂的人群，"结节灶"？是不是一种类圆形的疤痕组织？我从未生过肺结核。那么就是肿瘤了——当然，癌分鳞癌、腺癌、小细胞癌……如果是小细胞癌，1.5～3个月上路……

午夜前后，我已完全沉浸于癌性狂想——万一是那个"东东"的话，刀是坚决不开的！当年采访上海胸科医院，常常被告知，肺癌死亡率第一。至少我身边的几个亲友，但凡肺癌开膛者，无不"杀无赦"。

……必须住到嘉定去，接受嘉定名医张建明的中医治疗。再不然，就躲得更远点，甘肃岷县或者河南灵宝，有铁哥们罩着，躲进深山，还能赚个土葬……

想着想着，午夜忏悔，肠子都悔青了，我居然整整抽了20年的香烟，而且吸法粗豪，口口都深吸入肺。赶紧给上海医院的好朋友打了一个电话，那哥们就是胸片专家，电话里，他毫不感情用事，只有非常职业的回答：别紧张。一切等重新拍片再论定。

已经凌晨2点了，我越想越没睡意，干脆想象如同无痛人流一样，是否争取一个无痛死亡。从技术层面来看，这是应该可能的，一个罪犯尚且能够享受这项人类科技成果，我为什么不行……

还有债权债务。我不欠人的。唯好友某某欠我若干。如经查是恶性的，那某某的债务就免了吧，人都走了，留个朋友每年清明念着你，有什么不好。

平日里伤害过的人，也应该请求他们原谅。面谈是一定尴尬的，何不用微信呢，死了，就一切了了。

一宿未睡。翌日一早驱车回沪，下午已经面目青肿地坐在朋友的拍片室里了。

如果没有记错，这次等待应该是我平生最长的一次等待，心悬着，气短着，直到朋友提着大汗淋漓的湿片走进来，往读片灯上一插，我才回过神来。

"读片显示，你患过肺结核，但是没等你察觉，它已自愈了。"朋友用欣喜的声音向我宣布：看看你胸膜的钙化线，喏，结节灶周围的星状钙化点……我现在可以正式宣布，胡展奋先生，经过努力，您没能患上肺癌，您可以告诉您天目山、黄山或者所有关注您的朋友，胸片显示的是"陈旧性结核病灶"。鉴定完毕。

我，幸福得很久才缓过神来，但是第一个贪鄙之念居然是朋友那笔债权——幸亏没有免除；还有那几个在微博留言骂我的"小贼"，决不宽恕他们！

胸片警报才解除，我就故态复萌。回顾昨夜之准备宽恕一切的心情，真所谓人之畏死，其言也善。呵呵。

咳嗽小考

> 你咳嗽也罢喷嚏也罢,把口罩特地拉下来无差别左右狂扫未免太过分了吧,事过多日,我犹然觉得外衣还滑叽叽地"馋吐水"嗒嗒滴。

冲突的发生非常偶然。

那天麦德龙超市结账通道人人都戴着口罩,突然人堆里一位老爷叔拉下口罩就是一顿暴咳,那暴咳绵长而剧烈,末了还风箱似的抽足气,期待感十足地闭上眼睛——仰天转颈"啊啐!"一连三个大喷嚏。

乖乖,这三个喷嚏好比"虾腰双浇宽汤面"碗底还滑出了三只荷包蛋!

人群中弹似的屏息,刹那静默后,立刻爆发出无数的怒斥并汇成了咆哮的海洋,那正是2月中旬人们热议"气溶胶"之时,一群狂怒的小伙子直接对老爷叔爆了粗口,还有人想动手……

你咳嗽也罢喷嚏也罢,把口罩特地拉下来无差别左右狂扫未免太过分了吧,事过多日,我犹然觉得外衣还滑叽叽地"馋吐水"嗒嗒滴。

宅家的日子既然漫长,便乘机考究了一下咳嗽与口罩。

病从口入，秽从口出，口腔原是极忙的，也是极"脏"的。唾液本来无色无味，但氧化后颇有异味，个别人特别臭，我们通常叫"臭嘴巴"，每个人孩提时就明白了，恃其为战斗武器庶可披靡，谁小时候没有唾来唾去的呢？但形诸文字的，最早还是文言名篇《触龙说赵太后》："赵太后新用事，秦急攻之。赵氏求救于齐。齐曰：'必长安君（赵太后幼子）为质，兵乃出。'太后不肯，大臣强谏，太后明谓左右曰：'有复言令长安君为质者，老妇必唾其面。'"以前读到这里常想："伊唾得到伐？"老太垂帘高坐，言事的大臣离她起码七步，难不成还走上去凑近了唾？现在明白了，大家都忌讳唾沫之秽，老太借势宣示而已，可见唾沫的"秽势"足以吓阻不同意见。李白有诗"咳唾落九天，随风化珠玉"，我是疑其变态的，阿娇再怎么"娇"，其口水总不见得不会氧化吧。还是蒲松龄实在，"聊斋"里宋定伯捉鬼，鬼变羊后怕其再变回去，定伯对它连唾几口"馋吐水"而办成了铁案，可见口水的威力。《隋书》称：北周伊娄谦使北齐时，因高遵的泄密，被北齐拘留。后来周武帝逮住高遵，交给伊娄谦任意处置。伊请赦之。周武帝便说："卿可聚众唾其面，令知愧也。"周武帝宇文邕乃整个南北朝时期少有的明君，以"群唾"羞辱臣下，算是一大发明。相形之下，"全民唾秦桧"的态势才叫一个蔚为壮观，据《燕京岁时记》称：元仁宗延佑年间在大都（北京）为岳飞设神位，"阶前有秦桧跪像，见者莫不唾之，已不辨面目矣"。又据《柳南随笔》记载：明成化年间进士周木在浙江任上时，于钱塘修建了岳武穆墓，并铸秦桧跪像，"供游人答击"。后来不知

咳嗽小考 | 153

何时何人发起,改向秦桧跪像吐痰泄愤,并美称为"义痰"。

用"义痰"表示义愤,论情可以理解,但论理我是极其反感的,那些跪像我小时见过,可谓"天下第一恶心之物",痰垢累累板结,油酥大饼甚或香港脚一只;唾沫层层风干,边边角角都蝉翼般翘了起来,那个脏我敢说是杭州城最大的"病毒宿主",各地的"义喉"把各方的病毒都带了过来"交叉变异",则"义痰"之义,对跪像固然正义,但对公众健康却大不"义",恨一个人总不能恨到如此不讲卫生、如此卡通吧。由此忽然细想了"痰"。成书于战国的《灵枢》称人体五脏所主之液为汗、泣、涕、唾、涎五种。不提"痰"。再找东汉的《说文解字》居然也找不到"痰"字,痰去哪了?一直找到东晋葛洪的《抱朴子》才找到:"甘遂、葶苈之逐痰癖",这应该是最早的"痰"字了,当然,中医里的"痰"并非只指唾咳之痰,而是指人体津液的异常积聚,我们决不能据此推断东晋之前,人皆"无痰",那唾咳之"痰"无非混入唾、涎之称了罢。

中国是文明古国,无论"唾"还是"咳",我们的先人都早早地有了规范,明令禁止随地乱唾。《大戴礼记·保傅》称:"天子处位不端,受业不敬,安顾(动静举止)、咳唾……凡此其属太保之任也。"就算周朝天子也不能随意唾咳,必须合乎礼仪,"咳唾教练"就是太保。《礼记·内则》更有"在父母姑舅之所,不敢唾洟(吐痰与擤鼻涕),父母唾洟不见"的规定,而一旦违反,像麦德龙老爷叔般地恣意狂喷,则后果可能很严重,甚至有不测之祸。《魏书·李栗传》称:北魏左将军李栗"性简慢。矜宠，不率（守）礼度。每在太祖（拓跋珪）面前舒放倨傲，任情咳唾。太祖积其宿过，天兴三年诛之。"注意"任情"两字，那就是唾咳时，不分场合，率性而为，大抵是随地吐吐，鞋底揩揩，结果皇帝和他总算账，要了他脑袋。同样是《魏书》载：杨津"少端紧，以器度见称……文明太后临朝。津久侍左右，忽咳逆失声，遂吐数升，藏衣袖。太后闻声，阅而不见。问其故，具以实告。遂以敬慎见知，赐缣百匹，迁符玺郎中。"咳嗽虽说和私情一样是藏不住的，但就像世卫组织提倡的"赶紧捂嘴"呀，这位仁兄暴咳时都吐入了衣袖，宁可自污，也不害人，结果受到嘉奖，缣是细密的绢，被奖了一百匹，还升官，此痰可谓金痰矣！

《马可波罗游记》第十三章谈到元世祖的宫廷宴会："皇帝左右侍候和办理饮食的许多人，都必须用美丽的面纱或绸巾遮住鼻子和嘴，防止他们呼出的气息，触及宴享的食物。"

如果没有夸张，可以认为最早的口罩是元世祖倡导的了，因为现在还找不到比元世祖更早的口罩记录。而明朝，对随意咳嗽已直接发布敕令，违者严惩了。《明史·礼志》记载：大明宣德七年，"大祀南郊，帝御斋宫。命内官内使，饮酒食荤，入坛唾地者，皆罪之。司礼监纵容者同罪。"

包庇者都要连坐。据说这是世界上最早、最严厉的禁唾令。

又想到"麦德龙老爷叔"了。日前报载女乘客故意对空姐暴咳，下一秒直接被锁喉压制。想想老爷叔的"虾腰双浇宽汤面碗底再滑三只荷包蛋"，我为他庆幸，那一天，大家对他还算是很克制的呢。

一根鱼刺

> 又是个稚气未退的男神,但动作老练而自信,打开口腔一看,用不着我们提示,就"哦"了一声:"看到了!"

　　只是一眨眼的工夫,婆娘被鱼刺卡了。是根大鱼刺。不称她"太太"而称婆娘,一是"太太"落俗,二也是贬她一回,谁叫她又卡了?!三十年来,不知被卡多少回,总是乞灵"威灵仙",但威灵仙也有不灵的时候,痛得无法入睡,总是捱到半夜,陪她去汾阳路眼耳鼻喉科医院(上海人俗称"五官科医院")。

　　最近和儿子住一起。别墅在松江泗泾,金少而求屋大,欲250平米以上,只好买远点,九亭还下去一站,心态也随之扭曲了,时而自诩空气好,时而夸奖房型好,无非寻找心理平衡,就连医院也一并夸了进去:谁说松江的第一人民医院差啦?人家也是"三级甲等"好伐!

　　无奈"三级甲等"很快打我脸了。那晚计议,去"第一人民医院",还是五官科医院?蕞尔小疾,决定去松江。

　　要说气派,松江的"第一人民医院"(南院)比海宁路的"第一人民医院"还气派,把我们引进治疗室的是一个瘦削的值班女医生,我不禁咯噔了一下:这么年轻!还是个学生模样……

但又宽慰自己,人不可貌相。

她戴好口罩,拿来器械,要婆娘张大嘴巴,压舌板一压,婆娘一打恶心,她便说:"没有!"我忙说,怎么会没有呢?我们大家都看见了!她的脸当场挂霜:你们看见有什么用?要我看见!现在我看了,没有!

"这……是'没有',还是没发现?"我有点急了,忙点给她看——明明就在小舌头下,舌根上嘛,像一根牙签,或者一支笋一样耸着,介明显,还看不见?!为方便她,顺手画了一张草图,示意在小舌尖下面,右侧的舌根处。

我好言请她再看看。她皱着眉,又凑近看看,嫌恶之态,尽在眉眼,最后的结论更冷了:没有就是没有。两天后来做喉镜,先麻醉后检查。说完不容赘言,起身就走,我追上去,问附近有没有中药店,想买威灵仙将就一晚,明日就医。

一位高大的男医生堵了上来,态度同样嫌恶:中药房?我们怎么会知道?!

至此,我被他们夯得无话可说。倒不尽是气恼那小医生的业务无能,而是痛心自己平日里处处为他们说好话,无论在舆论场还是现实生活,凡是涉及医患矛盾的场合,我一般总是站在医院一方。现在看来,松江人对这家医院普遍地不屑并非没有来由。侬至少态度略微温和点吧。

怎么办?儿媳妇当机立断:去汾阳路眼耳鼻喉科医院!介大一根骨头,捱到两天后不知会发生什么呢。

好在新居紧贴高速入口,便油门一踩直奔汾阳路,夜深车少,最多 30 分钟便到了"五官科医院"。

邀天之幸,那晚来"拔鱼刺"的患者不多,记得前两次来此,都是人头济济,全上海只有此地的"拔鱼刺急诊"通宵到天亮,如同霍山路的半夜大饼油条摊一样,再晚,那盏灯,为你温馨地亮着。

说来怪,一到这里,婆娘就不呻吟了,喉咙也不痛了。队伍动得很快。同样是"小医生",此处如同木匠"拔洋钉"一样,又如疴偻承蜩,强灯一照,一拔一个,轮到她,又是个稚气未退的男神,但动作老练而自信,打开口腔一看,用不着我们提示,就"哦"了一声:"看到了!"话毕不由分说,吱一声,麻药喷了进去,便潇洒地去一趟洗手间,回来舌板一压,用力过度,断了,便掣出纱布干练地把舌头一裹一拉,镊子伸进去一夹而出,高高举起:出来了!

大家吓一跳,简直就是一根"骑马钉",是带鱼背脊上的那种 T 形硬骨。"这么明显的骨头怎么会看不见呢?!"病人相互议论着,他们都是因各家医院"看不见"而聚拢来的,如同 CA 病人不约而同地奔向"群力草药店"一样。上海有很多这样"妖"的地方,进口手表,就是"亨得利"修得最好,甚至红肠——只有到徐家汇天钥桥路口的那家买,才最好吃……

"你们医院拔鱼刺介灵,为什么不在全市医院系统开个培训班呢?"

那男神听了拉下口罩,朝我极其怪异地笑笑,什么也没说。

被狗咬一口

> 人性和狗性之间毕竟有太多不确定因素,倘不懂狗,最好对它敬而远之,因为它有着巨大的死亡背景,被它咬了,真不是小事。

"被狗咬一口",通常是一句隐喻,但在这里却是恶狠狠的一口。

那晚,去雕塑家严友人处作客,被狗咬了一口。那晚,见其所豢的"松狮犬"殊为可爱,藏獒的一种,棕色,高大,头大如狮,威武中透出浓浓的憨厚,肉里眼,黑舌头。说起这只松狮犬,还真是"名犬",原为陈逸飞所豢,大概有俄罗斯文学情结,陈逸飞生前叫它"阿历克塞",他的同学严友人接手后仍叫它"阿历克塞"。

"阿历克塞"是忧郁的,而且多少借着前主人的光,"名人名犬",陈逸飞生前的朋友见了它总要抚慰它很久,我去严家每每牵它溜达散心。那天也"过于自信",掷它一块小排骨,看它津津有味地吃掉,刚想和它说话,不料它暴起,闪电一口,正中食指,急忙一扯,痛彻肺腑,已然一个大口子矣。

主人大骇,急送医院注射狂犬疫苗。

俗话所谓"药医不死病,佛度有缘人"。论病,若说百分之百的死亡率,恐怕只有狂犬病,潜伏期七天至十九年,天天揣着一颗"不定时炸弹",谁输得起呢。

进门就是两针"试验",接着一针"破伤风"、一针"狂犬疫苗",但最令人魂飞魄散的两针"血清",才是酷刑:伤口已大得像小嘴,深且阔,那两针"血清"居然不上麻药,直接戳进血肉模糊的伤口,对着肌腱和神经束"掏掏伊",再注射下去。第一针就打得我一佛出世,几近虚脱;第二针似乎没有找准位置,感觉戳进了骨膜和关节,又退出来,再"掏掏伊",左捣右杵,痛得我差点小便失禁,急忙联想被凌迟的袁崇焕,碎剐的感觉庶几如此了。于是试着硬憋着不哼,嘴唇生生地咬破。医生说,这是何必呢,急诊又不培养江姐,最疼的针,不上麻药,你就叫吧,没人说你"缩货"的……

伤口打完"血清",还不能走开,20分钟没有过敏后,还得打两针"血清"——这回人道些,不戳伤口,戳大腿。这两针说是没有前两针疼,却别有一番滋味,那就是"酸梅汤",间隔廿分钟"酸梅"一针,酸彻骨髓,酸得你刚才没有痛极而泣而此刻却忍无可忍地酸极而号。

前后八针,医生说,远远没完,明天必须再注射两针"酸梅汤",这以后,还有四针疫苗……其间不得碰海鲜、酒以及所有辛辣刺激性类食物,禁得比酒后驾车还严。

被狗咬一口,与被蛇咬一口的感觉不一样。

被蛇咬一口并不"百分之百致死",但感觉却是极度恐惧,以致向有"被蛇咬一口,三年怕草绳"的谚语。被狗咬一口呢,大都摆出没事状,更多的似是一种不甘,大有"你什么东西,也敢犯我"的意思,究其实大概和我们自古对它的道德评估有关:偷鸡摸狗、傫如丧狗、狐群狗党、鸡鸣狗盗、狗仗人势、狼心狗肺……狗谚过百,几乎没有一句夸的,于是"你是何物,也敢犯我"至少在潜意识里害了我。被咬一周后,朋友宴请,正无下箸处,来了一盆炖蛋,上缀干贝丝,就报复性地反弹:就你还犯我?只啜蛋,还不行?

不料,当晚浑身奇痒,上下皮肤悉如蟾蜍,且高烧,急去华山医院挂液,翌日消退,以为没事,讵料第二天凌晨又发作,势头更甚日前,眼肿如线,双唇堪比"范老师",只得挣扎起床,再取"华山",全家被搅得鸡飞狗跳,自兹夜夜发烧而且痛痒欲狂,医生却说,典型的"血清过敏",前后恐怕要折腾半个月,谁让你轻易认识一条狗的!

是啊,谁叫你轻易认识一条狗。狗性忠诚热烈,狗性也势利乖张。宠狗的再怎么提升狗的情商,人性和狗性之间毕竟有太多不确定因素,倘不懂狗,最好对它敬而远之,因为它有着巨大的死亡背景,被它咬了,真不是小事,好比春秋之郑,楚不犯郑,每每因为郑后面的强晋也。

如果我们回到隐喻,被小人咬一口的感觉也大抵如此。有一珍稀品种叫"真小人"的最具迷惑性,他们比常人看似戆直粗豪,也亲和易处,有时候还带点"土气",每每以"敢言"自诩,但却同狂犬一样具有巨大的"死亡背景",其特征是随时抛弃道德底线,"乘人不备",毁你终生地咬几口,事后又恢复憨厚状。

中国古训常把小人贬为"狗",现在看来是有道理的,它们不像猫那样摆谱,但赏你一口,就够你忙了。

相传李鸿章访法期间,法勋戚赠名犬一只,数日后问李鸿章是否喜欢,李缓缓而答:其味与中国犬无异,殊为可口。勋戚闻之瞠目结舌。

我们并不能得出李公虐待动物的结论,因为国事访问期间,携之有被咬之虞,却之呢又外交大忌,淮人好狗,李公不免。烹而食之,两清自便。世界毕竟是人本的,不是狗本的啊。

李鸿章才是真正懂狗的。

江南原本是畏途

> 裘老那日病重，不能多言，听了一笑，只点了一下就让我如梦初醒：你只消在"江南瘴疠地"，在流行病上想一想就明白了。

多年前，学生的一个课堂提问把我给当场噎住了。

话题是议论现当代一批名记者的坎坷生涯开始的，议着议着，不知怎么的就议到了传统文人的结局大抵不妙，唐宋以下，都离不开一个"贬"字，贬谪最著名、最资深的要算苏东坡了，几乎大半辈子都在流放。

然而有同学表示异议，她站起来说，老师，我怎么就觉得当时的朝廷忒有温情哎，所谓的"流放"简直都是"火线提拔"和"公费旅游"的高级黑，比如印象里最苦的是岭南，但是怎么解释苏东坡"日啖荔枝三百颗，不辞常作岭南人"呢？日子美得不想回京了。再比如您刚才说的吧，白居易，一个不小心就流放九江，多么浪漫哦。再次流放居然直奔"天堂"苏州，后来干脆流放到更大的"天堂"——杭州，多少人向往的地方哎；苏东坡呢，朝廷恨他，他也自贬避祸，结果一贬就贬到了"天堂"——又是杭州。后来流放的湖州、黄州也不差，"猪肉贱如泥"呢；柳宗元差些，一贬就是广西柳州，但柳州是出了名的"山清水秀地干净",常言道,做人死都要死在柳州呢!其他的,刘禹锡一贬就苏州,王昌龄一贬就金陵,韩愈贬到了潮州,张九龄贬到南昌、荆州,晏殊一贬就是皖南宣城,范仲淹一贬就是饶州……您倒说说,上面那些地方,除了"天堂"不用说,其他哪个不是鱼米之乡、旅游胜地?我们私下里议论的是,不是文人在装,就是朝廷在装。换了我们这些西北小地方来的,还求流放呢!

我听了一时语塞,想起了当年的灞桥伤别,凡去江南的都在此设宴哭别,好像一去就等着报丧似的,韩愈还没到潮州,就关照侄子"好收吾骨瘴江边"了,比照大量歌颂江南的诗文,究竟是怎么回事呢?于是课堂上胡乱搪塞了几句,下了课,找裘沛然裘老请益。

裘老那日病重,不能多言,听了一笑,只点了一下就让我如梦初醒:杜甫不是有一首"梦李白"吗:死别已吞声,生别常恻恻。江南瘴疠地,逐客无消息。你只消在"江南瘴疠地",在流行病上想一想就明白了。

是了,"瘴疠地"。裘老果然了得,他的文史修养之触须只要和医学知识轻轻一交,便无敌。江南以前的确是畏途,甚至是"炼狱"啊,查工具书,瘴疠指中国南方山林间湿热环境下多种疾病(流行病或部分热带病)的总称,多数情况下指疟疾与血吸虫病。

一过长江的感受,首先是蚊子极多。南宋以前江浙一带沼泽无数,金兵过了江,就算打得过人也打不过虫。所谓"江南蚊蚋响如雷"。蚊子多了疟疾必多,这疟疾当时就是不治之症,一直到千年以下的康熙皇帝，要不是"国际友人"进献"金鸡纳霜"，还差点死于疟疾。那时的人哪知道什么"疟原虫"呢，北人乍到江南，差不多还来不及嗟叹"春风又绿江南岸"或者"春来江水绿如蓝"，就倒也。曹操八十万大军一到江南，就一半"倒也"。史籍称"时疫"，流行病，经查曹军是七八月份陆续抵达荆江沿岸水网地带的，两个月后集体大发作，军中死伤狼藉，说感冒不可能，时令不对，其发病窗口期恰恰是符合疟疾的。彪悍的军汉尚且如此，文弱之士当然是难怪"无消息"了。

其次是血吸虫。这厮，不要说北人毫不知晓，就是南人也不知道究竟，因为看不到啊。碧清的水域，一下水，就缠上了，古人称为"蜮"或"蛊"，可在水中"含沙射影"，杀人于无形之中。曹操军队的崩溃也有说是因为从陆战转为水战，大规模感染血吸虫所致，眼见得肚子一天天地鼓起，整个人都不好了，最终骨瘦如柴地死去，谁知道你什么毛蚴尾蚴呢？

两种恶疾，尤其是疟疾，长江以南遍地都是，你中药，哪怕是含青蒿素的中药，吃下去一吨也无济于事的。只有把水排干了，才是根本的遏制。南宋以后，江南土地被大规模地开发，其势头才被狠狠地打了下去，不明白的还真以为"皇恩浩荡"呢。所以，要说"天堂"，南宋以前的苏杭抑或金陵、湖州、宣州、荆州都是表面繁华而暗中坑人的险地，用来惩戒被贬的官员，不正好吗？！

学生常常是老师的老师。学习了，"求流放"的女同学。谢谢。

皇帝的肉摊

> 把市井味视同一种"膻味",并要"一味干净到天上去"的做法,不是变态,就是无知。

是"皇帝的肉摊",不是"皇帝的新衣"。

写下这样的标题,是想告诉诸位,一种类似"洁癖"的城管理念正不断地侵蚀着我们世俗的生活,因为过分强调"整齐划一",我们的环境将越来越缺少市井味,而事实上就连顶层人物,也是断不了"市井念想"的。把市井味视同一种"膻味",并要"一味干净到天上去"的做法,不是变态,就是无知。

我的一个朋友艾就是个被剥夺市井乐趣的典型。他原先住福建路天潼路,那地方"膻"并热闹着,门口点心店、杂货店极多,后来搬去了浦东某高档小区,顿觉冷清,甚至有荒无人烟的感觉,附近的小店都开得清水寡淡的,努力做高雅状,最可笑的是附近有家超市,因为讲究"品位"和"清新",连炒菜的锅铲都没一把像样的。买回的第一把锅铲像是木柄,细看才是木纹的塑料,只炒了一个青菜,锅铲就完了,铲柄受热,巧克力一样熔了,铲柄便从接合处硬痂一样脱落了下来。

第二把更搞笑了,通身黑的,据说欧陆新品,烧了一条鱼,铲口就有材料像烤焦的鱼皮一样翻了起来,"鱼皮"里面才是铁质的。那么"鱼皮"是什么做的呢？为什么塑料一样遇到高温就熔解呢？熔解到菜里会不会有毒呢？

邻居间是照例不来往的，明明草根出身，却都要装得三代嫡传的贝子贝勒似的，于是锅铲就没处借，硬捱了几天，发现被小区鄙视的遥远的民工街里有着众多的"日杂店"，各色锅铲多得溢出来。挑了一把真正的木柄的像父母时代一样结实的锅铲去给超市看，该超市鄙夷地说：我们是城市超市，难道会进这样的货吗？这里马上涉及对"高雅生活"的不同理解，类似消灭了商贩的"城市清新"，好比"无臭大蒜"炒干丝，没有蒜味的大蒜，如同不膻的羊肉，不腥的鱼虾，有什么意思呢？再说早点，我和艾都不能设想一个上海人可以长期地没油条吃，但是，"伪贵族""假绅士"的豪宅区既然连修把伞配把锁的方便都不提供，那么，方圆2公里内不准油条大饼露面也就很正常。吃一副大饼油条，步行半个多小时，就足够把你的食欲彻底打爆了。找吃的，本该是王子猷雪夜访戴一样随兴的事，如今尽一次兴，却需要堕胎一样的勇气和报案一样的执著，谁还想呢？走进这样的小区，其实就是走进"福寿园"，管理者却振振有词，说这就是现代化的公共空间，"品位而且文明"，任何小吃的出现都意味着脏、乱、差，都意味着火灾的潜伏。

前不久，彭浦夜市被关大概也是这道逻辑。相关部门认为夜市脏乱差，影响交通，钢瓶液化气存在安全隐患，且夜市扰民，故而予以取缔。

但大家是否也想过，夜市如此旺盛，难道不正折射出需求的异常炽烈吗?"法律不外乎人情",如此疯狂的夜市,焉知不是附近"市井"不够呢?!事实上,就连帝王也无法忘情市井的魅力,晋代的晋惠帝,生活优越到奇怪饥民"何不食肉糜",却仍向往市井乐趣,好在后宫摆肉摊,自己操刀卖肉,让太监宫女装扮讨价还价的顾客。

其子,太子司马遹,也好练摊,亦亲自操刀割肉。《资治通鉴》第八十三卷上说司马遹"于宫中为市,使人屠酤,手揣斤两,轻重不差"。他能凭手感掂量出酒肉的分量,试称后竟然斤两不差,直让公众惊呆。南齐的第六代皇帝萧宝卷,因渴望世俗生活,史载其"开渠立埭,躬自引船,埭上设店,坐而屠肉",以致百姓歌云:"阅武堂,种杨柳,至尊屠肉,潘妃沽酒。"真是林子大了,什么鸟都有。明武宗同样是个市井迷,锦衣玉食之余,仍在宫中设布店、粥铺、肉摊、钱庄、酒肆、馄饨担,让太监扮做老板、小贩,端着算盘,认真地在那里讨价还价,武宗则扮做"城管",巡查吃喝取乐。

城市还是需要小商小贩小摊的。正常的人性不能没有市井。我很想知道,懒政者半夜会不会饿醒,饿醒后会不会想着一根滴着酱油的热油条……

肉声难入

> 听他解惑最解渴,比如一口长气将尽而曲未终,怎么办?回答干脆:后腰发力,往前一顶就是。又问,高音区,声音竖起后,怎么走?回答更干脆:往前冲!

不要一看标题,就想到肉蒲团。肉啊入的,其实倒是雅谈。

笠翁(李渔)所谓"丝不如竹,竹不如肉",说的就是弦乐(丝)的表现力不如管乐(竹),而管乐的表现力则不如声乐(肉)。

人声最美。我年轻时也好这一口。似乎小有本钱,形体虽则羸弱,声音倒还响亮。现在细究起来,不得不承认,彼时歌唱,潜意识都是唱给"邻家女孩"听的,本质上是"荷尔蒙"蠢动,青春期的躁动,所谓"哪个少年不钟情,哪个少女不怀春"。哺乳动物年轻时都有这种体征,有的闷骚开屏,有的"开锅"亮嗓,有的借情诗或一辆"18型自行车"吸引异性,有的苦逼如我就只剩下大本嗓了,载体不同而已。

我就这样常常沉浸在邻家女因我而崩溃的幻想中,后来混进了什么"小分队",文化宫来了个教练,要求"声音一根线从脑后绕出来"。脑后有嘴吗?那不成"聊斋"了?后来又一个顾问"彭阿五",说要"吃人一样",暴出上牙龈,"把声音竖起来"!结果大家又都弄成了狒狒。领队的是条色狼,动辄觑着靓女的腿部叫嚷"打开!打开!"或者"声音打到天花板上"!

"天花板"?大着呢,齿腭?软腭?咽腭交界处?看不见摸不着,他自己也说不清。我第一次发现,世上最玄的学问,东方有个中医,西方就是声乐了。

父亲给找了声乐老师,上海师范学院艺术系的,记得叫"陈荣权",印尼归侨。他先教气息,又叫我所有吐字"只能从一个地方出来"。人体发声吐气还能有什么地方?天哪,除了咽喉,难不成走谷道吗?

最后给搞得无所适从地去了安徽。干脆谁也不听,想发骚,亮开大本嗓就唱。同去安徽的一个叫"吴祖耀"的,自称是"施鸿鄂"的学生,说我声音"太洪亮",他纠偏地示范了一下,那声音又细又颤,鼻涕一样,比霜降后的"裁节"(蟋蟀)还寒伧,我说这也叫美声唱法?拉倒吧你!

仍然是笠翁,曾无限感慨地说,"声音之道,幽渺难知"。唱唱容易,声乐实在太难,几乎开口就错,圈子里各种偏方、秘方、验方比张悟本还多。所幸不久,全民大嚎丧的时代来了,"美声"惨遭空前奚落,卡拉OK,谁都进去嚎。后来选秀类节目横行,海豹都可以上去发飙。我后来碰到过"吴祖耀",靠着话筒,这只"裁节"居然还可称雄一方呢。

许是荷尔蒙含量暴降,我对嚎丧真是一点兴趣都没了,直到遇见"声乐沙龙"——我的朋友、雕塑家严友人年轻时是个男低音，早年就心仪著名声乐大师温可铮，年过花甲忽然童心萌发地组织了一个"声乐沙龙"，虽然各路人马都有，但温氏门墙最多。

我一辈子向往真正的歌唱家，这会零距离忽然来了恁多真人版，真高兴得气也透不过来。

曹妮婻，温氏弟子，"沙龙"的指挥，戏剧型女高音，虽然年过五十，但饱满的声音仍然纯得跟水晶一样；余笛，温可铮得意门生，男中音或次高，厚实宽广圆润；刘湘生，男高音，高音区金质小号一般……

但最让我着迷的还是马懿威，"金属男中音"，一旦发飙竟可轻松达到高音降b，原上海歌剧院主力，著名歌剧《原野》男一号，身材高大，形象英武。什么叫"黄钟大吕"？他一开口就是，音质宛如灵璧一样的通透铿锵！他是温可铮晚年的弟子，尽得温氏三昧。听他解惑最解渴，比如一口长气将尽而曲未终，怎么办？回答干脆：后腰发力，往前一顶就是。又问，高音区，声音竖起后，怎么走？回答更干脆：往前冲！

玄而又玄的声乐，在他，似乎可以量化，可以数字化。遗憾的是，鄙人已老，所谓"书生老矣，机会方来"。他却笑笑：真正的喜欢，无所谓功利。肉声虽难，放下功利心，你就进入了。

放下功利心，就进入了。世间万般难事，其实无不如此啊。

妄理有理

> 医圣孙思邈用药推崇"反、激、逆、从",也就是"不按常理出牌",调兵遣将看似"妄理",实为"至理"。

"以妄为常"是老中医们时常挂在嘴边的一句话,语出《黄帝内经》:"以酒为浆,以妄为常,醉以入房……务快其心,逆于生乐,起居无节,故半百而衰也"。

幼时常听说那句上海老话"妄理十八条,正理只一条"。后来知道,凡事凡人,正理不止一条,而"妄理"却不见得没道理。

已故国医大师张镜人曾给我讲过一个清代名医陈莲舫为光绪帝治病的故事。

戊戌政变后,光绪被囚,终日忧烦,以致疾病缠身。御医轮番为他处方,但久治无效。两江总督刘坤一知道后,便推荐上海名医陈莲舫为光绪帝治疗。

陈莲舫为天子把过脉,感觉其病情并不严重,只不过是情志违和,心火上攻且滋补太过而致,便开了一纸健胃降火的方剂。然而,当时的风气崇尚滋补,光绪亦不能免俗,接过处方一看,连说:"不行不行,朕的身子太虚了,进补才对,方中须加人参!"

陈莲舫忽然明白"今上"为什么"久治无效"了，坏就坏在人参。天子胃纳差，内热重，再服人参，岂不火上浇油？前面的御医们何尝不知此理？但他们不敢违旨，病怎么治得好呢？皇帝要人参，不给，就是"欺君"；给，也是"欺君"，如是干脆"一欺到底"——好个陈莲舫，沉吟片刻即添了三个字，"煅人参"。光绪一见有参而且量还不少，便点头钦准。一旁药童崩溃了，退下急问，人参都煅成灰了，还有用吗？"就要它没用"！陈莲舫从容地笑笑，果然，几帖药下去，光绪帝就康复了，谁知道他其实是天天吃"灰"呢。

事实上，类似的"妄理"还救了李渔。他自己的《闲情偶寄》里记载，"庚午之岁"，瘟疫流行，他发着高烧，却想着杨梅，医生告诫家属，杨梅性极热，以患者之热证，吃一两枚就送命！

李渔是嗜梅如命之人，平时吃杨梅，一个人就可以吃一斗（大约时下一面盆），家里人只好哄他，说杨梅还没有上市，哪知道偏偏小贩这时叫上了门，家人只好以实对。那高热不退的李渔这时哪里还在乎什么医嘱，大喝一声，叫取杨梅来，一顿大嚼，居然烧也退了，病也好了。按"患者热证，吃一两枚就送命"的说法，李渔早就该"走好了"，真所谓"尽信书，不如无书；尽信医，不如无医"。

《吕氏春秋》还记载了一个"以妄为常"的实例，更令人瞠目。

齐王患了怪疾，请名医文挚诊治。文挚诊断后对太子说：

"大王的病肯定可以治好。但是,大王的痊愈,将以我的人头为代价。"太子大惊,问为什么。文挚说,此病须"激"。如果不激怒王,病治不好;但一旦激怒王,我岂不死定了。如之奈何。太子听了恳求道:"只要能治好父王的病,我和母后会以性命担保您的安全。"文挚见状便与太子约好诊期,但至时故意失约,只好约第二次,又失约。乃约第三次。问题是第三次他照样失约。齐王正怒不可遏间,文挚却昂然而入,鞋也不脱,大脚丫直接跨上齐王龙床,踩着齐王的龙袍,居高临下地盘问齐王病情。见齐王气得差点背过去,文挚仍不罢休,干脆直接讽喻齐王是无道昏君,纣桀再世,气得齐王暴吼一声,坐了起来,痼疾霍然而愈。但结局正如文挚所预见,最终被齐王烹杀。

医圣孙思邈用药推崇"反、激、逆、从",也就是"不按常理出牌",调兵遣将看似"妄理",实为"至理"。如同韩信伐赵时的"背水一战"——粗看蠢极了,背水列阵,太悖常识了,其实是很高的用兵境界。比之文挚辱王,理则是一理,"疗效才是硬道理",只是代价太大了。相形之下,那《儒林外史》中的范进,中举后疯了,若是常医治疗,尤论消痞顺气,还是温言劝慰,一定药石罔效,只有其杀猪丈人的一记大耳光"逆袭",他才能痊愈,代价只是五个手印。

"妄理有理",看似深奥,实质也很生活很浅显。甲午年伏天,奉贤朋友招饮"羊肉烧酒"被我婉谢,因为羊肉是温热之物,不宜在春夏阳气偏盛的季节食用,若按中医"寒者热之,热者寒之"的原理,这种"大伏天偏吃大热之物"的"妄理"是彻底逆天的。于是，我的一个朋友替我去了奉贤，行前其寒湿很重，典型症状就是精神委顿，面色发白，舌苔发白，手脚长年冰冷，到了奉贤庄行，毒日头之下，羊肉一吃，白酒一喝，浑身大汗如注，似乎从五脏六腑涌出，比蒸桑拿还酣畅，回来唇红齿白，判若两人。

他挑衅地看着我，我只好尴尬地对其笑笑，说，还是妄理有理，其道理正在于以热制热，借汗排毒，将冬春隔年之寒、空调常年之湿，一鼓荡尽，故民间有"伏羊一碗汤，不用开药方"之谚。

是的。还是妄理有理。

九死难医嫉妒心

> 培根说,在人类的各种情欲中,最可怕的就是爱情与嫉妒。它们激发的超常力量,向称无敌。

近日一句"叩谢室友不杀之恩"蹿红网络,使人周身顿生嗖嗖阴风,从清华、北大两起铊盐投毒事件,到扬州大学投毒事件、矿业大学投毒案,直至复旦投毒案——一部部冷湿的"恐怖片"联袂上演,不禁令人慨叹:活着真好!

校园投毒案的动机据说大都出于"嫉恨"。事实上自古到今,嫉妒的负能量之大,的确骇人听闻。

秦武王有病,召请扁鹊。太医令李醯(音xi)阻拦,奏称大王之病处于耳之前、眼之下的"死旮旯",万一有误,将致耳聋目瞽。扁鹊听了气得扔下医疗器械,说:"大王请我治病,却又听信佞人;倘治国也这样,非亡国不可!"武王听了便斥退李醯。结果李醯治不好的病,被扁鹊一鼓而下。李醯嫉恨,令人刺死了扁鹊。河南省汤阴县,相传是他遇刺的地方。清诗人袁枚的凭吊诗非常有名:"不种青山药满林,哪知国手葬汤阴?一抔尚起膏肓疾,九死难医嫉妒心……"

再如曹操妒杨修。曹操这个人也怪,手下那么多文杰——荀彧、荀攸、郭嘉、徐庶——他不去嫉妒,单单嫉恨一个杨修,最终杨修再怎么乖巧,还是被杀,可见嫉妒是一种无药可医的阴毒,所谓"九死难医嫉妒心"。培根说,在人类的各种情欲中,最可怕的就是爱情与嫉妒。它们激发的超常力量,向称无敌。

故《圣经》称"嫉妒"为"凶眼",称嫉妒常以隐蔽的手段把死亡和灾难投射到目光所及之处。

这种极其阴暗的心理,就连圣贤也难以避免,《世说新语》载王羲之平素看不起王述,而王述晚节"论舆转重",王羲之愤愤不平。后王述临扬州,职在王羲之之上,王羲之求牧越州而不得,称疾去郡,愤愤而终。堂堂书圣与王述斗气在很大程度上是嫉妒后者声名在己之上。

又传孔子为鲁摄相,履新七天就杀了少正卯,原因据说是学生都翘课跑去听少正卯讲学了。夫子且惭且妒,找个借口,说少正卯有五种恶行,把他做掉算了。此说后人有疑,但在下以为此事值得推敲,因为圣人也是常人。一个大教育家,连学生都跑了,奈何!

问题是,"嫉妒"为什么都是女字偏旁呢?得无女界的嫉妒心更强烈?看吕后把戚夫人弄成了"人彘"还飨以"哑药",武后将王皇后手脚齐根斩下,醉蟹似的腌入酒内,似乎是这样。但其实"男妒"的力度一点不比女性差,而且常常"以大欺小"。前辈嫉妒菜鸟,如同我二十多年前被一位来自大报的"老前辈"罩死了一样,你再怎么认真写作,他都说你"太水""太夸张",究其实,就是你碍着他了。怎么乞怜都没用,除非你傻了,死了。

当然,同龄人间的嫉妒,至今想来更觉后怕。

九死难医嫉妒心

我中学时很偏科，仅语文较好，常被表扬。多年后我才知道，被表扬了，得赶紧自嘲自贬，否则招嫉。但那时不懂，常有"嘚瑟"，于是渐渐发现同学都不和我玩了，都紧密团结在班长周围，远远看见我就齐声怪叫。我试图讨好班长，甚至暗示老师停止表扬，都太迟了，"九死难医嫉妒心"，你语文好吗，彼亦以文自雄，既生瑜何生亮，非黑你不可！

不久"学农"，有人约架，我方四人，对方突然出现八九个，而且还先动手。我方被痛扁，反被诬"挑衅"。班长因此力主开除我"红卫兵"，他大声疾呼："不怕一棍子打死，只要这一棍打得准！"虽其未遂，嫉恨犹存，于是临毕业的最后一次返校，我又被堵进一条弄堂，任你手脚活络逃得快，头上还是被敲了瘤。

多年后同学聚会，班长没来，大家一致解密：一切都是班长唆使的，时间、地点、力度，交代得清清楚楚。我戏问，如果当时请他"撮一顿"呢？"没用的"，当年的"打手"说："你语文好，当时一个女生暗恋你，他呢，又暗恋那个女生——依讲依这顿'生活'还逃得忒伐？！"

众人大笑之余，也觉得困惑，诚如癌细胞人人有之，嫉妒之心是否人人都有呢？那么，怎么才算容许的范围？如何做到适可而止呢？最后议定，当下国人，也许人人"有毒"，但我们的教育和环境至少应使"人毒"不至于"蛇毒"的能级吧？

老前辈、老同学，也谢谢你们好歹饶了我一条狗命，阿门！

说 痔

> 痔，隐疾也。宿命地说，"人人有痔"，不管是美女还是帅哥，两股间都夹着一颗地雷。

多年前有过一个文友，原一个土鳖，不知怎么地进过名校，便醺醺然自命起夫子来，嘴里动辄挂着"品"啊、"格调"啊，眼睛还忙着往美女乜。某日闲嗑，突指某某行文太俗："不少汉字是绝对入不得文章的呀，比如'痔疮'的'痔'。"

我听了不以为然，因为学过点中医，就当场翻出证据让他难堪：与人有痔病者——《庄子·人间世》；子岂治其痔邪，何得车之多也？——《庄子·列御寇》；又疥且痔——宋玉《登徒子好色赋》；痔，后病也。从疒，寺声——《说文》……

那厮恼了，说，反正这种龌龊字别碰我，你们喜欢就拿去！

话够损的。好像就他够格汉书下酒，我等只配大肠面似的。没想到报应太快，一年不到，他太太哭丧着脸找我，说他们家那口子支教湘西，患了痔疮，脓血淋漓，遍医无效，听说您熟悉……医生，所以……

真是好气又好笑。我怎么就是专管痔疮的了！看在支教的份上，我把痔科高手徐伟祥介绍给他，同时数落了他一番：每个人都有"痔"，未病为"痔"，发病为"疮"，和品位有什么关系？

痔疮是动物直立后的必然产物,万物唯人直立,也就唯独人有痔疾,何以文章就"碰不得了"呢,以此高标自许就更要不得了。

当然,具体到个人,痔乃暗疾,社交场合不便张扬,可以理解。邓通为汉文帝吮痔,一不小心,上了史册,疗效大概是极好的,传播也是极快的。年前就有一位汉学家朋友施密特,小心翼翼地问我:我生了和你们汉文帝一样的恶痔,动了几次手术无效,听说东方医术"法力"莫测,能替我想想办法吗?

我想起徐伟祥告诉过我的一个小故事。一位漂亮的空姐,长期被痔疾困扰而待岗,既有内痔,又有外痔,且呈环状分布,每有便意,就怕出血,越怕出血,越是便秘,常常十多天作"困兽斗",而且"开塞"不果,泻药无效。俗云万事能忍,唯便不能。西医告之,可以"环切",但后遗症是"谷道失禁",将长期"滴、漏、跑、冒"。

徐伟祥替她诊治,一看便知是最难治的"环状混合痔",乃果断地施行自己发明的"分段切除加注射法",轻轻一刀,一针,宿疾便除。

时下有人好以贬中医为荣,殊不知中医的外科其实很早就起步了。我国最早的医书,帛书《五十二病方》对"痔"的治疗已经达到很高的水准,如把狗的膀胱套在竹竿上,插入直肠吹胀,将直肠下端的内痔引出,然后切除,那已经是现代"扩肛术"的概念了。又如以润滑的"铤"消毒后作为瘘管探针,配合痔的外科手术治疗,至今还在沿用。

那天喝下午茶,把施密特介绍给徐伟祥,傻傻的施密特又喋喋不休地谈起"邓通吮痔",这可把徐伟祥吓得不轻,连称这是古法,效果虽好,但早已废止。成语"吮瘘舐痔",其医理倒是"去腐生新",但太不文明了。现在,谁还肯如此赴死啊!

我说,也不见得。重赏之下有勇夫,先秦的奴隶主一旦患痔,常叫奴隶来吮吸瘀血,然后敷以生肌平疮药粉。《庄子·列御寇》:"秦王有病召医,破痈溃痤者,得车一乘,舐痔者,得车五乘。"那就是用嘴吸脓包者,赏马车一辆,吸痔疮者赏马车五辆。那时的宫廷马车,相当于现在的"宝马",而吮愈一个痔疮,现在的人,不要说奖励五辆"宝马",即令一辆桑塔纳还不出人命。

现代医学对痔疮施行"环切",病灶看上去"根除"了,但疤痕收缩,肛门狭窄,黏膜脱落,闭合不全,部分失禁,后遗症严重。有没有两全其美的办法呢?

徐伟祥在长期的实践中思索着,尝试着,终于以他"徐氏分段切除加注射法"把没有能耐请人"吮瘘舐痔"的患者一个接一个地治愈了,施密特也将是其中的一个。

痔,隐疾也。宿命地说,"人人有痔",不管是美女还是帅哥,两股间都夹着一颗地雷。医学家说,每个人与生俱来就有3块组织贴在直肠末端,学名"肛垫",随着日复一日的地球引力和劳作行走,肛垫一定会逐渐地充血、膨大,发作的叫"疮",暂不发作的叫什么呢?

"痔"比较含混。还是叫"命"的好——而且还是和"品"无关。

人之初,谁要你直立的?直立,注定得有代价的。

道在溺中

> 李鸿章一下子明白了,大笑着说:"各位明白了吧,庄子说'道在屎溺',就是说的这个道理啊!"

这两年,"道"的说法忽然很流行。但凡有点学问或自以为很有学问的,说起话来——尤其是对人训诫的时候——总喜欢说,这就是"道"。舌尖的道,在于什么什么,敦伦的道,在于什么什么,似乎不放点道来"吊吊鲜"就很不高标深奥似的。

每逢这时我总想做个鬼脸,说,你就别拽了,其实道也在屎溺呢。而且我这说法倒是颇有来头的,《庄子·知北游》东郭子问于庄子曰:"所谓道,恶乎在?"庄子曰:"无所不在。"东郭子曰:"期而后可。"庄子曰:"在蝼蚁。"曰:"何其下邪?"曰:"在稊稗。"曰:"何其愈下邪?"曰:"在瓦甓。"曰:"何其愈甚邪?"曰:"在屎溺。"东郭子不应。

东郭子不应,是表示不认同吗?反正我是认同的,但直到遇见裘沛然,我才知道我那种出于恶谑的认同也是肤浅的。

裘老是著名的国医大师,养生专家,其晚年的最后四年,我有幸担任他的撰述助理。某日谈起庄子,谈起"屎溺",裘老却正色地说,庄子所言迥非戏谑,原意无非比喻道之无所不在,而事实上,养生之道亦在"屎溺"也!

论养生,则每个时代都有自己的时弊。在营养普遍不良的"患不足"的时代,人们主食贫乏,往往借助滋补药增强自己的能量,但现在时代发生了极大的变化,最突出的问题是,人们不但吃得过饱,而且吃得过好,一个最底层的人每天吃几块大肉都不成问题,遑论小康人家,只要愿意,天天都可以大鱼大肉。这就带来了一个自古罕见的现象:饱餍过度而百病丛生。

"人类的进化史告诉我们",裘老说,人类几百万年都过着半饥半饱的生活,这是其生理特点决定的,一无利爪,二无巨齿,三无捷足,体力也不是特好,在大自然中摄食能力怎么说都是不入流的,所以他的食谱只能是杂食。杂食者,素食为主,常有小荤,偶有大荤。几百万年,这样的体质就成了一种稳态,而中国人民普遍有能力"吃得过饱",也就这三十年来的事。本来当然是好事,而且还是"幸福指数"中的重要一环。可惜,人性也许真是"贱"的,过饱了,过于营养了,各种"富贵病"立刻层出不穷,尤其肿瘤,除却环境污染等因素,主要即饮食过于膏腴甘肥所致。

我听了不解,尤其对"过度甘肥"可能致癌表示怀疑。裘老听了笑笑,问,大量蛋白质进入体内,如果不及时排出体外,会怎么样?我说当然会臭会腐烂。"腐烂以后呢?"他继续笑着。我回答,产生大量毒素。

裘老说这就是了。以只能"素食为主,小荤不断"之宿命的体质,天天迎战"膏腴甘肥"、迎战山珍海味,好比小邦竭力挑战大国,这不是把自己往死里整嘛?!人类的肠子十米左右,这是为杂食类准备的;老虎的肠子才四五米长,就是有利于腐物的迅速排出呀。你没有老虎的肠子,吃得却和老虎一样,上海话"作死",虽不中,亦不远也!

"如是则奈何?"记得当时所有在场的都困惑地看着老先生。老先生时年已过九十五,但见他狡黠地笑笑:我明白你们的意思,那就是既想保持吃喝,又不生恶病是吧?呵呵,非常简单,那就多多排毒多多排便,以你们的吃喝力度,一天一次大便已是轻度便秘,正常的,应该一天两次。记住,一天两次——多多益善,几乎一有便意就要解决,庶不负上天好生之德啊。

养生之道固然养心为上,然亦在"屎溺"也!

老先生拖着腔调、不无揶揄的口气又引得大家大笑。事情已经过去多年,老先生归去道山也已四年。常想着他的教诲。某日忽然看到李鸿章的故事。有次,他问一个下属什么叫抛物线,下属讲了一大通后,李鸿章仍是不懂。那个下属急了,说:"李中堂,你撒不撒尿,撒尿就是抛物线啊!"李鸿章一下子明白了,大笑着说:"各位明白了吧,庄子说'道在屎溺',就是说的这个道理啊!"

道,还真在屎溺。

假装不看你

> 面子也要养，而当面子累的时候，让它飞一会儿，真是太人道、太智慧了。

有的人你越不想见就越会见到他——相信很多人有过类似的尴尬。

我屏蔽过别人、也被别人屏蔽。这些动作手机操作很麻利。但现实中，就不行。江湖上走走台，单位里过日子，总有几个看你不顺的，太多的见面不如不见，有时候是你"恨不得立刻隐身"，有时候又是他"最好能当场蒸发"，要能像手机一样当场"拉黑"多好。某次与朋友茶饮，朋友以研究《清明上河图》闻名，听了我的感言忽然若有所思，喃喃地说，有了，有了……

他眨巴着眼睛问我："知道《清明上河图》里有多少人拿着扇子？我一直在琢磨这扇子究竟是干什么用的？"

我当然被问住了。遂迅速打开电脑版《清明上河图》，放大了跟着他细数，果然有十余个拿着扇子的，妥妥的一个个都是宋代戏精啊！梭巡其间，忽然发现一场戏：街心一黑袍男举止怪异，不知何故用扇子遮住了左脸，但其神情似乎很尴尬，看来是遇到了"克星"，不过那"克星"——骑在马上的一个背影，我们可以看到他明显侧转的左腮帮——足证他也已发现了

"黑袍男"……

不过，如果"黑袍男"的扇子是挡脸的，那其余十多个行人又拿着扇子干什么呢？

或曰驱暑。但开封的早春，相当料峭，典型的北方气候，早春三月就"驱暑"还真强到没朋友了吧。况且，北宋时，正值五千年来的第三个小冰期，喜温的柑橘茶树唐代时曾广泛种植于长安、洛阳一带，至宋全被冻死，可见彼时多冷！

那么，开封早春的扇子是干什么的？大画家张择端已经告诉了我们：早春的扇子显然不是驱暑的，而是用来"挡尴尬""挡脸"的。让面子飞一会儿，古人给起了一个精准的名字：便面。

让面子飞一会儿，本属古面子工程。原来古人介早就会"捣糨糊"！想想某次猝遇一个极厌之人，我先进电梯，他进来一瞧想退已是不及，只好看着地毯，似乎那地毯有颜如玉，黄金屋。43楼到1楼太久，要命的是途中居然没一个人进来稀释一下，也就是电梯没停过。事后知道这样"零进入"的概率几乎是千分之一。只好讪讪地"硬挺"。此时顿觉古人幸福，类似的尴尬，只消手举"便面"，潇洒一挡，不就心照不宣地过了？

不想看到你，可假装不看你；"便面"一挥，彼此蒸发，妙极。

细查文献，这便面初现于先秦两汉时期，似单扇门，又名"户扇"。当时的帝王将相、平民百姓都用来"方便面孔"。《汉书·张敞传》中，出现"便面"一词，为"时罢朝会，过走马章台街，使御吏驱，自以便面拊马"，意思是京兆尹张敞散朝后逛妓院街，用便面遮挡自己，不被人发现。颜师古注云："便面，所以障面,盖扇之类,不欲见人,以此自障面,则得其便,故曰便面。"

当然,说是"先秦",孔子时可能没有,否则"子见阳虎"就不会尴尬。而"帝王也用",若不惮以最坏的恶意来推测,窃以为是便面从自媒体转移到"官网"的玉旒——皇冠上的小珠帘,"天威莫测",让臣下看不清圣上的喜怒哀乐包括尴尬猥琐。

爰至魏晋,便面已经普及,《高逸图》里,可以看到最左边就有一位拿便面的,正是"竹林七贤"之一的阮籍。据传阮籍连吃饭、喝茶都拿着便面,不知他是否龅牙或吃相恶劣,说话时食物残屑会蹦出来,反正对便面的依赖简直到了"手不释扇"的地步。

唐时宪宗朝开始的"牛李党争",据说加剧了便面的规模使用。那么,彼时之人为什么如此钟爱便面呢?窃以为那时候的人还非常要脸,至少表面上还讲点廉耻,杜月笙所谓的"三碗面"人面、场面、情面,首选的就是"人面"。

差不多人人都认可,面子好重要,所以面子也要养。而当面子累的时候,让它飞一会儿,真是太人道太智慧了。

便面最早以细竹篾为材质,后来逐渐被布、锦、丝、绢取代了。"让面子飞一会儿",真好。我常想,历史上出了名的对头还真不少,比如孔夫子遇少正卯,王羲之遇王述,谢安遇桓温,苏东坡遇沈括,范仲淹遇吕夷简,王安石遇苏洵……兀那便面一挡,彼此隐身,何愁冤家对头。可不知何故,宋以后便面突然消失了,私忖大概宋被元灭,宋之遗民觉得天地间的丢脸,古往今来莫过于此,所谓"奶油尚且如此,何况牛奶",国耻尚如此,我何惜此脸,还遮什么呢。明清以下改用折扇,到得民国,"破帽遮颜过闹市",改用礼帽了。更后来庆幸有了墨镜与口罩,近年还盛行"屏蔽",那不都是超麻利的便面吗。

"江山代有便面出"。回到《清明上河图》,当面子不堪人间的重负时,让它"假装不看你"地飞一会儿,真是太人道、太智慧了。

输不起

> 下棋输不起,要别人让他;政治上输不起,把别人下狱。羞怒自卑至此,却还感叹:怎么就赢不了他呢?

最近有一个热词:伤不起。神马都"伤不起"。人的精神状态娇弱得像热带鱼"玻璃拉拉",五脏六腑一碰一泡水。

根子何在?我以为伤不起的原发病灶是"输不起"。

从古到今,"输不起"情结深植于中国文化基因中,纠结在领导们脑子里。现代领导者的定义包括政府领导人、首长、企业老总、部门主管、社团主管、校长老师,甚至家长。因为输不起,所以无法接受批评、拒听反对意见、打压异己、逆我者亡。整个社会,每一个角落稍稍掌握一点权力的人,哪怕是保安,也大多输不起:不愿接受批评,不肯认输道歉,从不承认决策失败,不能欣赏对手优秀,闻过则怒,闻功则喜。一旦处于劣势,往往将对手抹黑、矮化、污名化;如果输者拥有权力,那么,权杖就被舞得山响。

朱棣还是"燕王"时,与刘伯温之子刘颙下棋,见局势不妙,发威说:"卿不少让耶?"刘颙正色道:"可让处则让,不可让者不敢让也。"朱棣一听,面色发青。这盘棋,朱棣输了。及至朱棣登位,刘颢站在明惠帝一边,明成祖召见,刘颢称疾不至,被捕入京,仍坚持原则毫不屈服,骂朱棣说:"殿下百世后,逃不得一个篡字。"朱棣将他下狱。刘颢不愿受戮,自经而死。

下棋输不起,要别人让他;政治上输不起,把别人下狱。羞怒自卑至此,却还感叹:怎么就赢不了他呢?

雨夜读书,"输不起"的故事,喧嚷史册。拥有权力的人,或因无知,或因病态,为了"维稳",不惜采用极致手段,鞭尸的伍子胥可算典型。其实,鞭尸和奸尸的区别很大吗,一枚铜板的两面而已。

于是又有疑问——"输不起"的根子,是什么?

是自卑。网络的说法是"蛋疼"。

相对于"输不起"的,是一种开阔的胸襟、气度、容忍、包涵、雅量、欣赏……这些素质在史册中偶尔发光,却十分灿烂。

输得起的领导者,我以为首推秦穆公,他派遣三主将伐郑,在崤山之役被晋军伏击,全军覆没。主张出兵的由余自请治罪,秦穆公说:"罪止寡人一身,与爱卿何干?"他穿上素服哀悼阵亡将士,并亲去迎接被遣回的三主将,痛哭道:"使众将军身受奇耻大辱,实寡人之罪也。"承认失败,是何等了不起的胸襟。此所以跻身五霸也。

时光流转了几十年。楚庄王围攻宋城,大夫子反前去窥探宋军虚实,巧遇宋大夫华元也在窥探敌情。子反问华元:"子之国何如?"华元老实地说:"惫矣,易子而食,析骸而炊之。"子反又问为什么吐露军情?华元说:"吾见子之君子也,是以告情于子也。"子反闻言,大为感动,也向华元据实以告:"勉之矣,吾军亦有七日之粮尔。尽此不胜,将去而归尔。"子反回来向楚庄王报告经过,楚庄王责问他为何泄漏军机?他从容说:"以区区之宋,犹有不欺人之臣,可以楚而无乎?"楚王默然。

这段往事的核心是个"诚",是子反的气度、楚庄王的包容。子反跳脱了你死我活的格局,从敌人的眼中看到了尊严,从而萌生雅量。楚庄王的默然,是种高蹈。如果他把子反训斥一顿,或治以泄漏军机之重罪,然后挥军猛攻,华元势必覆灭。果如此,五霸中还有楚庄王吗。

镜头转到另一战场,公元二世纪,北非海权国家迦太基的战神汉尼拔,在征战二十年之后吞下了生平第一次战败的苦果,不得不与罗马将军西庇阿展开历史性的谈判。战胜者不骄,战败者不馁,彼此充满敬意。"向罗马发动战争的是我,打了几次胜仗的也是我,因为命运的安排,我提出讲和,对象是你,使我感到非常光荣;同样的,对你而言,不也是一件很有名誉的事吗?"两位将军没有"伤不起",赢者获得了光荣,输者保留了尊严。潮人相惜,莫过于此欤。

输得起,是一种高贵的君子风格。但并不是没有"锅底"的宽容。诸如南海诸岛的得失,事关国之安危,那不能输,个中是非,毋庸置辩。从历史寻根,将输得起、输不起的故事重现,无非还原人性的尊严与光辉,可以对照那些狭隘自卑的文化瘘管而已。

有时我想,社会大众是不是都有个共同死穴——"输不起"呢?

得罪大家了。

脑残谣

> "脑残"只是少数人对多数人的挑衅和质疑,事实上,脑残不但无法量化与测定,而且有哪一个脑残会承认自己是脑残——哪怕只是涉嫌脑残——呢?

清明前夕,一位经常互动的朋友突然发来一个奇怪的微信:"按照清明互不问候的习俗,我将在4月10日和您恢复联系"!

看了觉得莫名。"互不问候"?我都年过花甲了,平时书也没少看,这个妖怪的"习俗",怎么丁点都不知道?!

赶紧看屏,已经满屏都是"不问候"了。说是"哀思为重",并且绑架古人,说什么"自古如此"。我不觉失声大笑:明摆着一个脑残谣!一个吃饱了撑的"新婚必读"!更可笑的是,一看即是"手机思维"的产物,只有借助微信频繁互动的才有这类"暂停问候"的颠顸,因为古人间的问候绝非一摁手指那么随意,一封纸质问候得走好几天甚至几个月,带个口信至少得专人跑一趟。中国是礼仪之邦,要说"自古"的话,自古就"不可一日非礼",子路临死还要正衣冠呢,你要我怎么想象你因为有"哀思",因为心情不佳,就让"清明"成为无礼之日,成为"无规无矩"甚至无法无天的一天呢?

不妨想象，清明节因为"互不问候"的严重后果：邻里相遇，低头看鞋或转身呼犬；同僚相见，熟视无睹昂首而过；家人聚会，瞠视而已；师生相遇，形同陌路；就连下属邂逅上司，也吃了豹子胆，仰天阔步……

问题是，这一天的早朝怎么办？查过《礼记》，向无"清明罢朝"之说啊。早朝都是极早的，百官先拜见天子，山呼万岁，顶级问候，然后天子回礼"众爱卿平身"。虽说"有事奏来，无事散朝"，没大事的话时间可以很短，但清明这天君臣相见就"互不问候"了吗？金銮殿上，大家"插蜡烛"，数鼻息，你看看我，我看看你？天子和百官说话都无敬辞，只谈河南蝗虫御史告密？

这是古代中国吗？还算是礼仪之邦吗？记忆中就算最乱的年份，哪朝的哪日可以"上朝不拜天子，回銮不辞百官"的呢？平民的人际相处，又有哪天可以没名没姓地"互不问候"呢——哪怕只是淡淡地一句"早啊"？！

有了自媒体，脑残的编造开始多了，不妨称之为"脑残谣"。前些年有"非遗专家"称"端午只能问安康"，说是"恶日"不能有喜庆。我曾举晏殊的端午诗："宫闱百福逢嘉序，万户千门喜气多"与苏轼《端午赠黄守徐君猷》"好酒沈醉酬佳节，十分酒，一分歌"笑话他，现在更脑残的谣言来了，因为要"缅怀先人"，活人间的交往也可忽略不计了。似此荒唐，说恶意倒也未必，只是脑残罢了。事实上古之清明绝非只是哭哭啼啼，它既是一个扫墓祭祖的肃穆节日，也是人们亲近自然、踏青游玩、享受春天乐趣的欢乐节日,故而一般会公开举行各种娱乐活动,比如拔河、斗鸡、射柳、蹴鞠(古代足球),还有蚕花会、放风筝、荡秋千等。热闹的蚕花会上,我们的先人迎蚕神、摇快船、闹台阁、拜香凳、踩高跷、唱大戏、献武艺、耍龙灯,十多项活动简直闹得不亦乐乎,有的已达"疯玩"之境,难不成你还指责他们"不孝""狂悖""忤逆"或"大谬不然"吗?祭祖正是为了让后人更有生气、更加感恩生命,作为一个现代人连这个也要瞎掰,还真是一个笑话,是不是?

"知之为知之,不知为不知"。世事最怕的就是那些动辄一惊一乍,网上跟风的跟屁虫。

有人试图统计网上的脑残到底有多少,我觉得这是徒劳而没意义的。"脑残"只是少数人对多数人的挑衅和质疑,事实上,脑残不但无法量化与测定,而且有哪一个脑残会承认自己是脑残——哪怕只是涉嫌脑残——呢?

就这么处吧。

这次是编撰"清明节自古互不问候",还不知下一次是什么。你得有充分的思想准备。

有情始做人

> 百年之内——不,或许永远,情理兼备的人类被"机器人全面取代"我以为断无可能。

最近一则外媒报道引起了我的注意,多家公司正在研发解读监视大脑情绪的设备。注意,是"解读"。这是不是意味着,人类的情绪波动如沮丧、焦虑或愤怒、愉悦等通过脑电波都可被测试,甚或译写与记录呢?据说从技术的能级来看,此项技术要高于诸如"阿尔法狗""无人飞机"和"无人驾车",再联想到"人脸识别"技术今天已经开始普及,便有人断言:人,未来必定被机器取代、被人工智能取代!

我对此深表不服。首先,这"未来"是多长的时段表达?千年万年吗?逻辑上,有鉴于宇宙的无限丰富性,"未来"总是什么都可能发生的,白痴都会预言"太阳明天必然升起",你能说他是先知吗?一万年以后兴许地球都没了,这样的先知有意思吗?

所以,我们能接受的"未来"应该就是宽泛的现世,至少是当下三四代人首尾相望的百年之期吧。

而百年左右,癌症已然攻克,但人类被"机器人全面取代"我以为断无可能。

首先是"逻辑的不可能"。因为,举凡一切的科技,它的基因乃至整个构架就是"逻辑"与理性推演,所有的推演必须是可控可测、可量化分析的,未来的科技即令发达到复制人类的一切,从脏器到皮肤到所有神经、肌肉、肌腱、细胞都和人之本身一模一样,但它们植入的都是"逻辑",就是没法植入情感,因为情感有个无法更改的属性,那就是"任性",而"任性"恰恰是最不可控的。古人有叫"性情"的,它率性而恣肆,执拗而偏激,狂热而"不可理喻"——比如孟姜女就是要哭倒长城,纪信就是要为刘邦替死,柳毅就是要为龙女传书,卓文君就是要嫁给司马相如,夫子纵然"累累如丧家之犬"也仍要"知不可为而为之"。如果加上主义的话,董存瑞就是要托炸药包,黄继光就是要堵机枪眼,这些都是机器人(人工智能)无法理解的,因为按逻辑,他们都不必那么做。

问题是,这恰恰是人性灿烂之所在,所谓"有情始做人",有激情梦想,人生才伟大呀。

我们不妨假想一下,项羽被完整复制了,他依然"力拔山兮气盖世",其外表即令他的叔父项梁也不会起疑,但他会破釜沉舟、渡河救赵吗?也是鸿门宴,他会放过刘邦吗?垓下别姬,他还在乎虞姬的自刎吗?更有甚者,乌江亭长的渡船过来了,他和他的乌骓马居然就登舟了,一点也不在乎"江东父老"的怨怼。

也许他"卷土重来未可知"。但,他还是项羽吗?!

他的大脑芯片只有"称帝",悠悠万事都得服从"称帝",

故事就没了。

　　杨贵妃也被复制得足以乱真,但唐明皇一眼就看出了破绽。华清池里,侍儿扶起虽然也"娇无力",一招一式走程序,但就少了一股骨子里的"媚"嗲,上海民间叫"嗲"味。更令皇上崩溃的是七月七日的长生殿,夜半无人私语时,兀那贵妃即令销魂时刻也在对李隆基背台词……

　　此处有个悖论,机器人无情就"不是人",而有情就会消灭人。故而它必须先天性地"无情",这是这一行的死穴,一旦"有情"即意味着机器人"不可控",地球人都知道,机器人"不可控"之日,就是地球人灭亡之时。

　　孟子曾说,人异于禽兽者"几希",也就是差一点点,上海话所谓的"一眼眼",我想就是人性,激情四射的人性。想想看,没有了夸父追日,没有了精卫填海,没有了愚公移山,没有了"挟泰山而超北海",没有了"虽千万人吾往矣",没有了"乘长风破万里浪",没有了"寻寻觅觅,冷冷清清,凄凄惨惨戚戚。乍暖还寒时候,最难将息",没有了"驾长车,踏破贺兰山缺。壮志饥餐胡虏肉,笑谈渴饮匈奴血",只有对与错、确认和撤销,快进与回车,只有淡定与"压倒性态势、乘势而上",只有"吾日三省吾身",只有"泰山崩于前而色不变,麋鹿兴于左而目不瞬",这个世界、这种人生将是多么寡淡、多么乏味啊!

　　百年之内——不,或许永远,情理兼备的人类被"机器人全面取代"我以为断无可能。

　　姑妄断言欤。

戴一天老手表

> 网上有一个主意其实不坏,那就是划出一个试验区,里面没有电脑、手机、空调、冰箱、小家电……一切复原70年代的生活,设出奖项,看看谁能在里面生活得最久。

忽发奇想,进口表戴久了,戴几天国产表试试?而且,既然是上海人,当然是戴上海品牌的,旧表里只有上海手表四厂出品的那块钻石牌的品相还可以,于是送去上油清洗。

几十年没有注意它了,现在一眼照上去,觉得还真漂亮。全钢防震,走起来声音还很强劲,克罗米感觉也镀得厚实。看表盘,象牙白的面子上,一颗颗亮银的刻度,立体感强得快溢出来,分针、时针敦厚苗润,那秒针头上还缀一颗玫红的水钻,铮、铮、铮地抖动着,直接让人想到"红星照耀的中国"。

奇怪的是旧表似乎有附体,一戴上它,四十年的岁月就突然穿越了。那时买表凭票,手表票在单位必须登记排队,第一优先,市级劳模;二级优先,区局劳模;三级优先,厂级劳模……以此类推,真能轮到你,还真是"天眼开"。记得手表票到手,首先工会主席热烈祝贺,然后手持票证,班组里大家传看,得主顿觉"身价不菲",手表上腕更是趾高气扬,恨不得戴在长袖子衬衫的外面。那块钻石表是105元，同样级别的"宝石花"记得是110元，舆论还普遍认为，钻石牌手表的精度高于"宝石花"，因为手表四厂的前身是上海秒表厂，秒表都能做得精确，手表还能做不精吗？

这其实是一个非常糟糕的推理，可惜当时信众巨多，都觉得"钻石"优于"宝石花"。其实有脑子的仔细想想就明白了，秒表能替代手表吗？秒表有手表复杂吗？那完全是两回事嘛。精于小楷的就一定能写好大楷吗，能看好成人内科的，就一定擅长小儿内科吗？事实恰恰相反，看得好成人疾病的，对"小儿科"往往一筹莫展。

类似的道理那时反正也没人细想，就莫名其妙地捧"钻石"。我买到的正是"钻石"，戴着表，首当其冲的，就是有极其强烈的"成人感"，自己真是"大人"了，希望大家当我一回事，觑见没人就猛地凑到耳畔听听，心里美了好多天。

但是四十年后再戴此表，则人是物非，遇到了三个想不到：首先想不到一戴钻石表就对日历完全失控。那时的表，大都没日历，不能一抬腕就知道今天几号、星期几，日子因此过得混混沌沌，简直瞎子一样。若不想瞎混则又得去翻找日历本，或者翻看手机，发觉生活突然就倒退了四十年！

其次是想不到手表常常"罢工"而停走。原来全自动的手表戴惯了，给手表定时上发条的习惯早就丧失，戴了老表，如今就像开惯了自动排挡，突然开手动排挡，常常熄火。这就弄得我很狼狈，常常错过预约的活动，前不久干脆把去韩国的飞机航班都耽误了，还有开会，开着开着老觉得会议太长，等到发觉会议突然结束了，才知道手表早停了……

但是最最想不到的意外还是"雾霾"——某日洗手，忘了除表，事后忽然发现表面腾云驾雾，一片狼藉，一刹那想到自己是不是突患白内障或者眼底黄斑？怎么时辰都看不清了？！原来这表，不像如今的表基本都防水，那时的表，除非标明"防水"的，否则根本不防水，并且从此就"雾"开了头，隔三差五地表面给我来个朦胧秀，以至于同学聚会，某同学偶然发觉我居然还带着这块起雾的超级古董，便充满怜悯地对我说：这么多年你也是蛮拼的了，人生有了一点成果就应该对自己人道一点好伐！

那天回家，不由得解下钻石表端详很久，三个"想不到"让我亲身感受了岁月的沧桑和时代的巨变，亦即"想不到"当年生活中最顶尖的用品和现在的差距如此之大，它和它所粘连的整个的生活水平和意识形态，我们再也不肯回去了。

最近常看到怀念四十年前生活的文章，物价怎么低了，天空怎么蓝了，青菜怎么糯了，猪肉怎么香了，太阳怎么红了，觉得未免言过其实。网上有一个主意其实不坏，那就是划出一个试验区，里面没有空调、冰箱、电脑、手机、音响、小家电、电视机……一切复原70年代的生活，设出奖项，看看谁能在里面生活得最久。

其实，我们的设问还可更多，四十多年前有法制吗？有律师吗？有高考吗？能出国吗？有地铁私车别墅和wifi吗？

两"憾"相权,你真愿意抛弃后者而回归农耕生态吗?差不多谁都知道鱼和熊掌不能兼得,当两者只能择一时,你又何必假惺惺地深陷着"互联网+"而咏叹着四十年前的"蓝、糯、香、红"呢?

我知道钻石表只是一个象征。不过阁下且戴一天试试。

我的错别字故事

> 让我真没想到的是,一番大实话把人感动了,课堂忽然肃静,紧接着全体起立,响起"雷鸣般的掌声",而且经久不息,我泪眼婆娑地一时不知所措,只得连连作揖。

2007年至2017年,我在华东师范大学的新闻学院执教10年。

我是开课程的老师,教的是"外国经典新闻作品研究",其实就是"普利策奖特稿研究"。乍看没有"错别字"一类问题的困扰,而且高大上,其实不然。

每届开学前,教务处给的花名册得注意了,学生的名字如果事先不熟悉一下,就易读错,社会风气多年前酿下的奇葩如今结了果——年轻父母给孩子们起名都喜欢翻《康熙字典》或《新华词典》的冷僻部,谁的名字起得高冷古怪,谁就"有学问",只是苦了老师,从幼儿园到大学,老师们一个个受罪,没少折腾。

那天因为事先没做功课,首先给我下马威的就是来自北方的吕尜同学。恕我无知,顺口就叫了"吕尖",下面自然是一阵哄笑。后来知道,那个字儿念如"gá",当年电影《小兵张嘎》

的嘎字，也是这个读音。祸不单行，同一页花名册上还有地雷呢，有个同学叫"仇訄"的，我还算知道姓氏之仇当读"qiú"，可后面那字我虽然知道章太炎写过《訄书》，但按照我一贯的疏懒，哪会翻字典，结果不敢读"言"，只是有了"吕尖"的教训，便老老实实地问：哪位同学姓仇，你后面那个字怎么念啊？"读qíu"，他高声回答："逼迫的意思"。

我真是一身冷汗。但事情还没有完，最后一个女同学，名字里有个"窅"字，我也恍惚记得看演义小说时五代有个凹眼美女叫"窅娘"的，但从没留心过该怎么念。如今新账老账一起算，我豁出去了，便大胆地念如"目"，这下更把大家笑趴了，有的同学眼泪也笑了出来。幸好班长给台阶，说，老师这不怪您，都是生僻字，刚入学时，我们也不会念。

我说谢谢你同学，刚才那个"枀"字的确冷僻，老师念错情有可原，可是"訄"和"窅"虽然比较冷僻，老师是不该念错的，因为老师自命读过近代史，明明看到过章太炎著《訄书》，但就是懒得去查这个字；还有"窅娘"，老师也向你们坦白，看过闲书《五代十国演义》，对南唐李煜宠爱的身轻如燕的"窅娘"也有印象，但谁高兴去查字典呢，这就是"不良习惯结恶果"，同学们千万记取我的教训！所谓"尺有所短，寸有所长"，学校用我，只是因为我有过二十多年的"调查记者生涯"，擅长课堂的案例分析而绝非因为我"学富五车"，希望同学们海涵。

让我真没想到的是，一番大实话把人感动了，课堂忽然肃静，紧接着全体起立，响起"雷鸣般的掌声"，而且经久不息，老汉我泪眼婆娑地一时不知所措，只得连连作揖，频频拍同学们的马屁：华师大的生源真好！华师大的生源真好！谢谢同学们的鼓励！

顺便显摆一下，我在华师大，既教本科，也教硕士（新闻悖论研究），口碑之好可能超出了许多人的想象。期中考试，期末考试，每一届36个课时，从无差评，结束时届届都是"全体起立响起雷鸣般的掌声"，其他专业来旁听的也不少，不服可以去华师大新闻学院调查，老汉我胡扯可是要"晚节不保"的哦。

当然，执鞭十年我也学到了不少。说来惭愧，出过那次洋相后，我和资深语文教师丈母娘聊了聊，孰料平时低调的丈母娘轻轻一笑：汉字太多，八九万个谁能认呢？谢觉哉教育过他的子女，读书时手边必备一本字典，不识，当场查。但即使这样，还是不断"漏网"。我教你一个法子：点名时，拿一支笔，看到不认识的字，不要犹豫，果断跳过去，故意不念这个同学的名字。每个人最在乎的就是自己的名字，让他（她）暗暗发急，最后问一下大家："还有没点到的吗？"届时一定会有小手举起来："老师，我没点到！"你便慈祥地问，你叫什么啊？然后用笔从容地给他（她）标个音，多自在。

既学习了，又保持了体面，从此，我最服的是丈母娘。

作者注：文中个别姓名作了调整。

裸夏杂谈

> 那时候的福地也是有的,那就是井,有井水处就有"空调"。大家争先把西瓜和杏、李、桃一类的小水果浸入井水,用剩的还可冲凉。

网上有一类文章是每年注定一定要红一次的,那就是"N年前,我们是怎样过夏天的",或者是《20年前没有空调,我们这样过夏天》《25年前没有空调,我们这样过夏天》《30年前没有空调,我们这样过夏天》……口气俨然是"过来人"的老气横秋,但说来说去的"强说愁"就是"没空调",似乎一没了空调就万事休了,就苦大仇深,没法做人了。查其年龄无非"90后""80后"的,最多也就"70后"吧,其实说"苦夏",他们的日子要比我们好多了,这从他们文中晒出的度夏利器就可以掂得出,电风扇啦、健力宝啦、驱蚊水啦、橘子水啦、塑料鞋啦、棒冰雪糕冰西瓜啦,只除了空调——我都觉得奇怪,在我们"60后""50后"眼里,苦夏若有上述消暑利器,已经堪称"美夏"啦,尤其"50后"的童年,负面清单除了偶有"井水西瓜",其他都无缘享受,我称之为"裸夏",光溜溜地毫无高温防护,那样的夏天是要"强渡"的。

电扇于我,最早只是看看,有电扇的同学家,一定是有钱人家，华生牌，铜扇框，后来在淮国旧常常看到。我大概要25岁前后才用上电扇，而且还是自己组装的台扇。后来有落地风扇了，150元一台，稀奇得不得了，苏州防爆电机厂的，也是组装，因为上海产品都凭票。没有空调之前，电扇不就是空调——空气调节器吗？而我们童年的空调，自然就是纯手工——扇子了。

高温时，弄堂里的最强音就是扇子声，啪嗒啪嗒从早到夜，不绝于耳。领头的总是蒲扇，上马可以祛暑，下马可以生炉，乘凉还可驱蚊，督学时又可以顺手打"小赤佬"头榻，所以整天都是它啪嗒啪嗒的嚣张之声。随后跟进的有草扇，草编之扇，或纸扇、折扇、羽毛扇，沪人判断一份人家是否持家有方就看他家的扇子，但凡蒲扇与草扇的边沿都一针一线用布条滚边的，基本是方正静修之家；而出门每把蒲扇都像鸡爪粪扒，到处呱嗒呱嗒乱摇者，大抵就是"烂潦人家"了。

说到塑料，如今颇有追究它破坏环保之势，事实上我们童年乃至少年时，塑料拖鞋同样是有身份的象征。我有一个小学同学，暑假在姑妈家因为偷拿零花钱而被打了，回来还对我们显摆，撩起他的汗衫展示背部红红的鞋印：塑料拖鞋打的！"啊，塑料拖鞋！"大家惊呼，似乎能被塑料拖鞋暴打也是一种福利云云。

那，夏天我们的尊足穿什么呢？曰：木拖板。满弄堂的木拖鞋，震耳欲聋。它倒是很环保的，就是不经穿，没几天鞋带就断了，总是在奔跑中断裂。

至于驱蚊水，若有驱蚊水，乘凉时还会啪嗒啪嗒打蚊声一片吗？橘子水倒是有的，二三毛一瓶，站在那里喝，喝完还得把空瓶奉还，考虑到当时阳春面8分、大饼3分、一斤切面才0.21元，能常喝橘子水的还真是非富即贵呢！顺便讨论一下棒冰（北方叫冰棍），4分一根，断棒或芦苇棍的，3分，大多数孩子也不是天天能享用的。能放量畅饮的，我记得是大麦茶和学校里的砂滤水，而弄堂小学一般连砂滤水也没有的。

当然，那时候的福地也是有的，那就是井。无论古井、新井，有井水处就有"空调"，大家争先把西瓜和杏、李、桃一类的小水果浸入井水，用剩的还可冲凉。有几个胖子整天孵在那里，毛巾不停地往身上揩，如同我们现在喝工夫茶时用布拖不停地揩壶一样。

归结一下的话，裸夏从本质上和山顶洞人、河姆渡人的差别不是太大，但论境界与李渔相比还差一截。你看他：夏不谒客，亦无客至，匪止头巾不设，并衫履而废之。或裸处荷之中，妻孥觅之不得；或偃卧长松之下，猿鹤过而不知——夏天就不去访客了，也不让客人来，可以不戴头巾，不穿衣服，裸卧在荷花丛中，让老婆找不到；或者裸卧在松树下面，动物经过也不知道。

他这个才叫"裸"得彻底了。

秋日夜钓

> 深蓝色的夜空下,秋凉如水,你嗅着、听着,醉了,功名利禄,啥都不想,就连鱼儿是否咬钩,也不重要了。

几乎没有争议的,上海的秋天最迷人。

溽暑已然退去,百花依旧绚烂,秋之凉夜,尤其宜人,宜微醺、宜遐想、宜读书、宜品茗、宜夜游、宜仰看天象、宜俯察秋声,但最别具一格的,我以为还是夜钓。

夜钓有讲究的,也有随兴的。讲究的除了常规钓具外,还带氙气头灯、户外强光钓鱼灯、探鱼器、猎刀、饮食包、酒精炉、遮阳伞、急救包甚至野营帐篷,基本是一次盛装远征。我则是随兴的,钓具、钓灯、钓座略备即可,倒是钓点的安全舒适更讲究。

秋季多水,所以首先要注重安全。大水面毗连深水湾,晚上是不去垂钓的,洼地、石阶、沟壑以及陡岸和大树下也不去,尽管那里常有好鱼情;其次,选择地方总得要有点"诗意"吧,钓位须选平坦、高敞、干燥、避风之处,在我更要求视野开阔,天象浩荡,近处最好有明月倒映的开阔水面,浅而明澈;远处最好有嘉树入云,蛙鸣稻香,谁说夜钓不是让我们再一次地细品人生呢。

静静的秋野里,我喜欢夜钓之灯,一束幽蓝的光,梦一样投射到清亮的水面上,河面立刻呈现出从未有过的瑰丽,水下的世界似乎有着我们从不知道的寥廓浩淼,海市蜃楼,从不知道的光怪陆离,犀角烛怪,无数水族正在无数水草间优哉游哉,红白相间的竖标极细微地涟漪着,想象着趋光的鱼儿们一到光晕之下就徘徊并相互告诫着。几分静谧,几分诡异,仰首天河浩荡,银汉耿耿,侧耳秋虫唧唧,蛩吟妙曼,由此想到无数与秋有关的诗文,欧阳修的《秋声赋》状尽"天地悲凉"、人生肃杀,唯独没去注意稻香养人而蛙声怡人,似乎是一次疏忽?

再一想,文章最忌面面俱到,片面才是深刻,便释然了。

深蓝色的夜空下,你嗅着、听着,醉了,看浮云无声地一朵朵滑过,"白云千载空悠悠"吗,想崔颢当年视白云如是观,想李白当年视白云如是观,想苏轼当年视白云如是观。他们尚且也灰飞烟灭,我等算什么?于是功名利禄,啥都不想了,让脑皮层暂停,就连鱼儿是否咬钩,也不重要了。

久久地俯视着水面,不可能不想到"姜太公钓鱼"。姜子牙年届八十而直钩垂钓渭上,因此而有了那句著名的歇后语:"姜太公钓鱼,愿者上钩。"

然而临池细想,这句话是个伪命题,但千百年来竟然没人注意:自古到今,倒想问问,有哪一条鱼是"自愿上钩"的?谁不知道钓鱼的过程,就是一个骗鱼的过程?既知真相,上钩之后可以说没有一个不后悔的,或曰,子非鱼,焉知鱼不是自愿的?

答曰，只要看其挣扎、挣扎到"鱼死网破"的程度，便知端底，若其"自愿"，又何至于如此。

又说，姜太公是直钩钓鱼，且离水面三尺以上，那更是存心不钓鱼了，盖水族中断无这样的变态，会"自愿"地跳离水面三尺以上地咬饵，咬的又是光溜溜的"直钩"，若非食人鱼，就怕"咬住了"也得滑脱。故姜老的举止唯一的解释就是"装"，就是最早的"行为艺术"，以其长期的怪异行径刺激社会贤达注意，终于吸引到周文王的眷顾。孔夫子的教育法"不愤不启"，就是一种"因势利导"法，你没有疑问的时候，我不主动上门兜售我的知识；而你一旦困惑了找我，我才解答，可收事半功倍的效果。

同理，对主政者，与其你自己上门建言献策，不如让贤王感到需要你，对你有兴趣，自然会降阶以迎。如果对你兴趣不大，你主动献媚，有意思吗？姜太公深谙其理，其钓鱼乎，其"钓王"也。

或曰太公可谓"装"之大师，说他矫情，说他工于心计都不为过，自他以后，学他样的也都功夫不弱，所谓"渭水钓贤（姜太公），桐江钓名（严子陵），洹上钓权（袁世凯）"，士人只要一寂寞，不被重视，或者是避祸，便赶紧"垂钓明志"，表示不恋庙堂了，退出竞争了，都拿垂钓当道具。进，可跻身姜太公序列；退，可坐享陶渊明贤名。而事实上不管其地位多高，名声多大，只要人坐着，眼睛不瞟浮标瞟乌纱，就都是源于功利的行为主义，都亵渎了垂钓的真谛。真正的垂钓，应该王冕一样，源于真心的淡泊和恬静,既然"不才明主弃"(孟浩然语),那就静静心,归于林下,秋日夜钓实乃草民的无上福利也。

几乎没有争议的,上海的秋天最迷人。于是我等草民,继续福利着夜钓,深蓝色的夜空下,秋凉如水,你嗅着、听着,醉了,功名利禄,啥都不想,就连鱼儿是否咬钩,也不重要了。

妖娆杜鹃

> 杜鹃亦爱荤,但忌腥膻腻肥,须得沤透的淘米水或发过酵的豆饼水,还得稀释了用。

如同"妖"而"作"的女人,杜鹃可不好伺候。

我们这里说的是西洋杜鹃。最初受她所惑应该是一次花展。纷红骇绿之际,但见牡丹堂皇,月季雍容,山茶绚烂,然而最亮眼的却是杜鹃。

她也堂皇,她也雍容,她也绚烂,但她有众芳不及处——妖娆。

妖娆是什么?是一种咄咄逼人的美,凌厉而富于诱惑……如果是亮,就亮瞎侬;如果是烫,就烫杀侬;如果是辣,就是涮涮辣;如果是鲜,就是蛤蜊鲜;是侧锋棱威的皇象书法,是丹凤眼"豁豁"的亭子间嫂嫂,是张大千的人物审美:麻、妖、骚。

见我喜欢,花商以优惠价一气发我 15 盆,名字美,花型花色更美,有紫佳人、红宝石、粉牡丹、绿袖子、白雪公主、美国火焰……

然而回家,才知道领回了一帮"作女人"。倘若置于前庭,就不能暴晒,暴晒就蔫;搬入后院,又不能全阴,全阴无花。她要阳光,但只能斜射。所谓温庭筠的"斜晖脉脉"类。

妖娆杜鹃 | 213

盛夏还得临时凉棚，怕高温；严冬则怕低温，零下就挂。

这种"作"，是和你"同归于尽"的"作"。你不让"作"，我就挂、就撕票。

我养过月季与芍药，并非园艺菜鸟，但凡万物生长岂有不靠太阳的？苏麟名句所谓"近水楼台先得月，向阳花木易为春"，对杜鹃可全然无感。阳光于她只能是"斜晖"，亦即陆放翁的"斜晖忽满廊"的节奏，就像"蟋蟀要原配"的，你说是不是忒"作"了？

盆土也"作"。要"湿润疏松肥沃的酸性土"，问题是酸性土大都贫瘠板结，有谁见过湖南江西的红壤有肥沃的？市场上黄黄的"山泥"几乎就是石头，都得掺肥掺营养土改造。

可肥忒浓，伊又焦了，落叶满地。我小学同学徐云良是莳花高手，乃教我，杜鹃亦爱荤，但忌腥膻腻肥，淑女要"清补"，须得沤透的淘米水或发过酵的豆饼水，还得稀释了用。

弄堂小姐，买油条只吃半根，黛玉持螯，大闸蟹只吃半只。

都说杜鹃喜湿，盆土稍干几日就蔫。但潮湿了，叶子又都垂了下来，很是颓唐。这又是什么鬼马？不是说好了著名的"喜湿"植物么？云亮的电话那头说："应该潮湿。但排水不畅也不行，要湿而透气"！潮湿还得透气？！遂赶紧查看，果然浇水过勤而淤积，集体烂根，未几，又死了一批。

直晒不行，全阴也不行；太干不行，太湿又不行；没肥憔悴，有肥也憔悴——作女啊，你柳眉一竖要"作"到什么程度才不"作"呢？

就这样被她们"作"了 3 年,总算摸熟了她们的脾性,喜阴好湿畏寒怕热,只要投其所好,无不应声而解,比如冬天"遇冰即挂",盆外套个厚塑料袋保温不就行了吗。

如今我的花园一片惊艳,杜鹃不仅花期特长,而且还"梅开二度",往往春天开过,秋天又开,和她的水灵、狡黠、妖娆相比,牡丹、月季都 out 了,都是"老实花"。

或曰,如此"作"花,何乐之有。那我就明说吧,搞定"作女",才有成就,吃过河豚鱼刺身吗,惕惕然庶几近是。

杜鹃之魅就在"作"。唯其作,才妖娆,才亮瞎你;才烫杀侬;才蛤蜊鲜;才丹凤眼"豁豁"侬,才侧锋棱威的皇象书法,才张大千笔下的"麻、妖、骚"呢。

两只蝈蝈

> 那蝈蝈,居家我把它们空调下供着,出门则将其贴肉揣着,体温供着,到什么地方都是惹人惊喜的,夜一样漫长的长鸣。

不是"两只老虎",而是两只蝈蝈。

枕下有两只蝈蝈,一为冬蝈蝈,一为秋蝈蝈。

冬蝈是朋友一个月前送我的,还郑重说明,我这蝈蝈可是立冬那天孵化的,只有立冬孵化的蝈蝈才叫冬蝈。寿命特别长,可以活过春节。此前我已蓄有一只秋蝈蝈,至此也不嫌多,养两只也是个养。但从此就有了比较,发现冬蝈秋蝈贤与不肖,差异很大。

冬蝈首先吃相不佳,喂它毛豆和玉米都不吃,只吃面包虫,挑食。这可不好,修道之人少吃荤,是谓"定性",便于入静。冬蝈则不然,荤吃多了,就躁动,成天在笼内一刻不停地攀爬,很没风度。秋蝈不挑食,给什么都吃,荤素搭配均匀,举止淡定沉静。

当然,论颜值,冬蝈比秋蝈高很多,羽色翠绿,胸腹俊爽,而且叫声清亮。秋蝈呢,羽色深褐,胸腹老熟,叫声苍劲迟涩,像个老农。

外表也罢了，父母给的，无法选择，兀那冬蝈的叫声令我不喜，一个"谀"字可以概括了它。为了讨得人们的注意，它可以不停地叫唤，"清亮"也就成了轻浮。那是一种扁平的、连续的、没有节奏、没有抑扬顿挫的聒噪，跟夜一样漫长，所谓"文章满天飞，质量很残废"。开始还以为它毕竟年轻，荷尔蒙旺盛，应原谅它的过度奔放，后来不对，一个多月下来，白天黑夜都如此，"织、织、织、织……"任何电话进来都可以听到这经久不息的背景噪音，才觉得那是它的德性。

一种声音，持续地单调地没有想象力地重复着，你说烦人不烦人！

或曰，养蝈蝈不就为了欣赏它的叫声么？错，无论人还是虫，"分寸"最重要。过分热情、过分"卖力"、过分主动，都令人不适，尤其当你不分昼夜地聒噪时，你所倾诉的对象其实已经对你审美疲劳，所以，每当冬蝈暴雨般的聒噪包围我、轰炸我时，那秋蝈的凝涩雄健的短暂叫声反而格外令人激灵，如同老蟾吟秋，如同锈锯割藤，如同葛帛新裂，如同麒麟童之沙哑、苍凉、粗粝、老辣的喷口，听了浑身松爽。大热天一大碗爽心应口的老白茶，江心一划数峰青，古人为什么说"好雨知时节"呢？大田庄稼极其干渴的档口，豪雨来了。古人谓"过多"为"淫"，不当的、过多的降雨叫"淫雨"，一如入冬后的连绵阴雨，谁会喜欢呢？

"谀"也罢，"淫"也罢，冬蝈的心底未尝不是善意的，就像我认识的一位老同志，到处主动介绍自己的经验，大家见他都躲,觉得他时时处处地"刷存在感",你说冤也不冤。

又如家务,每每我大小杂务统揽,而且持续性地埋头苦干时,就是家人习以为常麻木不仁之日,反倒长期荡荡吃吃,拱手而治,偶尔"卖力"一次,家人会感佩得热泪盈眶。夫子有言"不愤不启",对方不需要,你就不要太主动,当别人需要时,你及时施援,这叫"及时缝一针,可以省九针",难道不正是这个道理吗?

那蝈蝈,居家我把它们空调下供着,出门则将其贴肉揣着,体温供着,到什么地方都是惹人惊喜的,夜一样漫长的长鸣。

有谁知道,我最期待的恰是那一声"沙哑、苍凉、粗粝、老辣"的喷口呢。

壮士的宿命

> 因为"不让打",盆中"战士"日甚一日地焦躁,斗性的烧灼,战场的气息,无不折磨着它们,以至于一听到虫鸣,就张牙舞爪地在盆里旋转寻斗。过了霜降,虫性更烈。

近年来的"新娱乐"是斗蟋蟀。蟋蟀,一种至少存活了1.4亿年的昆虫,上海话又名"赚积",北方叫蛐蛐,学名"中华斗蟀",其实背景很文青的,诗经有云:七月在野,八月在宇,九月在户,十月蟋蟀,入我床下。可见和我们关系密切,大文豪苏东坡、大书法家黄庭坚以及文学大师曹雪芹、京剧大师梅兰芳等都是"赚积迷",尤其黄庭坚还总结出蟋蟀的"五德",说这虫儿:"鸣不失时,信也;遇敌必斗,勇也;伤重不降,忠也;败则不鸣,知耻也;寒则归宁,识时务也。"上海人从小就在"斗赚积"的氛围里长大,有"百日虫"之称,意思是它的正常寿命是3个月。最被人看重的是它的战士气概,遇敌必斗,伤重不降,对方哪怕是"虫王"、天王,还是要拼一口,哪怕头破血流,肝脑涂地,因此,上场的斗蟀,"退役"时无不浑身伤残,头破项裂的,绝大多数活不到两个月。我因此而忽发奇想:把斗蟀们养起来,不再上战场,看它们终极寿命是多少?饵以洁食,饲以洁水,摒其妻妾,让它们以童男身度过一生,结果会如何?

择日不如撞日,时为8月20日,嘱人送来10盆蟥积,皆为黄虫(虫分黄、青、紫、红、白,黄虫最早衰老),且都是"处暑"前出土的"处男"。按常规饲养,每夜聆听它们弹琴。"白露"后它们呼雌日甚,想老婆了,但我不给。过了"寒露"精神越加抖擞,想打架了,我也不给。直至"小雪""大雪",始陆续死亡,最后的几只一直活到了"小寒",不但普遍地活过了120天的平均线,而且寿命最长的足足活过了150天!如果人之寿命平均80岁的话,它那150天相当于人寿的140岁。

完美的战士,虽无恒产,但有恒居恒温恒食,果然突破了天寿。然而这是它们所要的吗?

锦衣玉食,也无风雨也无愁地送终养老,符合战士的夙愿吗?

事实上,"不许战斗"对蟥积是残忍的:因为"不让打",盆中"战士"日甚一日地焦躁,斗性的烧灼,战场的气息,无不折磨着它们,以至于一听到虫鸣,就张牙舞爪地在盆里旋转寻斗。过了霜降,虫性更烈,往往闻声而咬啮水碗和食具。毕竟"厮杀"是它们亿万年来形成的天性啊!

从这个意义说,战士的荣誉就是厮杀。翻检历史,战神级的战士几乎都是英年而殁,霍去病仅仅活了23岁,似乎生来就是挑战"寿终"的,16岁从军,17岁就率领800骑奇袭匈奴,击溃数万大军,斩获敌人二千余人,勇冠全军,受封冠军侯。19岁以战功拜为骠骑将军。汉武帝过问他的个人婚娶,他的回答震古烁今:匈奴不灭,何以家为?!

"将军百战死,壮士十年归。"乱世中,一员战将,能从尸山血海中存活下来已属不易,再加流血重创、行军过劳、饥寒交迫、瘟疫感染等,暴卒早夭简直是寻常事。看《三国演义》,总为"小霸王"孙策惋惜,才25岁就暴卒,现今同龄孩子还在"啃爹",他已开创了江东事业;看《史记》,又为项羽扼腕,20多岁已经主持"分茅裂土"了,30岁不到便战死;横扫欧亚大陆的亚历山大大帝只活了33岁,便和霍去病一样死于疟疾;孙坚殁于36岁,之前早已是一方诸侯;岳飞39岁死于风波亭,吕布白门楼殒命应该40岁不到。他们都像北极草,赶着短暂的夏日,完成了常人几辈子都完成不了的勋业,恺撒58岁,关云长60岁,拿破仑62岁,汉尼拔64岁……名将鲜有活到七十岁的。一种说法,自古名将如美女,不肯白首向人间。他们不是来活数量的,而是来赶质量的,此生既然委身刀枪箭矢,就没打算老死在老家的热炕头上。一定程度上,"寿星级战士"与"白发级诗人"一样,算不算一种讽刺呢?

长寿的战神当然也有,蜀汉的赵云、黄忠,东吴的丁奉,盛唐的李靖,中唐的郭子仪,都活过了七十岁,世称"福将",盖因其稀少而冠之以"福"吧。

西谚云,骠骑兵不该活过三十岁。壮士的宿命,何其壮哉!所谓"男儿当以马革裹尸还",遇敌必斗,伤重不降,实乃他们的至尊荣誉。而干预战士的宿命,"饵以美食,伺以洁水",让其锦衣玉食,也无风雨也无愁地送终养老,对他们何尝不是一种羞辱呢。

因为,壮士的夙愿,何其壮哉!

因为这就是命运

> 问题是蛋教训了鸡。人人都不屑的球队,到头来让每个人暴跌眼镜,与其陈词滥调地说一句,这,就是足球,还不如浩叹一声:这,就是命运!

别指望看什么"性感足球"了,再丑陋的进球也是"好球",既然足球场上以一球论成败。

这几天真球迷、伪球迷都有点疯了,猜球的、骂球的、赌球的、乱哄哄又一次全民狂欢,四年前的算命道具是头足类,今年换成了爬行类,要写甲骨文,最热门的无非三家,曰德国、荷兰、巴西。德国队据说攻防兼备,两手硬,隋唐第一条好汉李元霸;荷兰则是对攻铁汉,遇强越强,要说是隋唐第二条好汉宇文成都,我看比宇文成都还强很多;巴西的特点则是每一届热门而又几乎每一届都夺不了冠,我不知道是一种什么现象抑或什么定律,反正我知道足球的魅力是你再怎么神算,结果总让你尴尬,这无耻又苟且的时代,最有可能爆冷门的往往是那些"龟史悠久"且龟气十足、龟味熏人的队伍,比如意大利队,比如日本队,虽能打进世界杯比咱强,但内心里对日本之类的龟队总是羡慕嫉妒恨⋯⋯

但没人知道命运是什么。最经典是 2004 年由葡萄牙承办的第十二届欧洲足球锦标赛,甚至最八卦荒唐的球迷,赛前也绝不会转"希腊队夺冠欧锦杯"的念头,因为类似的荒唐并不亚于"中国队世界杯小组赛出线"的愿景。

问题是蛋教训了鸡。人人都不屑的球队,到头来让每个人暴跌眼镜,与其陈词滥调地说一句,这,就是足球,还不如浩叹一声:这,就是命运!

命运是什么?当"天才教练"布吕克纳的麾下满场狂射希腊队时,我们当年只是怜悯地安慰正在自己洞前运行"龟息大法"的希腊队"乌龟些,再乌龟些",你反正要死,请死得尊严些,你反正要被强悍的捷克队实施安乐死的,但你将荣耀,如同一个广场大妈进入金色大厅狂舞,你毕竟已经奇迹般进入四分之一决赛了,所求不能过多。

但渐渐地不对了,那一天捷克队气贯长虹的18次狂射2次中梁而9次中鹄不入,吃饱橄榄油的希腊队安详得简直就是阿波罗执戟而雅典娜当炉,"进乎哉?不进也!"你射你的,体外排精;我炼我的,满场意淫,熬到了加时赛,憋了整场淫念的希腊队一脚点球了断。

龟息元年,希腊队最终居然夺冠!

命运是什么?小时候听"隔壁外公"讲历史故事,总希望项羽胜,刘邦败,总希望飞将军李广封侯,汉武帝快死,岳武穆不败而秦桧猝死。但是命运是个坏孩子,它让英雄败死乌江,让无赖荣登九五,让李广终身不侯,让汉武安享天年,让岳飞"披麻戴孝",让秦桧寿终正寝。

这就是命运,宋高宗活了81岁,为什么不把他的阳寿给予孙逸仙呢？沈万三富可敌国，为什么不把他的财运给予穷死的曹雪芹呢？球场就是屠场、商场、职场、战场，就是让黄钟毁弃，就是让瓦釜雷鸣，德国队荷兰队都落马吧，实力不等于桂冠。

忽然想到，我们的牢骚其实是体现了人类历史一贯的不公平。卑贱是卑贱者的通行证，它符合生存评估——乌龟也罢，草泥马也罢，笑骂由你，生存第一，变化在我，唯求取胜，恐龙时代的哺乳动物多么猥琐卑下，匍匐在庞然大物的胯下，寻觅残羹余汤，但是庞然大物竟然死绝了，那就应该让我小人得志哦，物竞天选。你就别指望看什么"性感足球"了，再丑陋的进球也是"好球"，既然足球场上以一球论成败。高贵者自有高贵者的制胜之道，它符合审美评估，断腕也罢，玉碎也罢，笑骂由你，壮烈第一，鹰，有时候飞得比鸡还低，但是鹰总还是鹰。千秋之下，历史总是把苏格拉底、亚历山大、拿破仑以及球场上所有为"真正足球"而死的英雄们抬得很高很高……

这一届的世界杯，谁会是冠军呢？

把栏杆拍遍，如果有乌龟队的瓦釜雷鸣，就会有汉高祖的竖子成名。有进球第一的功利，就会有贿球买赢的厚颜无耻。不要唠叨"英雄必胜"之类的话吧，因为，乌龟也会咬人哦。

既然"米粒之珠也放光华"，既然这尘世总是让良民、才子、义士、烈女胸闷，那就干脆好事做到底，让伟大的乌龟不朽吧。

事实上，本届的图腾是乌龟，或是犰狳。也好，类似的祈使会让我们对人生、对命运、对"炼龟"、对这场诡异的世界杯议论好久好久……

夜宿灵隐

> 我却赶紧退回藏书楼，退回幽暗，退回"古松攀龙蛇，怪石坐牛羊"的清绝诡异。热闹的，绝不是灵隐。

盂兰盆节夜宿灵隐，现在听去似乎是一件很奢侈又颇神秘的事了，家里有人说得好，你可以住过"钓鱼台"甚至"迪拜塔"，但就是没有住过灵隐。住灵隐，须得一张"灵隐寺客房入住通知单"，这张单子难得，因为它根本就是非卖品，上面这样写：客房部：今有某某法师的客人入住一号楼某某房间壹天，请给予办理入住。说明，凭此单及客人本人有效证件到前台办理，当日有效。灵隐寺客堂。

下面还有审批人印鉴、经办人印鉴。

禅房花木深。客房就在灵隐寺藏书楼右侧。朋友说，客房之所以不对社会营业，是因为它的功能本来就是面对各地僧众挂单（借宿）的，唯佛门节日例外，可以接待寺内法师介绍（担保）的信众，但是不收钱。

都道丛林精舍如何如何，入室方知不虚。床褥非常洁净，陈设极简，但该有的都有。室内檀香缭绕，室外古木森森。门左是几株修竹，窗右是松萝峭壁，有细细山水沿着厚厚的青苔汩汩而下。红日西坠，蝉们还在哼着，蟋蟀也叮铃了起来。待到月亮初上，我决定外出走走，发现偌大建筑，异常冷清，上下四层似乎只住着我们一家。不由感慨，其实寺庙自古就是和俗众往来频繁的，且不说"三言二拍"里的故事感觉一半猫腻在寺庙，记忆中文人和寺庙的过从更是不胜枚举，比现在的"00后"跑游戏房还勤，所谓"僧不离俗，俗不离僧"。苏轼曾多次夜宿灵隐，手头恰有一本苏东坡诗选，三百三十二首，涉及各地浮屠的，或夜宿、或昼游、或酬唱、或题壁的竟有近百首。在灵隐藏书楼前的青石板路盘桓时，忽然想起教育部任职时的鲁迅先生，因为辑选图书而常在广化寺食宿案劳，常说鲁迅小说的背景峻凛冷森，是不是和这段生活有关呢。

　　向大雄宝殿走去。路灯极少，夜幕中的灵隐，幽暗得快要沉没，白天所见的巍峨，此刻都化作了憧憧黑影。秋声飒飒，不见一人，唯见苏东坡游灵隐时"古松攀龙蛇，怪石坐牛羊"的意境，不觉肌肤粟立，在他之前，唐代被贬越州的宋之问也曾夜宿灵隐。也是秋夜。也是走向大雄宝殿的路上。宋之问见庭下如积水空明，水中藻荇交横，修竹伟柏葳蕤，使反复苦吟白天卡了壳的诗句："鹫岭郁岧峣，龙宫锁寂寥……"，下面应该有一对更瑰丽壮伟的好句，他知道，但就是茶壶里的馄饨倒不出，却听大殿旁传来一句冷冷的挖苦："风光就在眼前，何苦哓哓乞讨？"

　　当下诗坛，除了王勃、杨炯、卢照邻、骆宾王之外，就是我宋之问了，谁敢如此轻薄？借着摇曳的烛光，他发现殿内的大禅床上坐着一位老和尚。不由一凛，忙压下火气，说，"晚辈愿听教诲。"

那老僧突然双目炯炯，朗声说："何不续'楼观沧海日，门对浙江潮'?！"之问大惊。这样大气场的句子当为天心直通之句，岂是常人能及，于是银瓶乍迸，脑洞大开，急急回房续句："……桂子月中落，天香云外飘。扪萝登塔远，刳木取泉遥。霜薄花更发，冰轻叶未凋。待入天台路，看余度石桥。"

翌日，宋之问再访老僧，已不见矣。僧人说，这就是骆宾王，因兵败于灵隐寺削发出家。

是耶非耶？公案传说千年，直至道光年间，朱殿芬（曾任河南知县）等夜宿灵隐，还在问寺主"楼观沧海日"出自宋还是骆？寺主回答："宾王当金轮（武则天曾自称金轮圣神皇帝）时避难于此，今尚有像供居中间，系宾王无疑"。朱殿芬等"视之果然"！

"视之果然"！说明至少道光乙未年（推算为1835年）时，骆宾王的画像还珍藏在灵隐寺吧？这样想着，不觉到了大雄宝殿，但听一声梵铃，通体光明，盂兰盆节，大放焰口，刹那间，灵隐九楼、十八阁、七十三殿所有的厅堂，灿如白昼，梵音泠泠，人声鼎沸，盂兰盆节的水陆大道场正式开始了。

我却赶紧退回藏书楼，退回幽暗，退回"古松攀龙蛇，怪石坐牛羊"的清绝诡异。热闹的，绝不是灵隐。

夜宿灵隐，我何尝不是一直盼着一个意外，盼着一次奇遇，盼着一方冷落的小殿里，有一个苍髯老僧，冷冷地乜我一眼，说"你，且过来……"呢。

等 / 鱼 / 断 / 气

等鱼断气

单方气死名医

"文革"前后全国性的挖掘单方、验方的热潮，产生了一部好书——《常见病验方选编》及其增辑《常见病验方研究参考资料》，选入 7 000 余方，不但"贱""验""便"，再加了一个"简"字。

不知道是不是网络时代的人们特别容易趋附"复杂性"，似乎不复杂就不够科学，不够装，中医里不知何时流行起"大方"来，一张方子动辄五十味药甚至一百味药，就连以往常常单味使用的药比如鱼腥草与板蓝根，也非要"合剂"或"复方"不可，效果却远远不如当年一份的单方。

国医大师裘沛然最为得意的就是数次用单方起沉疴。

一病人感冒后狂咳数月，遍医无效，见大师时已羸弱不堪。裘老为之细细诊脉，沉思良久，处方居然只有一味药：冬瓜子 30 克。炒熟，研末，令服。奇了，病人服后狂呕，水斗里吐了大量的涎沫，好了。

"文革"期间裘老下乡巡回医疗，遇到一个"五嗨六肿"亦即全身浮肿的病人，眼睛肿得张不开，转了几家医院，束手无策，属于极其严重的油漆过敏。裘老接诊后，群医簇拥，大家等着他会拟出一张精妙的方子，谁想他二话不说，大笔一挥一派名士风度："无肠公子3斤捣汁遍敷"。看着这张方子大家目瞪口呆，无肠公子？不就是螃蟹吗。彼时大闸蟹乃江南水乡贱物，"六月黄"3毛5分1斤，大闸蟹也就5毛1斤，病人敷后眼睁睁地看着浮肿消去。所谓单方如单骑，未必不如貔貅之师，关云长千里走单骑，过关斩将谁敢撄其锋。

单方之妙，有时还不仅仅在名医手里。大名士欧阳修，某日忽然狂泻不止。以他之地位，名医可以延请多少？但都无效。眼看奄奄一息，夫人说，集市上有专治腹泻的药，只消三文钱一帖，相公何不试试？欧阳修听了不屑一顾：草泽小道，比御医如何？我辈脏腑与世人不同，岂可服此类药？夫人听了不以为然，暗暗设计让欧阳修服下。只一帖，欧阳修霍然而愈。惊问何药，要重金索取，乃一味车前子矣。

单方之妙也不仅仅在中药。康熙患疟疾病危，救他的就是一种来自海外的树皮——"金鸡纳"。自从屠呦呦的青蒿素故事后，金鸡纳治愈康熙疟疾的故事也被大家所熟悉，但是一个广谱性的错误是把它写成了"金鸡纳霜"，似乎这种19世纪20年代才首次提取成功的白色颗粒状生物碱，应该可以穿越到17世纪为康熙皇帝治疗疟疾似的。

事实上，金鸡纳是一种原产南美的植物，印加语"树皮"的意思，耶稣会教士将其引入欧洲，故又称"耶稣会粉"。

话说康熙患了疟疾后群医束手，法国传教士洪若翰进献的金鸡纳只是一磅树皮，也就是单方，对此樊国梁所著《燕京开教略》有记载："皇上未达药性，派四大臣新验，先令患疟者（三人)服之,皆愈。四大臣服少许,亦觉无害,遂请皇上进用,不日疟瘳。"

康熙从此把它列为"圣药",并训谕大臣,西洋有一种树皮名金鸡纳,以治疟疾,一服即愈。

金鸡纳因为金贵罕见而在中国上层社会流传,也是康熙笼络群臣的恩物。

康熙五十一年七月,曹寅染上了疟疾。他让李煦密折上奏,"必得主子圣药救我",向康熙讨药。可见即便以曹寅之富有,也难以搞到。

康熙立即批复:"尔奏得好,今欲赐治疟疾的药,恐迟延,所以赐驿马星夜赶去。但疟疾若未转泻痢,还无妨,若转了病,此药用不得。(金鸡纳)专治疟疾,用二钱末,酒调服,若轻了些,再吃一服,必要住的,往后或一钱,或八分,连吃二服,可以除根。若不是疟疾,此药用不得,须要认真。万嘱!万嘱!万嘱!万嘱!"

四个"万嘱",从北京到扬州,康熙派快马赶去,可谓圣眷至诚,但未及赶到,曹寅已然病亡,要不然不但曹家的历史还真可以改写,《红楼梦》的主题、风格、结局可能也大不一样。

单方的魅力如此之大,以至于清代名医赵学敏力穷多年搜集了大量走方游医的治疗经验,于1759年撰成并出版了中医名著《串雅内外编》,共收载了900多个单验方,特点就是"贱""验""便",如五倍子研末涂肚脐治盗汗,陈小粉(麦)治痈疡发背,防风一味解砒霜中毒,单味半夏末急救产后昏厥等。

现在的很多医生都不知道了，倒是"文革"前后全国性的挖掘单方、验方的热潮，产生了一部好书——中国中医研究院搜集、整理出版的《常见病验方选编》及其增辑《常见病验方研究参考资料》，内容之丰富、涉及面之广是任何时代不能比拟的。书中选入7 000余方，不但"贱""验""便"，再加了一个"简"字，方药的选择居然是大量民间易得的农作物，刀豆荚、丝瓜叶、棉花籽、芹菜根都可以入局，水生物田螺、田鸡、泥鳅、蟛蜞尽皆入药，而且甚有验效，如无花果止喘，万年青治愈心衰，玉米须专治肾炎，蒲公英轻取尿感……

《常见病验方选编》和《常见病验方研究参考资料》现在不容易找到，除了呼吁出版界关注，我们还得呼吁医者：大方有大方的宏富，单方有单方的精妙，总须以治愈疾病为要。若为大方而大方，就把中医的初心给丢掉了。

因为最早的中医谁不是单方啊。

发现赵天才

> 面对蜂拥而来的疑难杂症,赵天才那根飞快捻动的银针犹如赵子龙百万军中取上将的银枪,一个个面瘫的,当场笑逐颜开,更有喑哑者当场开口而坐轮椅的当场走路的奇迹。

看史,常说什么"江山代有才人出",我是不以为然的,"才人"当然不断地出的,但也不断有被埋的,只是"出土"了的自然有话语权,而"被埋"的没处说,也就没人知道罢了,比如我的朋友"神针"赵天才就是差点被埋没的奇才。

那是1987年,我正在《康复》杂志供职,有朋友在静安区卫生局工作,某日告诉我,要鉴定考察一位名气极响的民间医生,据说是上海市禽蛋公司的一个工人,为社会各界义针二十年,病人敬重他,舆论却不以为然:他只不过一个工人,真那么有本事,为什么没有一篇报道呢?

考察的结果令人大出意外,所选的三个病人,两个是面瘫,一个是颈部强直,银针所向,个个都有显著改观。接着卫生局又调查他的师承,才知其芝兰有根,醴泉有源:1923年出生于江苏淮阴,十二岁随父前往上海,当了上海著名中医蒋怀仁的药童,蒋怀仁是蒋介石的本家,在镇江与上海都有诊所。后又拜在老中医何春秀、武术名家马良行的门下，故而虽然蛰居陋巷而不坠青云之志。

那么，是否要对其发放行医执照呢？卫生局犹豫着，我倒颇想介入，至少要去现场看看。结果是令人吃惊的：长长的求诊队伍从"陕北菜场"顶端的一个三层阁（赵家）开始，绵延六七百米出弄堂，一直甩到南京西路……我当时第一个念头就是，如造假，这个民间医生得花多少钱来买断患者的舌头呢？来求诊的都是遍医而无效者，被赵天才数针就反转乾坤，那针，强酸强麻强"辣"的"爆炸感"，让现场的病人不由自主地呻吟着，号叫着，哆嗦着，我把现场观察报告给同为针灸大家的裘沛然裘老，裘老感言，针灸在中国有几千年的历史，针感能如此强烈的，则无论文献还是现实，据他所知，都极少。

我因此而力主报道，便有了关于他的第一篇长篇报道《神针赵》，事后，谁都不曾预料社会反响会如此强烈，杂志社便协助市卫生局在人民公园启动了"上海市首届500名医大会诊"，媒体全体到场，整个上海为之沸腾了。但现场没有医疗设备，医生们除了为各类患者解惑释疑外，一般只能预约病人。赵天才则不然，针灸本来就见效快，医界向有"一针、二灸、三服药"之说，古称"劫病之功，莫捷于针灸"，面对蜂拥而来的疑难杂症，赵天才那根飞快捻动的银针犹如赵子龙百万军中取上将的银枪，见祖呵祖，见佛杀佛，摧枯拉朽，砍瓜切菜，一个个面瘫的，当场笑逐颜开；一个个气喘的，当场心胸舒泰；更有喑哑者当场开口而坐轮椅的当场走路的奇迹。一场精彩的"针灸公开课"就此引发了《解放日报》《文汇报》《新民晚报》《劳动报》《中国医药报》《中国保健杂志》《健康报》《上海医药报》以及全国近 10 家电视台的跟进报道，全市名医大会诊也因此而连续办了三届，事后统计，三次大会诊总共三万五千张门券，指定赵天才诊治的就有两万八千多张。赵天才成了男神，走在路上都有人请他打针。那天，他请我们《康复》杂志社的同仁吃饭，表示感谢。我说去黄河路吧，没承想"乾隆美食"刚坐下，黄河路头头子上的"阿毛炖品"店长就屁颠屁颠地闪进了包房，连连作揖，说，神医到了，救命、救命！

赵老问何事，现在是吃饭的时候，不是门诊期间。那店长不管三七二十一，纳头就拜，赵老只好将他扶起。原来彼有土豪亲戚来"阿毛炖品"大吃大喝了一天，据他说从昨晚开始就没有小便……刚说到这里，门就被撞开，那亲戚已经滚了进来，捧着滚瓜溜圆的肚子连呼救命，附近的医院已去过，导尿不果，鲜血淋漓，一塌糊涂。

赵天才乜着他那青筋暴绽的肚子对我说，典型的盲目壮阳的后果，有这么吃整天的吗？！看他好像是肾脏出了问题，其实不是，而是三焦阻塞，在炖品店里死命地吃动物器官，一根根管道都因为肿胀而堵塞了。好比这紫砂茶壶，如果茶水倒不出，一定是壶盖太紧密，缝隙被封煞了，空气进不去，自然里面的水出不来，现在看我把他的"后盖"撬开——话毕把患者的背部捋过来，一组针直接下去："这是'肾俞''脾俞'，调动脾肾功能……这是'三焦俞'，作用'宣肺'……现在是'关元'加

发现赵天才 | 237

'中极',扩张尿道……"其针,如雀啄谷,如拈经纬,飞快地捻动而又提拉着,患者一直杀猪般地叫唤。

"哎哟,不好!我的妈……"赵天才的针刚刚起出,那暴饮暴食的土豪已经一骨碌地跳起来直奔门角的痰盂,发出"吼、吼、吼"的怪叫,当着众人的面哗哗哗地一泄如注。

赵天才在大会诊引起的轰动,事实上早已波及黄河路,现在听说"真人版"驾到,又当场救了一个"撒不出尿"的,便蛇虫百脚地统统涌将上来,将包房围得水泄不通。点了一桌酒菜根本没法安享,我们便只好拼命发"预约券"来疏散他们。问题是有的人靠"预约券"根本打发不了,比如"乾隆美食"的老板亲自出场,你能不给面子吗?说是当地一个"工商"的老婆,听说赵天才驾到居然从长征医院的泌尿科病房逃出来,赵天才忙问啥病,居然又是"尿撒不出,导尿无效",大家一听"噗"地一声饭都喷了出来,怎么今天的男女都是笼头坏忒了?!

女人披头散发,颜值蛮高,只是此刻已顾不得矜持,抱着肚皮直叫"撒勿出!撒勿出!"赵天才注视她良久,扎了几针,没效果,又看看病历卡,对我说,刚才那个男的"撒勿出",是湿热下注,肺热太过,导致尿滞难泄,我给他几针是使肺气下降而脾气上升,"茶壶盖"也就撬开了,但现在这位女同志不像肺气不宣,扎了几针无效,再看病卡,有子宫肌瘤哎。

赵天才说着要她俯下身子,对着她的臀部就是一组针,针还没拔出,女的就脸涨得通红高声尖叫——"唷!勿对头,出来了……出来了……"

她可没有土豪的性别优势，只好全兜身上，席间顿时汤汁淋漓，氨水味冲天……赵天才说，是子宫肌瘤膨出，压住了邻近的尿道，我的一组针下去，子宫便收缩上提，尿道自然冲开啦。

这顿饭，真是吃得鬼哭狼嚎，屁滚尿流。吃什么，一点印象也没了。

神针赵后来打针一直打到90岁，95岁才辞世。据说，2016年6月18日去世前住松江区明中路的一栋别墅里，常独自望着窗外出神。他一生波澜壮阔，度人无数，说是功德无量，造福人间，事实上是很寂寞的。

世间再无赵天才，我辈有疾可求谁？

齐鲁名医殷晓轩

> 殷医生见了我笑笑，说，明天一定让你说话！一帖下去，居然就有了声音，半夜服了二煎，泻了一次肚子便能正常说话了。

演讲前突然失声，有没有过类似的经历？我有过，而且感觉只要有过一次，套用网络腔说一句，当真想死的念头都有。

2014年的5月1日，我应邀去山东演讲，行前感冒，声音嘶哑，孰料一到山东就像雄鸭子一样只有"嗷""嗷""嗷"的声音，吃过晚饭连雄鸭声也没了。我两脚打飘，急电济南的大医院，对方回答，几乎没有办法。只能颈部冷敷，避免进一步充血，让其自然恢复。但翌日的演讲怎么办，那么多的现场听众……时已晚上7点，紧急通知都来不及了。同行的潘肖珏教授立即推荐了兖矿集团总医院副院长殷晓轩博士。

殷医生见了我笑笑，说，明天一定让你说话！而后把脉看苔，开出苦杏仁、玄参、蝉蜕、射干、荆芥、桔梗等16味药，说来难以置信，一帖下去，居然就有了声音，半夜服了二煎，泻了一次肚子便能正常说话了。

于是一大早赶去感谢殷医生，才知道殷博士果真是誉满齐鲁的名医，门诊还没开始，挂号处已经排起了长龙，一问都是昨夜就来排号的，青岛、潍坊、菏泽、烟台、德州、聊城……聊起殷医生的神技，当场就开了锅。

一群少年忽然集体"缩阴"，也就是好端端地忽然感觉小鸡鸡麻木、痉挛，继而感觉鸡鸡已变小或内缩，因担心其缩入腹内而有濒死感，便不约而同地紧抓裆部，大声呼救。现场十分恐怖。

殷医生见了不慌不忙，嘱取生姜数块，将一端削尖，以纸包四层，蘸水令湿，置于微波炉20秒，煨至纸干即取出，去纸趁热以煨姜之尖蘸油插入患者肛门，顷刻间群儿危象杳然。

又一7岁男童，偶发重度尿潴留（中医称癃闭），导尿无效，群医束手。殷医生到场，无话，要来一根鸡毛，往其鼻孔里一撩，但听晴天里一个大喷嚏，尿液激射而出。又一聊城老太，逆嗝数月不止，省里跑遍了甚至去了上海，都治不好。殷医生亦笑笑无话，要来一根鸡毛往其鼻孔一捅，也是一个喷嚏，逆嗝从此痊愈。

这种古秘手法叫"提壶揭盖"，逆嗝与尿潴留，异病同治。"紫砂壶的盖上，为什么有一个小眼呢"？殷晓轩顺手拿起一只紫砂壶，指着壶眼说，把它捂死了，水就倒不出了，一松开，水出来了。肺主气，为水道的上源，在肺气闭阻，影响其他脏器的气化失司的情况下，治疗应先宣发肺气，肺气得宣，小便得利，故喻为"提壶揭盖"。中医几千年的智慧，看似小技，其实是大道，旅游团、野战军、勘探队、探险党，一旦处于蛮荒之地旷野之处，哪有什么导尿设备啊，一根鸡毛可能就解决了问题。2003

年,一个澳洲朋友来电,说他夫人产后尿潴留,除了导尿,无法自主小便,住院半月余,支付澳元已逾万元,仍不见效,故来求救。殷晓轩电告,只需花一元钱购一味苏叶,每天煎汤代茶频饮。谁知两天后朋友即电告,产妇服药后小便即通,其治则也是宣肺通气,殷晓轩称其为"雕虫小技"。至于我的临场失音,殷医生认为,声门即肺道,五行属金,金破不能鸣,金实亦不能鸣,脉象判断是后者,只需解表散邪即可,用药后必然会泻一次肚子,泻后即恢复声音。一切貌似神奇,他说,其实临床门诊天天都是这样的琐碎百病。

殷晓轩师从国家颁定的"全国名中医专家"尹常健先生,临床以善治肝胆疑难杂症为长,然而也许鲁医保存着更多的"原教旨",和他聊天,不啻是一次"杏林聊斋"。

一农妇,产后舌出不能收,整天对万物呈"瞠目结舌"状。殷医生令两名护士协助把她扶至分娩椅上,仍摆好分娩姿势,暗地却叫人在隔壁房间高高叠好一摞粗瓷器,突然推倒地上,患者突闻巨响,大吃一惊,伸出的舌头就自然缩回去了,闻者无不称奇。他对我解释,此法受教于明代名医徐迪,当时有一孕妇,仰身取物后,突然不能向前俯身弯腰,无论坐卧行走,从此只能仰着,成天呈"耀武扬威"状。徐迪见状命人给孕妇穿衣裙十层,然后当众给她解裙。孕妇很是惊恐,当徐迪解裙解至中层时,孕妇羞赧不堪,便奋力俯身护裙,只是一个刹那,其身体便恢复了原状。殷晓轩称,这就是恐吓治病。

同样的病,病分南北。拿痹病来说,南国多风湿痹,北地多风寒痹,后者的症状是关节痛如刀割,遇寒尤剧,简直痛不欲生。殷晓轩治寒痹,除了经典的"防风汤""乌头汤"外,常因地制宜,令农民找来一捆芝麻秆,点燃,令患者脱衣边烤边熏边跳,汗出即盖被卧于静处。一大爷说,只熏了五次,就好了,庄稼地多的就是芝麻秆,殷大夫治病,几乎不花钱。

如今,殷大夫的名声渐渐地终于从齐鲁传到上海,为患者计,我还真愿意为他做一次公益的广告。

老朋友周小寒

> 如今年届八十,还出了《周小寒八十文存》,社会各界交相赞誉,人生得失,谁能说得清呢。

都说老朋友是一壶醇酒,以前没体会,现在有了。因为自己年纪也大了。

今年春天特别"闷",清明后的一天忽然接到一个微信:展奋,多日不见,近日会有我老家的宜兴新茶送到,请注意查收,周小寒。

短短一行字顿使我心头一暖:周小寒,上海市第一人民医院鼎鼎大名的消化道肿瘤专家!多少年未见了啊!

还是三十年前,我在《康复》杂志做编辑的时候,周小寒医生是我的主要作者,《康复》杂志那时是上海的著名科普月刊,发行量长期保持在80余万份,因此作者队伍浩浩荡荡。与我比较投缘的作者除了周小寒,还有姚克裘(香山中医院)、汪宗俊(一医大药学院)、姚德鸿(市九院)、杨秉辉(中山医院)、李谋秋(华山医院)等,当时都大我十多岁。我做编辑有一个特点,那就是每次开选题会,我都会为每一位作者准备好几块"砖头"——能诱发他们联想同时也当令的选题,美其名曰"抛砖引玉"——他们可以拿下我推荐的选题,也可以自选由此激发的新选题。每个作者的专业背景不同，青砖、红砖、黑砖、白砖、灰砖，我设置的"砖头"也不同，比如周小寒擅长消化系统疾病，姚克裘擅长中医药养生，姚德鸿擅长泌尿系统疾病，汪宗俊偏重写西医用药误区，杨秉辉则是综合类的，他们都会收到我不同类别的"砖头"。此举颇受他们的欢迎，我们的关系也就特别地融洽。周小寒稿件的字迹总是特别清爽，善于形象而深入浅出地讲清楚一件事，而且要言不烦，"字控力"极强。

当然，医院里有什么事我也会找他们。1988年的甲肝大流行，就上海市民的心理感受而言，恐慌程度并不亚于武汉疫情，所有医院都一床难求，但只要我开口，他们一定帮忙。记得一个走廊的加床，就是周医生亲临现场解决的，还有高度紧缺的板蓝根、茵栀黄，姚克裘医生让黄鱼车一下子搞来一车，办公室几乎成了物流分拣摊……现在回头一看，那是我社会上混得最好的时候，但凡我的朋友们，要看名医，我来介绍；要住病房，我来安排；紧俏药品，我来招呼……可惜当时一点也不珍惜，再回头已是百年身。

我记得我们最后一次欢聚，是去云南昆明参加一次全国性的科普会议，我带队，十多个科普作者包了三进卧铺。那是《康复》杂志社最有钱的时候，杂志社带好美食与美酒，唱啊笑啊一路欢歌到云南。周医生虽然为人安静，但那几天也与我们一起"疯"，逛夜市，淘翡翠，尝米线，吃烤肉，多年后大家还提起这次云南行。

1994年以后我们联系少了，我离开了《康复》杂志，周医生则创办了市第一人民医院肿瘤科,这可是了不起的大事,须知医院的任何专业科室白手起家都难,因为上海这个地方懂行的人太多,指手画脚的也多,更何况是"肿瘤科"。但周医生迎难而上,终于在强手林立的上海成功地打出了一片天地,形成了"市一肿瘤治疗"的特色。他后来的荣誉极多,但他最看重的还是"市一肿瘤"的"开山门"。现在他虽然退休了,但是肿瘤科每逢喜庆总要来请这位创业的"老祖宗",可见他在大家心目中的地位。

当然,他的人生也有曲折,最被大家同情的是所谓的"收红包事件"。

大约是1998年下半年,他的一个福建朋友吴某因患食道癌来求医,周医生安排他到胸外科手术,术前吴某塞给周医生一个2万元的红包,再三拒绝而不果。

外界只知道医生收红包的现象很普遍,殊不知高年资医生最头疼的不是临床,恰恰是红包。你如果拒绝,患者便觉得末日来临,治疗效果没保障,甚者会吃不好,睡不好,惶惶不可终日;但如果红包上缴,同事们都会觉得你"矫情""不通人情"而怕你,疏远你,从此大家防你,红包上缴越多越孤立。

这是我们社会特有的"红包陷阱"。周医生当时想了想,退回去既然不可能,那就回赠吴某一下吧。老家的紫砂壶驰名天下,其中两位国宝大师级的紫砂名家蒋蓉与汪寅仙彼时已经极受市场追捧,她们制作的壶1998年的行情即每只数万元以上,周医生还礼居然各送一只,还得太重了,谁会知道蒋蓉与汪寅仙的作品数年后暴涨到几十万元甚至几百万元一只！

本来这事也就过去了，没想到平地起风波，患者回家后在当地医院重读胸部CT片，发现上海医院的放射科把"纵膈淋巴结转移"给漏诊了。这其实无关乎周医生之责，因为他并非在放射科，况且还不是为吴某治疗的医生，但吴某迁怒于他，在坚决拒绝周医生退还的红包后，一纸举报将他送上了卫生局领导的案头。

周医生请教律师，律师的"指点"非常干脆：毫不迟疑地"赖掉"！又没有任何凭据！但周医生没有听从，他清楚自己没有撒谎的习惯。在撒谎与做人底线之间，他选择了做人底线。

结果医院对他的处分是：（1）记行政大过一次；（2）撤销肿瘤科行政主任职务；（3）扣一年奖金。

这个处罚无疑太重了！周医生后来被迫于六十岁提前退休（当时医界规定，主任医师级别的可以任职到70岁退休），更何况蒋蓉与汪寅仙的紫砂壶是什么身价？！就算在当时，壶价也远超红包之价。更何况，就连举报者也承认周医生并无"主动勒索"的言行，事后又多次还款不果。

问题是，最大的损失还不是周医生，而是医院本身。撤掉了周医生的"主任"，肿瘤科一下子群龙无首，医院的柳院长居然派了一个"菜鸟"、内科基础很差、多年来一直没有底气去急诊科"轮转"的年轻医生去充任肿瘤科主任。医院里的肿瘤科岂是一个等闲之地？那是需要实力＋爱心的地方，结果没几年，这个科弄得人心涣散、业绩下降，人才流失，风气不正，以至于这个"新主任"本身都因贪污罪而锒铛入狱,所谓"鱼烂从头始",柳院长被此事打脸,付出更大代价的却是医院的声誉。

反观周医生,因祸得福,退休早反而有充沛的体力旅游与兼职,近年来游历了三十多个国家,还被徐汇区中心医院肿瘤科、海军411医院伽马刀中心、瑞金医院瑞安肿瘤中心、上海百瑞肿瘤门诊部聘请为顾问,忙得不亦乐乎。

如今年届八十,还出了《周小寒八十文存》,社会各界交相赞誉,人生得失,谁能说得清呢。

年轻的时候总以为日后还会交很多很多的新朋友,人生的道路一定越走越宽广,其实不然,事实上交朋友也有"窗口期",其规律是,越老越交不到投缘的朋友,大抵四五十岁之前,命运给你指定的也就这么一批,以后年齿越长,越来越"以利相交",所谓"缘",本来就是指"额度"也。

故真正的老友是直觉的投缘,常有几十年不见面,而仍然一见如故者,一如周医生赠我的宜兴名茶"九香翠芽",虽没有龙井那么大的动静,但鲜爽醇厚,隽永悠远,九瀹之后,居然还有若隐若现的兰花香。

轻剂重疴话抗美

> 奇的是尽管邀者如云,但退休后的朱抗美坚拒各类专家门诊,只为亲友诊病,真乃大隐隐市的高人矣!

抗美者朱抗美也,沪上著名大医,因为爱看我的电视评论而是我的粉丝,但现在我是她的死忠粉了。原因是,虽然一直知道她的业界盛名,但切身体会最近却是第一次。

事缘86岁的岳母1个月前突感浑身无力,走路大喘,血压之下压仅50多,心率也50多,面色萎黄,双脚水肿,食纳极差,说话声轻如蚊蚋,"整个人都不好了",呈现"老熟"现象,西医称,"老年病","脏器衰竭",除了常规输液更无他法。

有一位浙江平湖的中医朋友看心脏病极具盛名,出了名的"大方重药头"。什么意思呢,就是一张方子动辄就是四五十味药,药量也大,用专门的锅炉煎药,药价当然也厉害。岳母说,我都86了,还这么大折腾,算了!

我即致意朱医生。考虑到我岳母相当衰弱无法行动,朱医生除了要我细述老人家的症状外,还拍几张舌苔照片给她,随即微信开来一方:熟附子3克,白茯苓9克,车前子6克。头煎与二煎分别于上午10点,下午3点准点服下。

仅仅三味？抄方的老中医很是狐疑：化湿，振奋心阳，就这三味？中药房里的老药倌大概也几十味的大方子见惯了，见了此方更是大惊小怪：吃啥病，怎么只有3味?！答"86岁的老年人心衰水肿"。药倌继续奇怪，毛病介重3味就够了？抱歉不是阿拉闲话多，是为侬负责。我笑笑，写了五个字给他："轻剂起重疴"，问他听说过伐？他这才连连点头，接方，配方，代煎，嘱我当天取药。七帖。连代煎费，一共才收27元！

奇了。一剂下去，老太马上觉得胸口"松了"。翌日再服一剂，从卧室走到客厅就不喘大气了，胃口也开了。到第七天，舌苔清爽，面色转白，喉咙咣咣响，又走出门和小区老太们嘎讪胡，锻炼身体去了。然后再服七帖巩固，已恢复如常，脚头轻捷地抱曾孙囡了。

朱抗美师从刘树农、张伯讷两位中医大师。入门先跟刘树农，那是那个时代真正的"大师"，而不是后来为追求美誉而掺水拔高的"大师"。朱抗美因此而一直称自己"运气好"，跟刘树农一跟就是十年，而且还是真正的"入室弟子"。换句话说，校方对抗美特别照顾，她的课堂就是大师的家，年事已高的刘树农天天在家为她授课，类似的荣幸，抗美终身引以为豪。

刘树农，当代中医巨擘，山阳医学派代表人物，江苏淮安人，祖传七代世医。擅长内儿科。年轻时在诊治当地的流行热病和霍乱过程中脱颖而出，声誉日隆。民国二十五年（1936年），刘树农为名将唐生智治愈了顽疾，一时声誉鹊起。1956年上海中医学院成立，刘树农担任院务委员会委员，历任金匮教研组主任、名家学说教研组组长、中医文献资料研究室主任。从事临床医疗及医学教育长达65年,兼通医理与哲理。擅长运用活血化瘀法治疗各种慢性病、难治病,如慢性肝病、久泻、咳喘、心血管疾病等,尤其以掌握验方奇方之多而享誉业界,比如紫金锭治流火,"紫圆"治血吸虫病所致肝腹水等。朱抗美继承了刘氏医派的精粹,善治疑难杂症。

上海诗词学会的杨先生,患心脏病多年而安装了心脏起搏器,动辄心慌心悸,且下肢长期怕冷,已成久治无效的顽症。朱抗美对其远距离舌诊,认为他任督两脉不通以至于肾水虚于下,心火盛于上,水火不交,可肉桂粉于脚底涌泉穴外敷。

杨先生遵嘱外敷了一个多月,动辄就心慌心悸的顽症便全然消失。

"一味肉桂粉就让我康复,实在令人赞叹!"杨先生说。

要说这么些年来,网上关于中医西医的议论真是听多了,争论再多,双方再激辩,我总觉得无论中医西医,如果说各有长处的话,总以"疗效才是硬道理"为准,各位以为然否?我岳母就是明证,都快不行了,群医束手,就是朱医生的3味药眼睁睁把她给扳了回来,只用了几十块钱,岂不羞煞那些几千元一张的大方子?!记得国医大师裘沛然说过,他一生最推崇"轻剂起重疴"的医生,民国时期上海的夏应堂先生曾用桑叶与菊花等轻清之品,谈笑间治愈危重病人;钱塘名医魏玉璜曾收治一名头痛而呕、百治无效的妇女,药仅生地、枸杞子、沙参、麦冬四味,2剂就愈。当然,所谓"轻剂"并非药味少,分量也少。山西名医李翰卿也善用小剂治疗老年心衰,处方:附子 0.3 克,白芍 0.6 克,茯苓 0.3 克,人参 0.3 克,白术 0.3 克,杏仁 0.3 克。服药 25 分钟后,心悸气短即减轻,浮肿亦减;3 日后,一年来不能走路的患者竟下床行走自如了。全方药量总共不过 2 克多一点,如此小量,竟能起沉疴于顷刻,为什么呢?我向朱医生求教。

朱医生说:用药贵精不在多。老人心衰,一般阴阳俱衰,又兼水肿,乃阳虚至极也,虚不受补,补阳则阴不支,补阴则阳易败,故而用药极难。所以要么小方,要么小剂,《内经》说"少火生气,壮火食气",就这道理。

朱抗美也年近七旬了,曾任曙光医院党委书记兼副院长及诸多社会要职,除了心血管疾病、更年期综合征、肥胖病外,临床还擅长用膏方调治各类疾病。奇的是尽管邀者如云,但退休后坚拒各类专家门诊,只为亲友诊病,真乃大隐隐市的高人矣!

酒痴李耀强

> 李耀强的酒窖，无意中成了中国近代白酒史的一个窗口，也成了中医中药发展史的一个窗口，那里面风景无限，那里面风光无限。

根据《战国策》里一个比较靠谱的传说，三千年前的一个傍晚，"帝女"，即尧的两个女儿：娥皇、女英，将仪狄酿的酒进献给禹，大禹品尝后觉得美快无比，便预言："后世必有以酒亡其国者"，于是下谕，诏令禁酒。

然"美快之物"怎么禁得了呢，人类毕竟不会因噎废食，一部人类文明史始终与酒文化相伴，爰至2016年秋天的上海，一位叫"李耀强"的酒痴，居然以收藏白酒一万二千余种的空前纪录亮瞎了无数人的眼，央视对他的结论是：白酒收藏第一人。

奇的是，他一生滴酒不沾。

千辛万苦觅"老酒"

老酒、老酒，年代久远方称"老酒"，20世纪90年代的酒，算不算老酒？当然算。但李耀强的酒窖里，"最年轻的酒"就是20世纪90年代的，他那里，最老的白酒可以上溯到晚清。

李耀强是丰惠投资控股集团公司的总裁，其近200平方米的酒窖位于浦东的一个别墅区。会客室里，触目皆是台北故宫博物院历年精仿的历朝酒器，越窑豆青瓷簋、汝窑蟹爪天青尊、哥窑铁线罍……乌金、祭红、青花、粉彩、斗彩——把个客厅装饰得古意盎然。

无论白酒的收藏品种还是收藏量，李耀强都是中国第一，没有"之一"，"一万二千余种"是指种类，"一万五千瓶"是其总储量，他花费重金打造了恒温恒湿的空调系统，并且定做了专门用于藏酒的折叠式收藏柜——为什么要定制呢？因为白酒不同于洋酒、红酒，酒瓶尺寸和储藏方式都较为特殊，比如红酒的置放，以斜倚或平放为宜，但白酒不行，必须站得笔挺，最大程度地减轻它的挥发几率。

现在请你想象几十只折叠式酒柜被齐齐打开的壮观。作为一名资深酒鬼，笔者的失态应该是各位所能宽宥的，那差不多是一支军队的检阅，从最北的黑龙江一路向南：阿城玉泉酒、虎林纯粮酒、辽河太子酒、衡水老白干、山东兰陵酒、景阳冈打虎酒、江苏的"三沟一河"，河南的"杜康""宋河"，安徽的"古井贡""口子酒"，江西的"四特"，湖南的"酒鬼"，湖北"白云边"……三十余个酒柜按三十个省份标注，然而一进入"四川"与"贵州"，气场立马大变，万紫千红的酒，纷红骇绿的酒，几乎张牙舞爪地向人们扑来。自1949年以来，天下居然涌现如此多的美酒，更重要的是涌现如此多的酒贴、酒招、酒商标！近七十年来的社会风气之变、审美时尚之变、消费心态之变、意识形态之变，无不清清楚楚地铭刻在酒瓶之上。有一瓶酒，绘着

"抗美援朝"的纪念,一群志愿军着装的战士扛着苏式冲锋枪,雄赳赳地跨过了鸭绿江,远景是鸭绿江大桥;有一瓶绘着"千万不要忘记阶级斗争",一个巨硕的铁拳砸烂了一撮坏人,这样的酒,喝着也提心吊胆勿长肉,现在想来不知是警告喝酒的,还是酿酒的,抑或是那个时代不许公开喝酒的地富反坏右?

一瓶"文革酒"的酒贴更怵目,上面是一行空心体隶书"语录":贪污和浪费是极大的犯罪!下面是一副打开的手铐。

这在警示谁呢?要说浪费,酿酒的本身是最最"耗蚀粮食"的了,其本身算不算"犯罪"呢?大家窃笑。

在"山东柜"前,看罢了"三碗不过岗"的景阳冈美酒,我们久久伫立在"兰陵酒"系列前,欣赏着古旧泛黄的酒贴,议论着战国大儒荀子和《金瓶梅》的作者"兰陵笑笑生"。

兰陵酒产于山东省临沂市兰陵县兰陵镇,它的酿造史同中国的青铜器一样古老,始酿于商代,战国时,一代圣哲荀子两任兰陵令。后来李白有诗:"兰陵美酒郁金香,玉碗盛来琥珀光;但使主人能醉客,不知何处是他乡。"米芾饮兰陵美酒后,也挥毫泼墨,写下了"阳羡春茶瑶草碧,兰陵美酒郁金香"的诗句。明代医学泰斗李时珍,饮兰陵美酒后,从医学的角度给予高度赞赏,在他的名著《本草纲目》中写道:"兰陵美酒,清香远达,色复金黄,饮之至醉,不头痛,不口干,不作泻。共水秤之重于他水,邻邑所造俱不然,皆水土之美也,常饮入药俱良。"1995年秋,江苏徐州狮子山西汉楚王墓发掘中出土了具有2 148年历史的兰陵酒。出土的陶制球形坛内,泥封上印有"兰陵贡酒""兰陵丞印""兰陵之印"戳记,保存完整无缺,进一步印证了兰陵3 000年的酿造历史。

因为礼教环境的高压,《金瓶梅》的作者不敢公开自己身份而署了"兰陵笑笑生",他究竟是谁?王世贞?贾三近?徐渭?冯梦龙?李渔?沈德符?金圣叹?汤显祖?李卓吾?袁宏道……这个名单截止到2013年已有60余名之多了。但这绝不是最后的数字,说不定哪一天,地下文物才能给我们解开这个谜。

问题是,一瓶历史陈酒能泛起如许历史故事,李耀强已经达到了藏酒的意义。

话说收藏酒类,全国的收藏家很多,但收的几乎一律是"名酒",但李耀强名酒与杂酒兼容并蓄,一概收入。众藏家开始还笑话他"杂",没想到李耀强立意就是一个"杂"字。他坚持二十年,耗资几千万,最困难的时候甚至卖掉了一幢房子,收藏了许多名闻遐迩的美酒与孤本、绝版、试生产的美酒。太多的酒,厂子早没了,酒还在;人都没了,酒还在,更有不少酒标设计者,当年还是平面设计的学徒工,现在已是桃李满墙的工艺大师和画家。

垂二十年的功力,李耀强偏偏以"杂"胜出,不仅搜遍名酒,也搜遍杂酒,歪打正着地成为全国白酒的集大成者。

酒廊瑰丽,有人惑于盛况不禁发问:既然我们在上海,那,上海本地的白酒有没有地位?李耀强笑笑说,这就是上海的"软肋"了,除了"七宝大曲"算是地方好酒外,过去上海提篮桥附近的"庄源大"酒庄生产的"绿豆烧"与"玉液香"也很不错,口感甚佳,但现在都式微了,上海的白酒一件都拿不出手。浙江和上海比,酒运更差,绍兴只产黄酒。偌大浙江,有四明山,有天目山,杭州有虎跑泉、玉泉,竟然无一处有佳酿,岂非咄咄怪事!但有些地方你可能想不到,反而是产酒的大省,比如广东。广东这个地方出米酒比较出名。用白酒的做法做糯米酒也可以,做蒸馏的也可以。另外,中国南方唯一一种肉汁蒸酒工艺,上悬肥肉若干,滴油入酒的名酒"长乐烧",就产在广东,最早呢就叫"长肉烧",一块肉的肉,直说了,未免太俗,所以就改为快乐的乐,酒液绿莹莹的,口感极其醇厚。

浏览一万多瓶老酒需要时间,李耀强搜集它们花费了多少精力呢?他的回答只是四个字——"踏遍青山"。

中国太大。各色杂酒深藏千家万户、千山万壑,李耀强的诀窍是找农村供销社,交通不便、信息闭塞往往是各色白酒得以保存的屏障。有一次,李耀强在朋友的帮助下走进一家偏僻的"合作供销社",负责人说,地窖里有大批的"烂酒",如果要,就一口价统统拿去,那是供销社的多年卖不掉酒的"烂账"。

李耀强冒着呛人的霉味,下去一看,差点失声叫唤:这不正是"五粮液"的前身——"杂粮酒"吗?!踏破铁鞋无觅处啊!

当然,他二话不说,全部买下。

还有一次,深山老林里,他路过一家猎户窝棚,闲谈间,老猎户拿出两瓶四十年代的"老酒",一瓶是"高炉佳酿",一瓶是"濉溪大曲",都是繁体字,李耀强一看就两眼发亮,都是绝版酒啊。废话少说,当即以十倍的价格买下。

"你偏偏是滴酒不沾之人,"笔者说,"哪来那么大的动力呢"！李耀强见问,马上指指瓶上的酒贴说,"高炉佳酿"产自安徽"涡阳",涡阳什么地方？老子的故乡。那设计,那审美,都还是民国年间的,可以给我们多大的想象空间啊。

"文君头曲""李渡高粱""醉三秋"……川、黔、湘、赣、皖,太多的美酒,不用品尝,已经醉了。

"原版健康"话药酒

除了蔚为壮观的白酒收藏之外,李耀强还收集了400余种海外回流的中华药酒,并在会客室专门独辟了一个区域展示收藏。我们的采访就从这些药酒拐进新的领域。

白酒泡药,是中药制剂"丸、散、膏、丹"外的又一制剂,"药酒"的制作背景无非是"古代健康饮料"的特别工艺。繁体字"医"的底部正是一个"酉"（酒）字。

李耀强高度认同我的看法,说,像这里面一批酒就有很多故事可讲了。概括地说,此间的所有柜子都是几十年前的珍贵药酒（展出10余柜）,也是最"令人垂涎"的宝贝。

现在展出的大概是200多瓶,它们只是样品,我有4 000多个品种,李耀强说,全部都是药酒。这个药酒的生产是什么背景呢？就是中国在经济贫困的时候,也就是20世纪50、60、70年代的阶段,没有东西可以换外汇,国家就鼓励、扶持各地的酒厂大量生产各种药酒,出口到东南亚去。因为东南亚有很多华侨对中医文化很感兴趣、很信奉,所以在港台澳、新马泰甚至远到印度尼西亚、文莱，大陆药酒的销路极好，其中还有一个原因是当初的"出口产业"，是国内极其神圣的产业，一说"出口"两字，关乎国家声誉，没有一家厂商敢玩忽职守、弄虚作假的，从选方、配伍，到选材、炮制一条龙，都是兢兢业业，没有丝毫懈怠的，所以质量之好，简直无可挑剔，中国最好的材料、最好的配方都给他们出口了。所以这个酒呢，我通过我们二十年的艰苦奋斗，在马来西亚、印度尼西亚、菲律宾——凡是华人聚集之地，我们都高价收购，再设法"回流"。更多的时候，我们是每个岛屿每个岛屿地搜求，每个药店仓库、每个老板家里去搜求，把它一瓶一瓶汇集起来，一共汇集了三万多瓶。我可以自豪地宣布：我这个"药酒之库"是中国独一无二的，中国独一无二就是世界独一无二，品种之繁，总量之大，都是空前的，国家药库都没有如此多的品种。有人说，单是这个药酒就可以做个博物馆了。我对此毫不怀疑，李耀强说，因为既有展示意义，又有实用意义和抢救意义，几万瓶药酒完全可以做一个很漂亮的"中华药酒博物馆"。

聚光灯下，所有的参观者都在细细欣赏着一瓶瓶装帧千姿百态的药酒，二十年甚至四十年前的药酒，应该凝聚着无数民间的故事，因为以前没有知识产权的概念，很多药酒为示诚信，也为了招徕消费，竟然把药方配伍直接贴在酒瓶的背面，这类"药方公示"发挥到极致的，居然还把每味药的分量比如几克甚至如何炮制也细细地标示出来。有一张大方，四十年前的了，罗列中药 50 余味，专家考证，是近代名医张伯臾的一张名方，但是没有知识产权保护意识，就直接流到了海外。

　　要说质量，中药最讲"地道药材"，就是药材都有专门的产地，换地方种植就"药性不灵"，比如大黄，四川的最好，把它们种到江苏安徽，基本就是废物；还讲一个"野生"，那时的药材几乎都是野生的，拿来浸酒，当然药效极佳。

　　中药还讲一个"陈"字，制作药酒的药材一般都是越陈越好，只要足够的密封，三五十年下来，简直就是"金不换"。现在的药酒，如果是"当归"，最好的在甘肃与宁夏，但都是人工种植的，和"陈年药酒"怎么有可比性呢？

　　再比如蛇酒，三蛇酒，祛风壮骨、舒筋活络、四肢无力、关节疼痛、内瘀湿热均可服用。广西人就欢喜吃蛇酒，我们看到蛇酒颜色已经发黄了。当时也都用地道的药材，那条银环蛇，必然是野生的，但现在的药材还有谁敢保证其"野生"或"地道"呢。

　　李耀强的酒窖，无意中成了中国近代白酒史的一个窗口，也成了中医中药发展史的一个窗口，那里面风景无限，那里面风光无限。

　　酒魂归来！

奇人李四

> 众人听了,五体投地,三观尽毁,怀疑人生。齐声唱喏之余相约日后山庄见面,第一句问候是什么?

他当然不叫李四,自然也不是李一,题材敏感,且涉隐私,姑隐其名。

世有武术、美术、方术、算术、权术、法术、医术乃至相术,亦有房术——房中术,李四先生就是房中术大家。但不知何故,世人只要一谈房中术,便面露坏笑,好像一次心照不宣的意淫,唯李四从不畏葸,谈房术就是谈法术。

在他眼里,那是科学,潜科学。不是亵学。

大约戊辰年的秋天(1988年,我还在医学科普杂志工作),我和李四相识于天钥桥路裘沛老的"剑风楼"时,他已经60余岁,但黑发如漆,面如四十可人。没想到,2010年5月裘老逝世,我再度见到李四,发觉他居然还是那么潮,20多年过去,他却像"木乃伊归来",叫他"人妖",反有得色:八十多岁的人,外观不过六十许,买账什么叫房中术了吧!

初识的那会,他自谓"文革"期间侥幸跻身"马王堆出土医书"的帛书整理小组"帮忙打工",大约做做下手的意思,却无意中得到方家的指点，得窥汉代竹帛医书的真谛，因为裘沛然先生乃国内著名养生学家，故上门求教。

夹着川湘一带的口音，李四谈锋凌厉，肆无忌惮，裘老屡屡流露出厌恶之态。他可不管，知道我"刚结婚"，劈头便问：一周几次性生活？那还是1988年的环境，这么重的口味我真是被他吓着了。他却说，年轻人，可以天天高唐赴会，但不能每次都"一泄如注"啊。房中术，就是"人道和忍道"，最人性了，何谬之有？

话未竟，裘老已经沉下脸，借故送客。但我的好奇心却被逗起，"人道和忍道"，那究竟是什么意思呢，既然影影绰绰地点到了，说实话，没有一个男人不想探底的，除非他刻意要装。

我们私底约了地方。李四这个人很怪，真要向他请益了，他又发起了飙，说，我们缘浅，只授两课，只能讲些粗浅的入门功夫。入了门，不但"驻颜"；而且"夫妻感情会出奇地好"，论强壮，好比我们的什么"初级的主义"，六十岁开外还能熬夜，七十还能造人，其他也不消说了。

首先正名。极简地说，研习房中术的，最忌"寻花问柳"，所以它恰恰是最"道德"最红歌的学术，为什么呢？因为"娼纳百毒"，既然"人皆可夫"，那我们不得不严肃地指出：她们体内的异体蛋白太多，而异体蛋白的频繁的拮抗效应，会产生多少未知的毒蛋白，恶果难料；其次，研修者不需要山珍海味，相反，做爱时间的延长，不是"靠优质营养"，而是靠自身能量配置得当；第三，我们不练外丹。历史上，外丹杀人无数，都是重金属一类的急慢性中毒，帝王将相尤甚。

李四说话的时候，神态极其悠闲，但目光精深有力，看得出，他对自己的"改良型"房中学颇有信心——工欲善其事，必先利其器，他说，首先，练好自己"本钱"再"革命"，但房室功法极其浩繁，我们只能择"初段"课程入手，旧说"练龟"——练龟之法"九蒸九淬"，旧时要三年得正果，其目标，空间上是追求性器的"超常规"粗壮（这不可取，是糟粕），时间上则崇尚房事的"久战不殆"，现在，删掉"糟粕"留"久战"，半年可见初效。

陈抟老祖闭精固元功第一节：每次尿尿前挺胸、咬牙、闭目，舌抵上腭，深吸一口气后，跷起两脚尖，使之缓缓释出，如吐气将尽，可再缓缓吸入，如是循环，直到排尽。目的：跷脚的同时，自然提肛，闭精固元。坚持数年，不但从此不再早泄，而且到老很少坠齿。第二节：第一节操作娴熟并形成习惯后，练习在尿尿中，多次断尿。方法是：尿到三分之一的时候，毅然中断，待其忍住，再开沟渠，如是循环三次，是为"断三"。目的，锻炼括约肌，使之强健有力，为一个"久"字打好"物质基础"。

李四回忆当年练此"鸟功"时，还是非常二的："因为'断三'，出个小恭比嘿咻还累。撒尿从此就像个踮脚窥视的贼，咬牙闭眼更像慷慨就义，尴尬的是，一旦拗好造型，就必须缄口，偏偏两旁的'鸟友'时不时要抖着哆嗦和你唠嗑，这时搭理不好，不搭理也不好，人家还以为你'被前列腺'了……所幸三个月后，这'鸟功'还真开始见效。"

所谓的"小溲断三",打熬的是那地方的"括约肌",那是极高明的,"一个老男人,真正衰老的标志是什么呢?"李四问我,是两鬓如霜吗?头发是可以染的;是牙摇齿豁么?牙齿也可以补的;是皮肤褶皱么?褶皱是可以拉的。事实上,男人快挂了,两个隐蔽信号是你怎么也想不到的,一是鼻毛,鼻生白毫,不衰也老,你能将鼻毛也漂染吗?其次是尿尿,别说它不上大雅之堂,男人年轻时都能"逆风三尺"呢,可是一到"鼻毛挂霜",就秋后的蚂蚱了,"顺风"还只能撑五寸,更多的像绞不干的拖把,淅沥了半天还在"黄梅天"……你可以偷偷地吃很多春药,你也可以常去健身房,把自己打熬得非常肌肉,但你那地方却悄悄地挂了——挂没挂,每个男人不都心知肚明吗?

记得议到这个关节处,我曾忍不住地显摆几下:马王堆出土帛书我也翻过,其中假托尧问舜,为什么那话儿与其他人体器官同日问世,却最先挂呢?

李四听了反问,人体器官有像"它"这样过度地使用么?动物择时发情,一年才几次,每次仅几天。人呢,刚懂事,就跟"它"有仇,常常瞒着家长偷偷地阴损"它",现在文明了,称之为"自慰";接着成人了,一年四季都发情,没有国定假,甚至一天之内,发情多次,纵淫极欲,通宵达旦,体力不支,继之药饵,药饵无效,强之器械,你有这样使用胃、使用肺的吗?你总是听从胃的,饥餐而饱止,但你根本不听"它"的,不但要它"垂死病中惊坐起",而且横征暴敛,强迫上阵,变无力为长力,驱长力为暴力,升暴力为伟力,透支背书一至于此,能不早衰欤？

所以，欲其复壮，首在"断三"，亦即把括约肌练得像腹肌一样强大，李四说，我年届五旬练此功，三月见效，半年"双规"。此话怎么讲？你太太应该最明白了……那就是在她"规定的场所，逗留规定的时间"。房中术千言万语，去掉它的糟粕，最最核心的"术"即为"不泄"，亦即"忍道"也——须知男女之事，男方为什么总是"败多胜少"，根子在：男有"不应期"，女无"不应期"，男乃火烛纸马，女为"管道煤气"，以此"星火"，敌彼燎原，焉能久乎？一泄就"不应"，不泄则始终能"答应"，能"御书房前行走"，此乃"裸猿"百万年进化之结果，我们无以改变，只能如同少杀、慎杀地以"少泄、慎泄"来改良它……

至此，我感觉终于说到"床"了，不免面露坏笑，李四却很不屑：我说的男女之事，自然指"夫妻正淫"，夫妻正淫，佛陀许可，有什么说不得？宵小用来皮肤滥淫，恰如菜刀原是切菜，你来砍人，岂能罪我。

原来"淫"，也有"正淫"。换句话说——直说了吧，人过四十，正淫之道就是忍，力除每次都"一泄如注"的恶习，应该"候女兴尽"而"不泄徐退"，是为"忍道"；人过中年，其实就该是忍者，正淫之道，前戏做透，方可入彀，所谓"秋后的蚂蚱仍可蹦"，乃收"四两拨千斤"之功，药饵当然不可偏废，但必须围绕"不泄"为主体。没有强壮的尿道括约肌，吃再多的药，只是使你泄得更多更频而已。

问题是，终年不泄，亦非正道，弄不好痈疽丛生，况且来而不往非礼也，因此大致的比例是"四泄其一"（四次泄一次），或"三泄其一"……

"说来说去无非要阿拉做小生意喏?!"我不禁叫了起来，而且"性言志"，男女相处，如何把情绪调节到最佳呢？你都不说！

"问得好。"李四寻思片刻说，床笫之间，最忌"惧内"。人一惧内，百术皆废。奈何？只有一法：当她女人。管她女作家、女学者、女高管、女网红，此刻只有一种人，女人。一个渴望的女人。再怎么分三六九等，女人的本质就是女人。当她女人，就是对她最大的尊重，这是人类学的定位。平时再惧内，"此刻"，你必须清楚，她就是等着做女人，而不是等着做女神，还不明白吗！

"明白了，"我夸张地唱了个肥喏，貌似嚣张的中年大叔原来只能做做小生意，做得好，才能被太太"双规"，而且进入人生的深秋以后还能蹦跶！

如此而已。对不。

然而，我们和李四的故事还没有完。

时隔多年后，我约朋友参加一个线下养生活动，那个去处叫"边秘山庄"。不是"避暑山庄"。山庄的主人就是我的老友、养生专家"奇人李四"。

睽违多时，见面有说不完的话。事由还得从我的土豪朋友肥肥的便秘顽症开始。

新婚不久的肥肥总对我抱怨吃得太好、太饱。二婚的肥肥现年六十，和太太相差二十多岁。我一直暗暗怀疑他太太有着强烈的床运预期，否则何必每天仇人似地塞那么多补品给他？早上是一大把美国补药，吞得他翻白眼；然后是各色乳制品、火腿或培根、鸡蛋、鲔鱼片；中午更丰，他家大厨几乎使出全套媚主的道道，鲍翅燕参轮番进献；晚上雷打不动的是一只野生甲鱼，用冰糖清蒸；临睡照例是国粹的春药。以至于每每聚会，肥肥总是可怜兮兮地要求朋友把没有动过的"冰糖野生甲鱼"悄悄带走，否则也太浪费了云云。

土豪还有一个坏习惯，那就是坚不食蔬，时间一长，便顽性地"拉不出"，那无知的肥太还说他"吸收功能特好"，便便都被中途邀击了、"吸收"了。土豪问怎么办，我说很简单啊，找李四！你反正有钱！

自著名养生专家裘沛然去世后，李四便俨然以裘老养生传人自居，搞了一栋别墅，以"藏药""蒙药"为特色，号为"边秘山庄"，因为天价收费，且专为富贵男女排毒，圈子里就谑称"便秘山庄"。他把他的公众号发我，要我替他留心金主，我就介绍了肥肥。

见了肥肥，李四也不多话，只要他把补品清单报上来，沉吟了一会儿，说，鲍翅燕参，海马牛鞭只不过担了一个"壮阳补肾"的虚名头，真正壮阳补肾的其实都是家常的，就在身边而你们往往瞧不起。比如火腿皮，大都扔了，南货店里只卖十多元一斤，其实你可试试，清除油蚝部分后炖汤3小时，连皮带汤服下,壮阳之效不知胜过翅参多少!

"什么原因呢?"李四说,我个人认为火腿中的某些成分经过微生物的长期发酵后已经发生质的变化,如同虫草,不死、不发酵是不会有药效的。

再如韭菜籽粉+淫羊藿:补肾益精、滋阴补阳、养肝明目、壮阳固精;韭菜籽粉+山药粉:补肺健脾、强肾补阳。这些东西种子店与中药店随时能买到,谁当它们一回事呢?高手治病,自古都用寻常物。

肥肥听了诉苦,常被便秘烦恼,李四便令服秘制生大黄汤一碗,俄顷掣出金针,腹部耳朵各几针,肥肥就直奔厕所了。

"您这可是什么派啊",肥太不知趣地问。"大便派!"李四悻悻地哼了一声,见我不悦,便解释:"大便派!庄子说了,道在屎溺。觉得奇怪吧,其实养生的最高境界依我看就是像我们的祖宗、像野人一样生活!"

人类的几百万年的演化史,什么是主题?吃是主题,半饥半饱是人体进化的常态,直到如今,我们见面的第一句话还总是"吃过了吗"?足证饥饿是人类几百万年来挥之不去的焦虑。

而人类真正有能力吃饱的历史多少年?世界范围看,也就是近代史,在中国,也就最近三四十年,但一吃饱,就百病丛生,痛风、糖尿病、高血压、脑卒中、癌症……饥馑时代,这些病连影子也没有,现在却全球蔓延,可见人不怕饿死,就怕饱死,人体基因适应了几百万年的饥饿史,却无法适应百年来的"饱餍史",人体很"贱"。

"裘沛然先生活了97岁，他有丰富的养生理论"，李四说，依我看，第一个字就是"饿"，每顿饭，他都少吃一口，每次想添饭，都坚持不添，看似活得挣扎，其实深得养生三昧，那就是像远古祖先一样——"常饿"。饥饿使人进步，饱餍使人退化，没发觉吗？每次酒足饭饱后，我们总是特别呆傻。

其次，我们的肠子多长？裘老每每告诫我们，人类的肠子全长三十尺左右，稍短于食草动物而远长于食肉动物，说明我们的体质适应杂食，素食为主，小荤为辅。这也符合人类采食史，人无利爪剑齿，只能摘采为主，偶尔食荤。换句话说，我们的消化系统演化了几百万年，可不是为了天天接待大鱼大肉而准备的，如果反其道而行之，导致恶病缠身，岂不活该？！

"最后谈我的'大便派'"，李四恶毒地笑着说，其实法无常法——饥饿时代，"吃了吗"是王道；纵欲时代，拉屎才是王道。怎么，嫌我话糙？你不用常识想想，你天天山珍海味，你身体配备的却是杂食为主的"素肠"，而不是虎豹的"荤肠"，那么多的"蛋白毒"还不趁早拉掉啊？！

天天高脂肪、高蛋白、高能量却常常几天不拉屎，一张嘴就臭得招苍蝇，这样的人不生癌，谁生癌？你说你天天一次大便，但一次够吗？教科书认为够了，我认为远远不够，因为你纵欲，放纵自己的食欲。事实上，我们的身体对我们已经仁至义尽——每个人都有体会：一天中，我们常常有多次便意，多则十多次，少则五六次，虽然稍纵即逝，但这是几百万年形成的体质在向我们"效忠"示警，可大家通常都置之不理，潜意识是怕麻烦，不愿意过多褪裤子……动物却不然，所有的动物，因为没有外包装，也就想拉就拉。猫科动物吃肉最多，但肠子最短，最利于腐物迅速通过。你再看鸡，杂食类的，走着走着就是一泡屎。如同我们的远祖，几百万年何尝有衣裤靴帽之赘，一有便意，随时野战，哪有什么糖尿病、高血压，这不是王道吗？！

众人听了，五体投地，三观尽毁，怀疑人生。齐声唱喏之余相约日后山庄见面，第一句问候是什么？

是："您，拉了没啊"？！

中央商场之"老军医"

> 窗朝四川中路的"老军医"周老倌,其本职工作是某地段医院的外科兼内科医生,做过赤脚医生、兽医,也当过卫生兵,五花八门都懂。

20世纪的50年代,中央商场开始公私合营,陆续成立了五金、日用品、百货、小商品、自行车、电讯、修配等7个部门,成为上海家喻户晓的淘宝场和修配地,我还记得我的第一件皮夹克和第一只"大兴表"就是在这儿买的。

我在中央商场工作与生活的时候,已是20世纪80年代,中央商场的周围环境还是非常"有劲"的,站大门口,往东直视就是外滩,可以看到大轮船从水面上慢慢"余"过去;北面偏东是著名的"惠罗公司",正北的对马路是大名鼎鼎的"民族乐器商店";楼下是"德大西菜社";西面是"东海咖啡馆";南面是生煎馒头"大壶春"……从安徽的深山沟里直接跳到南京东路上班,我骨子里是有点踌躇满志的,因为在一本颇有影响力的健康类杂志工作,所有的医院都是我的社会资源,刚开始的几年我几乎手脚不停地为各路朋友介绍名医和专科医生,那时"看病难",最为头痛的是"不孕不育"。这种病,看得见,摸不着,医院里,号称"送子观音"的不少,真有实效的不多。

我曾经说过，我们的单位和居民混杂在一起，往东的第四家"415"就是窗朝四川中路的"老军医"周老倌了，其本职工作是某地段医院的外科兼内科医生，下过乡、插过队、当过兵、做过赤脚医生、兽医，也当过卫生兵，五花八门都懂，那时没有"全科"的概念，便叫他"百搭"，因为都曾有过下乡的经历，我们走得比较近。

那天，我正为一个远方的朋友之妻找不到专治不孕的好医生而烦恼，老周塞了过来，倚在门框上讪笑：女人不孕嘛，无非母鸡不生蛋，有什么难？！

顺便说一下，附近卖蛋女的不孕，据说被他治好不少，所以我有点将信将疑地看着他。他倒好，嘴一撇，发飙说，信不信由你。说了就走人。

说实话，不孕不育的原因真的很复杂，根据世界卫生组织的统计，婚后一年以上未采取任何避孕措施而未孕的占10%～15%，其中一部分男性可能具有严重的生精障碍或有遗传疾病不能生育下一代，发病率都有逐年上升趋势。一般而言，不孕因素女方要占2/3，男方要占1/3。引起女性不孕不育的原因大致有八：一，器官因素：比如无孔处女膜、阴道横隔、先天性无阴道等畸形；二，子宫颈因素：若患慢性子宫颈炎或雌激素水平低落时，可以使宫颈黏液含有大量的白细胞或是质地黏稠而影响受孕；三，子宫因素：一些子宫疾患，如子宫内膜异位症、子宫腺肌症、子宫肌瘤、子宫内粘连（包括宫腔粘连以及宫颈管粘连、狭窄）、盆腔炎导致的子宫感染等，可导致不孕；四，输卵管因素：输卵管阻塞一向是女性不育的主要原因（占不孕病因的40%以上）；五，卵巢因素：先天性无卵巢、幼稚卵巢、多囊卵巢或是卵巢功能早衰、卵巢炎、黄体功能不全等，均可以影响卵巢排卵而不育，女方体质虚弱，也可能使卵子不能正常发育成熟；六，免疫因素：有少数夫妇，经检查双方都未发现明显的不育原因，而是由不育妇女血清中的抗精子抗体引起的不育；七，垂体受损、受压或者病变，或其他原因导致内分泌紊乱；八，男方精子质量低劣或者数量不足，比如无精症。

你老周不过一个"老军医"，口气未免太大。但是，卖蛋女也的确被他治好不少啊？！只看到她们鬼鬼祟祟地往"415"房间钻，愁眉苦脸进去，红光满面出来，开心得很。我们多少是困惑的："老军医"固然太鬼，上门看病都得先向他的侄子预约，然后由他侄子把门，没有预约的不能进，如我这样还算和他比较要好的，也不让进。但不管怎么说，这卖蛋女的肚子一个个的鼓了起来，总是硬道理吧？

那时节，我们正巧报道了一个没有行医执照的"中华神针赵天才"，震动全国，百废待兴的时代，没有学历、没有文凭、没有执照而能创造出奇迹的，比比皆是，于是一个个充满希望的卖蛋女的红脸蛋让我们也渐渐相信，无论中药还是针灸，周老倌是有本事的。尽管收费高得离谱。

架不住反复纠缠，我决定让我那位远方的朋友之妻试试。第一次见了周老倌，我就悄悄地向她打听治疗手段，尽管比我大好几岁，她也脸红了，说"保密"！是周大夫让保密的！

没多久,大概一个月以后,她从远方来电:怀孕了!

我赶紧去谢周老倌,这个傲慢的"老军医"这次让我进去了,三套间的陈设很简单,它被隔成了四小间,最外面的是接诊的,里面三间都紧闭着门。"老军医"倨傲地问:这回,你们服了吧?!

我点点头,内心却不知怎地暗暗为他担心,总觉得那环境诡异,进进出出的男女,表情都有点暧昧。"那些都是她们的老公",他指指那些男人说,我要他们配合治疗。

"415"是我们这一层最大的套间,紧靠安全楼梯,位置也最隐蔽,他公开宣示的是,"患者夫妇"总是晚上来。一个说得过去的理由是,周老倌白天要上班,但事实上怎么解释邻居也常常看到"老军医"白天并不上班呢?患者如果从安全楼梯上来,谁都看不见。

总之他的蹊跷处太多。我们有个编辑老是说他"鬼眨眨"的。果然大约三年以后的1989年秋天,他突然被公安带走了。

那事,其实事先是有预兆的。黄浦区卫生局事先暗查了好些日子,也曾来过我们杂志社。我暗示过他,他却一脸的无所谓。说,上面有人罩着。

整个大楼都很震惊。"415"的房东反复解释说,他不可能事先知道他的房客是干什么的。

通过关系,我询问了相关执法人员,这家伙一脸的痞气,懒懒地说,这也不懂吗?!"老军医"当年兽医出身,他手头的活,给人配种,跟给猪配种,差别很大吗?!先对家人保密,悄悄来沪，再算准你的排卵期，找一个外来的壮小伙，隔壁房间采精，然后"大号针筒"趁热地打进去……

我听了久久说不出话来。那些表情暧昧的"丈夫"原来都是素未谋面的"壮小伙"……而"远方的朋友之妻"显然知道这一切，但对我滴水不漏。

曾经熙熙攘攘的中央商场加层"415"室后来被长期空关，直到我们杂志社搬走时还是阴森森的。

我也从此再没见过"老军医"周老倌。

走方郎中的江湖秘闻

> 冼老头是个瘸子,旧社会的走方郎中,解放后进了地段医院继续行医,"文革"后才改了行。裘老说,此人对"疲门"非常熟悉,人才难得。

我有一本老残笔记本,25年前在云南南路记录了一段江湖秘闻。岁月荏苒,退休以后偶然翻到它,别是一番感谓在心头。

父亲生前常说,如果没有"大世界游乐场"的崛起,云南南路就啥也不是。

他1949年前,长期做颜料行的"跑街先生",相当于现在的促销经理,故对上海的马路烂熟于胸。据他说,以前这里凋敝得很,自1917年大世界游乐场建成和1926年共舞台开张后,云南路道路两侧的饮食店摊便迅速增加,到1949年已猛增到70多家,著名的有小绍兴鸡粥店、金陵酒家、老正兴、真老正兴、富贵春、鸿兴楼牛肉馆、福建面店、刘豫康绍酒店等,白斩鸡、白切羊肉、各式卤味、鸡鸭血汤、牛肉汤、生泡牛百叶等风味小吃,还有各式面点,各式馄饨和馒头以及本帮、淮扬、广帮、京帮、杭帮、川帮、清真、西北等各地风味菜点,早、中、晚、夜宵连轴供应,尤其夜宵更为火爆。其中小绍兴的白斩鸡在旧上海时就非常有名,游客、观众看完戏后,便蜂拥而至吃夜宵,不少著名演员卸装后也常来光顾。但这样的兴旺在公私合营后急剧衰败,到了"文革",只有几家点心店勉强撑着。我们小时候来拾糖纸头和棒冰棒,倒是摊头比店家多。

一直到改革开放后,云南南路才恢复"美食街"的盛誉,路边的饮食摊点慢慢恢复,记得1992年前后,小绍兴鸡粥店、金陵酒家、老正兴的一系列老字号已经非常兴旺了。也正是那一年,我和国医大师裘沛然的关系已经很熟,他把一个特殊的朋友叫"老冼"的介绍给了我。

他说,你既有志于深度调查,就要熟悉社会,了解"江湖",江湖八门,所谓册门、火门、飘门、风门、惊门、爵门、疲门、要门,其中疲门主要是行医卖药,你现在《康复》杂志,主要跑医药题材,至少要晓得一点内径吧。

冼老头是个瘸子,旧社会的走方郎中,解放后进了地段医院继续行医,"文革"后才改了行。裘老说,此人对"疲门"非常熟悉,人才难得。

他住金陵东路,因腿脚不便,便约我在云南南路的"小金陵盐水鸭店"见面。此店淮扬风味浓郁,选优质鸭种为主料的鸭味小吃和鸭宴,生意好到爆。我们点了几个特色菜,除了颇负盛名的"盐水鸭""火腿鸭壳汤"外,记得"韭黄炒鸭脆"印象深刻,那是鸭肠,但口感比"海肠"还脆嫩鲜香。

老冼一落座就说《康复》杂志所做的"江湖游医调查"粗浅、不到位,他要我记录他的谈话,说裘老的面子大,故愿意和盘托出,但是江湖水深,危机四伏,何况他已不在"江湖",无法罩我，以后入行，行事要小心，再小心。

旧时江湖，册门指的是卖书画，当然不是正经书籍，而是邪秘之书，假字画、假碑帖甚至春宫与"天书"（符箓一类）。火门，指烧丹炼汞。风门一般是看风水。而爵门，则是跑官、卖官的专业户，手眼通天，官场买卖。要门，凡不花成本，凭空敛财者，即为要门，分嘴要和手要，乞讨、化缘等属嘴要，诈骗、盗窃为手要。惊门者，大抵出言处处让人吃惊，所谓上欺天子，中骗百官，下逮黎民，其职业多为算命、看相、卜卦、测字、星象等，内中人，亦正亦邪，江湖八大门中，惊门为第一门。飘门所业，一是卖艺，如戏班子，魔术杂技；二是替人写字作画、写诉状等。而疲门，因为行医，必须下功夫花心血才能走红（古云，医不三世，不服其药），其术肇于扁鹊，盛于华佗，至清代赵学敏所著《串雅》，集历代民间医术于一册，因此疲门不同于另外七门，"高手在疲门"，庸医也在疲门，良莠不齐现象严重。

"这是你们调查记者必须知道的江湖入门功夫"，冼老头说，我有一部"疲门春典"——什么叫春典？江湖也与社会各行各业一样有其独特术语，俗称行话或黑话、隐语，主要是方便做交易、做手脚，即使是骗人的勾当也不容易被识破。为此，他说了一个亲历的故事。

那是1969年，他参加了一支远赴甘肃庆阳地区的巡回医疗队。一天，乡里来了一个摇铃儿卖药的先生，一群病家一见他宛如神仙下凡似地顶礼膜拜，纷纷要他看病，以至于必须预约才行。

放着上海来的医疗队不看，偏偏膜拜一个走方郎中，队里的医生都很胸闷，只有冼老头见状微微冷笑。

那郎中也真神了，据说看病根本不用把脉，两只炯炯有神的眼睛向你定睛一看，什么病就知道了，说是能够"透视"。这样的神话一传十，十传百，连医疗队里的医生都信了，因为那些医生出于好奇而混迹于乡亲，亲睹了"病家不用开口，便知病根病源"的奇迹。

医疗队长听了也纳闷，对冼老头说，明天我们指定一个病人，看他咋地。

第二天郎中来了，神态很从容，刚走进院子，人群就有人随意嚷了一句："果食点是攒儿吊的黏啃"。

语速很慢。但这句话，当地人不懂什么意思，医疗队的人更不懂，还以为是当地人用当地话招呼或聊天，谁都不当回事。

冼老头笑笑，瞥了说话人一眼。

走方郎中在大家的簇拥下，进屋坐下，看了病人一眼，沉吟良久，"果断"地说：嫂子，你常常胸痛、胸闷，喘不过气来……

那女病人一吃惊，忙说，真是一个神医！什么也没说，他一看就明白！

冼老头见状，对着走方郎中朗声念了一遍："果食点是攒儿吊的黏啃"！

现在轮到郎中大吃失色了，看了冼老头一眼，推开人群就要走，被冼老头大喝一声：哪里走！另一个最初说这句怪话的人见状也想走，也被人拿住。大家都很吃惊，这不是公社的赤脚医生嘛！

冼老头跳上桌子，对乡亲们说：你们上当了，"果食点是攒儿吊的黏啃"是一句江湖黑话，"果食点"是女人，"攒儿吊的黏啃"就是心痛、胸闷的意思。你们的病，赤脚医生都清楚，他每次用暗语一说，这个郎中当然就明白什么病啦！他们的关系，上海人叫作"连档模子"，北方人叫"托"！

……

1969年到1992年23年了，冼老头说起往事还非常地亢奋。他说，春典里的花样极多，比如病人称"科生"，男为丁，女为柴，姑娘为花，小儿为春，老男人为苍生，老女人为苍柴；治病称班科，治愈称班好科；真病称兴刚科，假病称拖汉；针灸，称挑红；开刀，称标印人为的病，称种病；治疗人为的病，称收虎；用药暗使为富不仁者得病而去救治，使对方破大财，叫杀肥猪……

记得当时记不胜记，也只记了部分春典。冼老头那天喝高了，兴头一足要我送他回去，可惜第二天他的家人即来电，老头凌晨，心肌梗死，走了。

想念戴医生

> 那是一个救人无数而后对自己的绝症束手无措的医生。以后我每次路过崇启大桥,都要往长兴岛方向深深地看上一眼。

每年蟹肥橘子熟的时候就会念叨长兴岛,想念戴医生。

上海在长江口有三个蛋蛋,崇明岛、长兴岛、横沙岛。作为中间一个蛋蛋,长兴岛仔细想来也不算小,包括"青草沙"取水口在内,总面积达160平方公里。你且徒步走走看,绕岛一圈也得累死你。

隧道与大桥未通前,都是坐船去的长兴岛。1991年我第一次去长兴岛的时候,有戴医生一家作陪。戴医生,中医世家子弟,原名戴锭根,后名戴敬民,原是上海东吴大学生物系的学生,1950年以后从业中医,后来是上海天平路地段医院的著名中医师,擅长治疗肝病和各种关节炎。记得1988年上海甲肝大流行那会,戴医生自己出钱去江浙皖买来药材,利用地段医院的设备,大量配制"茵栀黄"口服液,又动用老同学关系,从制药厂大量买进"茵栀黄"注射液,无偿或低价地向街道、小区、机关、学校发放,不知救了多少人。当时危言汹汹,人情耸动,得到"茵栀黄"就像得到"救命丹",而且疗效的确好,往往吊滴二三天，身上脸上的黄疸便迅速退去。

　　我有一个表姐，甲肝大流行期间也中了招。她以前做过"赤脚医生"，有医药常识，一见自己脸色蜡黄马上慌了神，因为各大医院的病房高度紧缺，她单位的厂医要她采取家庭隔离措施，在家治疗，那差不多就是现在提倡的"居家养老"，明明是"没办法的办法"，却还要"貌似办法"。她知道最好的治疗就是住进医院，既不会传染家人，也可以及时输液。问题是上海医院彼时床位之紧恐怕是1949年以来最最紧缺之时。看我在科普医学杂志供职，表姐大概以为我总有点办法，居然大着胆，黄着脸，拖着病体，到我们杂志社来，我一看慌了，表姐的事又不能不管，但又怕她疫情扩散，情急之下，腆着颜面去找刚刚认识不久的戴医生。戴医生正被大量的病人或病人家属包围着而焦头烂额，但他这个人就是这样宽宏厚道，见我焦急恳求，立即放下手头的事，致电他的老友，香山中医院的医务科科长姚克裘，要他无论如何想办法抽调病床。姚医生和我也认识，一听老学长戴医生求助，二话不说，立即收治表姐，硬是挤出了一个病床……

　　都说救人一命是功德，戴医生不知救了多少人，在读者的强烈要求下，我当时的《康复》杂志报道了他。他这个人非常知道感恩，1988年甲肝大流行之后，社会上生慢性肝病的较多，戴医生擅长中医调理肝病，凡我介绍给他的，他都悉心收治，疗效又很好。时间长了，我们很有感情，那天他建议出游，请我们一家去长兴岛采风。

　　长兴岛是由长江泥沙在入海口沉积而成的沙洲，位于长江入海口南支,并将长江南支分为南北两港,素有"橘乡""净岛""长寿岛"之美称,它东西长约20公里,南北宽约14公里,呈带状,每到深秋季节,岛上举办的上海柑橘节丰富多彩,热闹非凡。

但我们去的那年,长兴岛的旅游业还只刚刚起步。时值深秋,白露茫茫,秋水苍苍,戴医生的好友王家祥来码头接我们,他家住在石头沙。话说长兴岛无非几个沙洲连并而成,主要有鸭窝沙、石头沙、瑞丰沙、潘家沙、圆圆沙、金带沙等,走在岛上,丝毫没有"岛"的感觉。距今700前,长兴岛还是一个水下沙洲呢。1644年,也就是清兵入关那年,鸭窝沙出露水面,经过100多年多淤涨变迁,面积扩大到14平方公里,成为长兴岛主体。那崇宝沙位于鸭窝沙以西,1880年后,崇宝沙分裂为3个小沙,即瑞丰沙、石头沙、小石头沙,王家祥家之所在虽称"石头沙",但已经毫无沙洲的感觉了,举目大地涌金,塘堰流翠,家家都很富庶,请我们吃午饭,拿出来的菜都让我们喜欢得手舞足蹈:家乡咸肉、清蒸鳜鱼、白切羊肉、盐水大虾、清炒黄蚬、崇明黑青菜……但最使大家兴奋的还是"乌绡蟹",满满一大面盆。所谓"乌绡蟹",就是崇明、长兴、横沙三岛上,"长不大的大闸蟹",说是"碰了咸水"最多只能长到二两半。但是蟹虽不大,味极鲜美,蟹膏蟹黄满得都快溢出来,蟹壳一开,满室生香,蟹肉甜津津的,全部野生。

那是1991年的秋天,王家祥捧出了自酿的老白酒,我们一家三口,戴医生一家四口,再加上王家祥一家五口,围着一大桌尽情饕餮,下午乘着微醺,前往长兴岛著名的"圆圆沙"捉蟹捞鱼摘橘子。圆圆沙就是现在"新船厂"的位置,那时候,还是一大片芦苇簇拥的河湖港汊。王家祥穿上橡皮裤,跳入水中,双手娴熟地伸进蟹洞。蟹洞扁圆,都在水线上下,王家祥简直像拾螺蛳一样,一捞一只,一会儿蟹篓就满了。我也穿上橡皮裤,跳下水,王家祥教我:圆洞是水蛇洞或者鳝鱼洞,只有扁圆的洞,才是蟹洞。手进去后,推进要慢,手背要贴着洞顶,接近蟹时,蟹会用蟹钳蜇你,你别怕,要贴着洞顶抄到它的蟹钳后面,突然压下去,扣住蟹背,就成了。

我学着样,虽然屡屡被蜇,虽然摸不到几只,但那种手伸蟹洞,压住蟹背以及活蟹在你手中挣扎,或者就擒或者逃脱的刺激,是任何娱乐不能替代的。

儿子那时还没入学,跟着戴医生的孙子学钓鱼,鱼倒没有钓到,觉得竿沉,钓上来的只是一只装满臭袜子的蛇皮袋。大家哄堂大笑,这件糗事大家以后取笑了很多年。

摘橘子更是大丰收,随行的女眷们边摘边吃边说笑,都是蜜橘,嘴都粘得张不开。

我和戴医生坐在长堤上,长时间地聊天,他身材高大,声音洪亮,回顾了自己的一生,最辉煌的是五十年代初期,上海十万知青北上援京,又叫"支援首都建设",他是带队的总指挥,北火车站,红旗招展,歌声嘹亮,车厢内人人都是"澎湃"。可惜没过几年就是 1957 年,说他同情出身不好的同学,"右倾",便由当年的"北上援京总指挥"一下子跌回到上海地段医院做医生。所幸他人缘非常好,据说还算是对他"客气"的,故得"善终"。从此他就"识识相相"地做医生,对什么事都"不再说三道四"。"人这一辈子,黄酒能够喝到老,板烟吸到老就不错啦。"他说,不要总以为自己能做多少事,其实一个人一辈子能写正一个人,做成一件事,就非常了不得了。

他也是"自信人生两百年,会当击水三千里"的主,但是当晚住宿王家发觉情况不对,那戴医生通宵不停地咳嗽。他抽烟,而且抽雪茄和板烟斗,烟瘾极大。听到过咳嗽,但没听到过如此通宵一刻不停地咳嗽。

问题是,他还宽慰我们,说自己是医生,知道没事。

没事偏偏有事。回去一查,肺癌。而且手术位置非常不好。我去讨教中山医院杨秉辉院长,杨院长一看片子,就说,情况不好,虽然手术仍是首选的,但估计"预后不好"。

他家住南市光启路。我最后一次去他家,他已去世,儿子遵照他的遗嘱,用一张黄茅纸盖住了他的脸……

那是一个救人无数而后对自己的绝症束手无措的医生。以后我每次路过崇启大桥,都要往长兴岛方向深深地看上一眼。

他生前的门诊病人甚多,现在已不太有人记得他了。都说"救人一命,功德无量",可戴医生救过多少人哪!

槛外长江空自流。

乡医鲍三

> 一个药童,到底不如程门雪的精妙和老到,有成功,有失手,成功无人揄扬而失手屡遭攻讦,故而只能长期沉浮于乡里,辗转于"藜藿之体",治好无数的农民而依然没有上升的空间。

认识鲍三是怎么也想不到的一个因缘。

1982年的盛暑,我从皖南的宁国县城赶往地处深山的单位,班车因为洪水暴发而停运,只能沿着公路徒步。

公路四十里处有一株据说明朝种下的大桂花树,亭亭如华盖,遮阴五六亩,快走到大桂花树时真是青筋暴绽,汗出如浆,嗓子冒烟,幸亏远远就看见了树旁人家,急急叩门求一口水。应门的老头冷冷地打量了我一下,给了我一大碗凉水,然而接着又让我目瞪口呆,只见他顺手抄过一撮糠麸往我碗里一扔——这,什么意思嘛?!我怒视着他,不给喝,就不给吧,何必糟贱人呢。

老头五十开外,窄脸,三角眼,皱纹多,瞅了我一眼说,上海人吧,慢慢吹,慢慢喝。说着径自进去了。

我这时血脉贲张,喉咙干得像有小手从里伸出,但也只好忍着性子小口小口地吹,小口小口地抿。俄顷一大汗淋漓的粗壮小伙子也来叩门,老头见状,伸手就是一大碗凉水。那小子头也不抬咕嘟咕嘟地喝完,说了声"鲍三爷,谢谢",抹嘴就走。

老头乜着我。我说,老乡,你如果看我不顺眼,干脆骂我几句,何必如此呢?

他看了我一会儿,慢悠悠地说,你不懂,我这是为你好!将来你会谢我。

我干脆停下,看着他。他反剪着手,看着小伙子的背影继续悠悠地说,你和他比?他是什么身体?你什么身体?老话说,你是"膏粱之体",他是"藜藿之体",这么热的天,赶路的浑身就是个火炉,一大碗凉水下去,就像烧红的砂锅淬入冷水,他"藜藿之体"可以承受,你就不行,痛快是一时的,病根是一世的,懂吗?

"膏粱"与"藜藿",我当时还是第一次听到这样的比喻,老先生蹲在地上写给我看,我发现他的字写得非常好,对他顿生尊敬之心。"我叫鲍三,此地都叫我鲍三爷",他介绍自己的时候也很淡然。按照他的说法,穷人家栉风沐雨从小锻炼的身体,叫作"藜藿之体",藜与藿都是野菜;城市里吃细粮娇生惯养之人,就叫"膏粱之体",膏,就是油脂厚味,粱就是白米细粮,不同的体质当然应该区别对待。

我对鲍三爷佩服得五体投地,山野之处居然有如此高人,以后每次经过大桂花树都要拜访他。他喜欢上海的肥皂和牙膏,我每次都带点给他。时间稍久,便发现他其实是当地很有争议的乡医,没有执照,也没有卫生院的背景,但农民什么病都要找他,内科、妇科、儿科、跌打损伤,几乎就是全科医生,但是他

乡医鲍三 | 287

治好再多的病还是被当地干部斥为"路子歪""方向错",最严重的是说他"歧视贫下中农",这在那时可是很大的罪名。某日大雨,没有求诊的,他才给我细细道来。

他原来大有来头,乃上海中医大家程门雪麾下的"江西小药童",1942年15岁就跟了程门雪,因为出身婺源药工世家,天性聪慧,自学勤奋又得程门雪的点拨,很快成为药房柱石。想那程门雪是何等样的人呢?只要知道他的启蒙老师是皖南名医汪莲石,深造之师是海上中医巨擘丁甘仁,长期担任上海中医专门学校的教务长,1956年创建上海中医学院并任首任院长,海上名医半出其门,就连国医大师裘沛然亦出其门下,就知道他在上海中医界的崇高地位了。

程门雪的临诊特点是"公然"把病人分为"穷人"与"富人",认为前者是劳苦大众的"藜藿之体",筋强骨壮,力主用药如"降龙十八掌"般地"迅猛慓悍",以张仲景的经典方药为基本模版,加减后大剂量进出。对富人呢,程门雪根据这些病人"易虚易实"之"膏粱之体"的特点,遣方则从丁甘仁的云淡风轻,用药轻灵机巧,重视精确配伍和精准炮制。

悲剧是,他固然治愈了不少危重急症,声誉鹊起,却被意识形态化,很早就有人私下嘀咕:他对劳动人民"下手真重、真狠"!后来"文革"的大字报就直接"控诉"他"对敌人像春风一样,对人民却像秋风扫落叶一样残酷无情"。

程门雪去世于"文革"尚未结束的1972年,鲍三却在更早的时候被劝退下乡务农,虽然是个药工,但因为得之程门雪的

"一缕仙气就可成道",他用药和程门雪一样善走两个极端,要么大刀阔斧,要么杏花细雨。如一中年船工患阳明实热,他狠用白虎汤,其石膏(著名大寒之药)居然用到200克,省医院都束手无策的热症被他一鼓而下;又一次遇到风火水肿者,是个刚插好秧的农妇,他大胆用越婢汤,麻黄(限制类药)用至60克,在卫生院的惊叫声中,农妇霍然而愈。相反他对合肥或芜湖市来的干部却"温柔有加",用麻黄则3至5分(0.9~1.5克)亲手蜜炙,桂枝1至3分(0.3~0.9克),煎水炒白芍;他用苍术,一定要用米泔水先浸,熟地细细炒松,再用砂仁或蛤粉捣拌等,常常"四两拨千斤",轻剂而起重疴。人或讥他"媚上",他总是很痛苦,不是官有多大,是体质啊!认病不认人,"膏粱之体"不得不如此啊!

但是一个药童,到底不如程门雪的精妙和老到,有成功,有失手,成功无人揄扬而失手屡遭攻讦,故而只能长期沉浮于乡里,辗转于"藜藿之体",治好无数的农民而依然没有上升的空间。

还有收费的困境,他长叹一声:不收费我吃啥?收费呢又非法,好几次我宣布歇业,乡干部和老乡又找上门……

根据贫富辨体质,根据体质决清浊,那是1980年代的一个乡间中医的故事。其见识不知比同侪高明多少。

2014年的时候我去看他,他已先一年去世,到死,还是个农民。

罗宋面包

> 我六七岁那会,隔壁人家的前客堂从溧阳路搬来了一对罗宋夫妻。尤里和伊娜。没有孩子。尤里身高近2米,壮硕无比,大家叫他"罗宋面包"。

似乎一谈"左联"就扯上海虹口。但事实正如此,中国左翼作家联盟成立大会会址纪念馆就坐落在虹口区多伦路,太多的左翼作家当年也居住虹口。

殊不知"虹口"其实是个讹写,本来有条河道叫"沙洪",在今虹口大名路附近注入黄浦江,叫"沙洪口",简称"洪口",时间一长,也许出于美的追求,居然被讹成了"虹口"。

自从我的养父母从卢湾区的局门路搬来虹口区旅顺路、马厂路附近后,虹口也就成了我少时最常逗留之处。它曾经被讹称为日租界,其实它属于公共租界,以前只是日本人的居住特别密集而已。

岂但是日本人多,俄国人也不少,小时候最常听到大人的一句话就是:十月革命一声炮响送来了马列主义,也送来了"白俄难民",旧称"罗宋瘪三"。

为什么叫"罗宋瘪三"呢,说来稍稍话长。

俄国爆发十月革命后,大批贵族、军官及其家属流亡到中国,他们被称为白俄或罗宋。当时的上海就聚集了大量的罗宋人,最高峰时达 5 万多人,大都散住在苏州河以北的虹口地区和法租界霞飞路(今淮海路)两侧。他们中两极分化很严重,因为都是仓皇出逃的,到上海后大部分沦落为难民,除了娱乐业外,更多的白俄从事鞋匠、售货员、理发师、餐馆侍者、看门拉门的、厨工等等,有些年老力衰者便拉着手风琴或小提琴在街头卖艺乞讨,虹口长治路、旅顺路一带是很多的。上海人习惯把难民称为"瘪三",他们也就成了"罗宋瘪三"。

我六七岁那会,隔壁人家的前客堂从溧阳路搬来了一对罗宋夫妻。尤里和伊娜。没有孩子。尤里身高近 2 米,壮硕无比,大家叫他"罗宋面包",听大人说,20 世纪 20 年代来上海时,他才 18 岁,原是水手,因为歌唱得好被招进乐队,1949 年以后乐队解散,但俄语转而吃香,他就在虹口一带教授俄语为生。他很喜欢我。但我从小的印象却是:"玻璃窗,咯咯响,隔壁罗宋喉咙痒"。每天傍晚,一旦窗玻璃"扎、扎、扎"地响,就是酒后的"罗宋面包"发作了,那是真正的"低音炮",一个大风箱,声音非常洪亮宽厚,像一条浑浊的大河突然开闸,压抑的大水咆哮而出,那气势气场,不仅窗玻璃咯咯响,桌上的纸片也会簌簌移动。

尤里是个酒鬼。养父常说,"老酒举"(沪语酒鬼)吃没下酒菜,喜欢空腹喝烈酒,其胃壁一定特别厚,他拿着一只猪肚做比划,胃壁厚,酒精才勿容易吸收,而且勿会溃疡,人种是不一样的。尤里常常直接喝酒精也没事。然后就不停地唱歌,俄罗斯民歌,听上去很悲伤,最常听到的还是《伏尔加船夫曲》——曲名还是大人们后来告诉我的——有时候是哼唱,有时候是吟唱,有时候则是炸雷。邻居不堪其扰,想告他,但当时"反苏"是很大的罪名,罗宋面包虽是"白俄"倒也借光。弄堂里的人哪里分得清"苏联"和"俄罗斯"的,还以为后者是前者的俗称呢。

是的,他从小抱过我,热烘烘的一个蒸笼,呼气滚烫,体毛扎得我很痒,留给我的记忆就是,凡他的气味都和大家不同,比如他身上有一种刺鼻的气味,长大后我知道那叫"腋味",说得直露点就是"狐骚味",养父母说老外都有。所以他们要死命地搽香水,罗宋面包买不起香水,就拼命地搽花露水。

不管怎么说,罗宋夫妻改变了我们弄堂。很多年轻人跟尤里学习唱歌,我小时候听到最多的就是:"声音竖起来!"尤里总是对他的学生吼着,"把声音竖起来!"声音又不是拖把,怎么竖得起来呢?养母常常咕哝着。

伊娜则用她的罗宋汤征服了邻里。

虽然家徒四壁,她家只剩了油腻和气味,洋葱味胡椒味一年四季不断,陌生人进门就乱打喷嚏,但从我记事起,他家就肉香不断,最常见的是"白奶"——牛的"奶脯肉",牛腩中最差的一块,上海家庭没人买的,她拿来烧汤,谁知道那就是著名的"罗宋汤"。其独门功夫是将"白奶"炖通宵,一夜要起来几次看视,直到炖得酥烂酥烂,然后变魔术一般地将切了块的土豆、胡萝卜、洋葱、番茄酱、卷心菜什么的先用黄油煸透,再扔下去,不久那疯狂的香味便流向客堂、厢房、亭子间、三层阁……流向弄堂的家家户户，大人们又三五成群地出来，对着她指指戳戳：格罗宋瘪三又烧罗宋汤了！那香味是不可抵御的，风气所及，后来弄堂里差不多家家户户模仿烧罗宋汤，只是白奶改用红肠，黄油改用菜油，味道就差远了。

等到我上小学，也就是1963年时，感觉他们已经很老了，早就没人请教俄语了。中苏已经交恶，不知何故他俩就是不回去，于是一场不幸从天而降：伊娜突然死于车祸。她在路边晒土豆，一辆莽撞的卡车倒车时把她吞没了。

罗宋面包从此突然垮了。谁也不搭理。常常一个人喝闷酒，嘴里喃喃自语。没了生活来源，还有什么罗宋汤呢，一只大列巴就着白开水可以啃几天，有时候还长毛。

这里要说到酒了。我家附近有个虹口最著名的地标："庄源大酱园"，这个虹口区最大的专供油盐酱醋、南货烧腊的超级酱园就坐落在旅顺路42号上，它的自销酒名震沪上，最出名的是它自酿的"金桔烧"和"绿豆烧"，前者香味浓郁，颜色黄黄的；后者呈豆沙色，微甜，因为颇具声誉，所在路名曾改称"庄源大街"，记得电车还有一个站名就叫"庄源大"。但罗宋面包既不喝"金桔烧"也不喝"绿豆烧"，他只买庄源大的下脚酒，60度的"糟烧"。后来搞"节粮"酒糟都喂猪了，糟烧也没了，他就去大康药房买酒精喝。他是酒鬼，一天三顿离不开酒，事情便渐渐变得麻烦了。他没钱，就动我脑筋，人小目标小，他驮着我半夜爬进大康药房的气窗，替他偷酒精。大康药房隔壁是菜场夹弄，气窗开向夹弄，他站在夹弄，把我送上肩膀，用一根麻绳系着我的腰，嘱我进去后用绳系住瓶口，先把瓶吊出，再把我吊出。第一瓶我拿出的是蒸馏水，再爬进去，成功了。5 000毫升的那种超大瓶，他的眼睛高兴地在夜色中发出荧光。

但回程却让养父发觉了，咆哮得像只伤风的熊，既不敢让邻居知道，又出离了愤怒，他从此不但和尤里断绝来往，还把我送回了自己的家。

"小朋友，"临行尤里叫着我，很难过："我们不能做朋友了"，他摸着我的头说，"是我对不起你！"

问题是，5 000毫升的酒精能让尤里捱多少日子呢？

罗宋面包后来的故事是养父告诉我的：他又雇佣小孩偷酒精，但被孩所卖，在夹弄遭到大康药房青年职工的伏击。人们用自来水管与三角铁猛击他的头部和脸部，黑暗中，他的一只眼睛被戳瞎了。

他被送往派出所后不知所终。

海明威酒吧

> 在古巴,最有魅力的仍然还是海明威。真正的"海明威酒吧"只有一座,那就是 Floridita 酒吧。

在古巴,谁最有魅力?是卡斯特罗吗?不是。

在古巴,最有魅力的仍然还是海明威。

卡斯特罗(古巴人昵称他为"老卡")的政治权威仍然不容挑战,这一点毋庸怀疑,但是你统治了一生,掌权五十多年吧,古巴仍然辣么穷,仍然辣么破破烂烂,下雨天走在哈瓦那街头,仍要时时担心哪一家的阳台会突然垮塌,则无论你搞什么主义都是说不过去的。

海明威呢,就不同了,全世界不分肤色、不分族群、不分阶层而共同敬仰的文学巨擘,一个西班牙血裔的美国人,一生中居然二十一年生活在哈瓦那。如我这样的老文青一旦到达哈瓦那而不去看看海明威酒吧,也是说不过去的吧。

也正好古巴对外友协主席阿丽西亚和她的助理勒菲儿要请我们喝茶,我便毫不迟疑地说,我想去海明威酒吧!

事实上在哈瓦那你自己找海明威酒吧是有点困难的。第一你问路难,古巴除了西班牙语,不流通英语,街上也没地图卖,阁下周游世界再骁勇,到古巴就死蟹一只,再老乱,语言不通你老乱个啥；第二哈瓦那名叫"海明威酒吧""海明威咖啡"的不知有多少，都是"大兴"的，有的只是海明威去坐过一屁股或吐过一口痰，真正的"海明威酒吧"只有一座，那就是 Floridita 酒吧（中文译为佛罗里达酒吧）。

阿丽西亚说，它被整修过了，不知为什么，外表被漆成了妃红色，我们都相信那不是海明威喜欢的颜色。

不过内景一点都没有变化，长长的吧台，左手角落里，海明威的铜像呈坐姿，面向门，他左手肘部靠吧台，右手撑腰，脸上是略带讽刺的微笑。

酒吧的地板，还是当年的打蜡弹簧地板，墙上，到处是海明威和各国政要与名人的合影。从海明威的座位往外看，是哈瓦那最热闹的街头，马路对面的雪茄烟公司，正是古巴最牛的雪茄库，巨大的红五星下面，是更巨大的切格瓦拉的衔着雪茄的头像，它和海明威酒吧"Floridita"对视着，俨然是两个硬汉的对话。

各地访客极多，几乎每个人都要点上一杯海明威生前最喜欢喝的饮料"莫希托"，因为在哈瓦那还有一家海明威最喜欢的餐厅"La Bodeguita"，在 La Bodeguita 餐厅的墙上还挂着海明威的手迹："My mojito in La Bodeguita, My daiquiri in El Floridita. — Ernest Hemingway."（我的莫希托在 La Bodeguita，我的代基里在 El Floridita。）

那么，按常理，游人到达海明威酒吧"Floridita"应该都喝"代基里"才对，然毕竟时过境迁，事实上天气炎热，喝莫希托特别爽口,大家也就顾不上老人家要求兼顾两家生意的遗言了。

友协主席阿里西亚的助理勒菲儿小姐介绍说,MOJITO(莫希托)是古巴最著名的鸡尾酒,是用白朗姆酒加青柠檬和黄柠檬、薄荷、糖和冰苏打水制成的清凉酒精饮料,非常适合哈瓦那一年四季湿热的气候;而DAIQUIRI(代基里)是古巴又一款著名的鸡尾酒,名字来源于古巴圣地亚哥附近的一个海滩。这款鸡尾酒是用白朗姆酒加水果利口酒、果汁、碎冰,用鸡尾酒摇壶摇出来的带有果味的冰凉烈性酒精饮料,也是美国已故总统肯尼迪的最爱。

我品了一口,主旋律是朗姆酒的微醺,但是薄荷的锐利与柠檬的清新让人的喉间泛起一种狂放又矜持的杂糅……

酒吧里挂着海明威与老卡的合影。据传也是在"Floridita",老卡曾谈起了他与海明威仅有的那次见面。还是古巴革命刚胜利不久,老卡应邀参加了由海明威组织的为期三天的捕鱼比赛。因为"碰巧",老卡捕得一条巨大的枪鱼而获得了比赛的特等奖。年轻的革命领袖从心仪多年的"文学老人"手上接过奖杯的瞬间被历史记录了。对自己与海明威仅有的这次见面,老卡深有感慨,说,人们总是相信来日方长,而等待的结果通常是意想不到的遗憾。两年后,海明威吞枪身亡。那意想不到的结局会在视死如归的革命家心里激起怎样的震荡呢?

老卡坚持说,他所捕获的那条巨型的枪鱼就是出没在《老人与海》中的那条"最后只剩骨架"的"悲剧英雄"。

"那是什么寓意呢?"老卡说,每个人自己去想吧。

海明威酒吧

那拉塔老爷

> 公啊侯啊,都是祖上的事,实话说,我就一旗人,镶黄旗的,到上海来,叫我"北京大爷"就行了。

1989年我租房潘家湾那会,隔壁老谭家来了个北京客人。八十开外,矮个,红脸膛,短脖。一身略显油腻的中山装。神情倨傲。老谭神秘地说,还是个"贝勒爷"。他远房大舅。刚把胡同卖了,来上海住一阵子。

"什么,把胡同卖了?!"我们都惊得说不出话来。看老谭可是出了名的老实人,不像胡扯啊。老谭说,别细问了。就叫他"那拉塔老爷"吧。

奇怪的是,"老爷"什么行李都没有,就托一鸟笼。黄雀笼。精致的漆竹圆笼,封闭底,内铺薄布垫。

招呼他,他只是淡淡地颔个首。偶尔开口说话,我静候着那股蒜味,不料,倒没有。有机会他纠正说,京城人不是每个都吃蒜的……而且哪里有什么贝勒爷,公啊侯啊,都是祖上的事,实话说,我就一旗人,镶黄旗的,到上海来,叫我"北京大爷"就行了。

"老爷"的起居习惯还是很"旗"的,早晨起床漱口后,先沏上小叶茶或高碎高末（香片），空腹喝完茶，才准备早餐。

都说旗人的早餐讲究。京城时，不是油茶、面茶、包子、丸子汤，就是炒肝、豆腐脑、炸豆腐、吊炉烧饼、马蹄烧饼、墩饽饽，可到了上海什么都没了。但那拉塔老爷不肯将就，老谭给他买馄饨、汤包他都嫌甜，生煎或锅贴，也嫌甜，但还勉强接受，因此而老数落上海，从气候到点心到菜肴甚至米饭，一无是处。

只有每天侍弄黄雀的时候，才是他心情最好的时候。那是他性命。

说起玩鸟，上海人最推崇画眉，但那拉塔老爷对此不屑一顾，说，太糙。

黄雀又名黄鸟，那黄雀的雀字，他说，得叫"翘"，那是真正的老北京叫法——黄翘（雀），不这么叫的，一定是个歪货，他说。

"是不是成语'螳螂捕蝉，黄雀在后'的黄雀？"我问。他说正是，但黄雀可从来不吃螳螂的，它只吃苏子、稗子、黄小米和其他植物种子，每天给1~2条小皮虫或面包虫以及适量蔬果。那句成语绝对有问题。

而黄雀却从此进入了我们的生活。它相貌平平，黄胸黄背，翅间黑纹，大概怕生，刚来时沉默了几天，但一开口我们就明白为什么那拉塔老爷那么宠它了，那是一种滚动的金属声与竹笛类颤音相混杂的爆破式旋律，同时缀以喘息状华彩音调。或缓慢鼓翼，像蝙蝠样炫耀飞翔时进行鸣唱，在笼里上下翻飞，喉间漱玉,大珠小珠般地跌落在五彩琉璃盘里,叮叮当当,铮铮琮琮,一只黄雀,就是一支皇家乐队,小小的身体简直由簧片与琴弦包了。每当这时,那拉塔老爷就陶醉地眯起眼睛,用余光斜乜着路人,不无显摆地展示着来自京城的优越感。

"这还不是最拽的",见有人听得出神,那拉塔老爷得意地说,我这黄翘(雀)的"京三口"可是你们上海人一辈子听不到的。

这么说着,黄雀还真叫了。那"京三口"一下子把百鸟比了下去。

注意了,每天早上的第一口叫,是仿喜鹊,嘎嘎嘎,嘎嘎嘎,北方人的大喜庆,象征一天的吉祥,开开心心。

接着就是仿"红子"叫。红子又名沼泽山雀,是一种体形比大山雀稍小的鸟类。前额、头顶至后颈辉黑色,脸颊至颈侧月白色,颏部黑色,叫声高旷飘逸,极具云雀的风采,身居闹市,直接把你带进心旷神怡、清新无比的湿地早晨。

最后是学"油葫芦"叫。说来绝了,百鸟之中,只有黄翘(雀)具备这个本事,只有它学得惟妙惟肖,"稀溜溜溜……"——如此则你一天的菜单就都在黄翘(雀)的口中了:早晨你载着喜鹊的喜庆节奏出门去,然后听着"红子"高逸的鸣唱,硬是盘桓在"言师采药去,云深不知处"的幽谷意境;有顷,"油葫芦"的"稀溜溜溜……"一串叫又让你重回了碗筷叮当的市井烟火。

李贺有诗赞箜篌,"昆山玉碎凤凰叫""二十三丝动紫皇""石破天惊逗秋雨"。我觉得尚不够用来形容黄雀鸣叫的美妙,因为它最妙的是接地气,续人间烟火,讲市井闲话。

有一天，我呆呆地望着那拉塔老爷出神，想着，把一条胡同给卖了，大气都不喘一口，没事人一样，这都有多大的底气和眼界啊。我去过北京，一条胡同相当于上海一条弄堂，甚至比上海的弄堂还大，还深，那得多少房子呢？他祖先的财产得多海呢？据说，那"十年"后清退资产，只还了他一条胡同，没还的胡同，那拉塔老爷就算了，说，事实证明，财多祸多，够用，够活，就行了。没几年，就把胡同卖了。

这又是何等的识见与气度啊。我痴痴地想着，被那拉塔老爷发觉了，问，想什么呢？我说，想你卖胡同。他笑笑，说还是给你说说"黄翘"（雀）的故事吧。

这黄雀吧，我从小就养，宫里带出的窍门，我还学了点。但是，养个好黄雀还得有缘分，就像蛐蛐，有的人一辈子挖空心思养蛐蛐也没养着一条"虫王"，黄雀也这样。卖胡同前，几十年没养着一只称心的，一般能学会"一叫"，最多"两叫"，那就不错了，有的黄雀一辈子就会学喜鹊叫，我们叫"笨翘"（雀）。

就说卖胡同前，我正养着一只"笨翘"，你知道驯养一只黄雀学"三口"有多不容易？

首先，必须将幼鸟严格隔离，隔离的意思是不让它听到任何鸟叫声，那你就得住大院，大四合院，小户人家大杂院的环境是断断不可的！

然后，你得天天提着鸟笼到有灰喜鹊栖息的树林中去遛，途中要将鸟藏好，听到灰喜鹊叫时再打开笼套，使黄雀静听。这样经过20天左右的听、学，可逐渐学会喜鹊叫。学沼泽山雀的鸣叫,以前得去郊外,跑很远的路,现在可将沼泽山雀的录音,放黄雀的一旁让其听,一学即会。

学油葫芦的叫口最难,得是自己养油葫芦,先把油葫芦养好了,才能驯鸟。养好油葫芦的最高境界是:把葫芦放桌上,油葫芦自己爬出,爬到葫芦的背上,叫三声绕一圈,再自己爬进葫芦……

晚上油葫芦爱叫,过了子夜叫得更欢也更好听,你得放弃睡眠,将黄雀放在葫芦边听学。

可我那时养的一只又是"笨雀",连喜鹊叫都学不像!那天我正在院子里拾掇,忽然听得一阵吵架似地乱喳喳鸟叫,一看,一只野黄雀停在笼顶,对着那只笨雀大声聒噪,像是训话似地,我矮着身子悄悄过去,从下面托起笼子,蹑手蹑脚往屋里移动,非常慢,非常慢,终于移进了屋子,用脚一踢,关上门,把那野黄雀逮住了。

先饿上它一天一夜,再渴上它一天,然后先给水,让它看着我感激。然后喂食。黄雀最爱吃的是苏子,在它饿极后,我第一次喂食就是苏子,它又把我记住了。然后让它又渴上、饿上一天,又是我供水喂食。这样重复三次,鸟儿不怕我了。然后教它"三叫"。没想到是只七窍玲珑心,一学就会,没半年,就把整个崇文区的黄雀都比下去啦!

这不,咱们来闯大上海啦!那拉塔老爷自豪地说。

那天邻居里听那拉塔老爷聊小黄雀的人越聚越多,结果它的故事迅速传遍了潘家湾。

鸟挂着，那拉塔老爷把鸟笼里里外外打理得比自己的卧房还干净，每天特地来看黄雀的络绎不绝。那拉塔老爷不许人逗它。看，可以，逗，不行。

他笑眯眯地坐个小凳，瞅着，为小黄雀替他在大上海挣脸而自豪。有一次我问他，到底有一条胡同开心，还是有一只小黄雀开心？他回答，当然小黄雀啦，胡同只是个数字！

老谭常因此背地埋汰他，旗人就这个脾气。痴得不行。

大门旁的一个旮旯，向阳而背风，那拉塔老爷常坐那儿，抽着水烟，小黄雀呢他用一根长长的晾衣竿叉住笼钩，倚在身后的墙角。那天对一旁的老谭说，听说群力烟纸店来了"贡字牌水烟"，我去看看，你给看好了！他指指小黄雀。

一共只在店里盘桓了10分钟，回来就只看到老谭那张哭丧的脸，叉在墙角的小黄雀不见了！

"我只不过去撒泡尿，回来就……"知道闯下了大祸，老谭的声音比乌鸦还沙哑。

可怜的那拉塔老爷把眼睛瞪得老大老大，挣扎了一会儿，就一头栽在了地上。

开头几天躺床上还有意识，每想起小黄雀就老泪纵横，还一个劲地催我去公安局报案，后来不行了，深度昏迷，一种慢性的脑溢血，毕竟八十多岁了，医生一开始就不打算开颅的。

那拉塔老爷，一个镶黄旗的后人，没倒在京城而倒在了上海。他倒下的那个地方后来很有名，就叫"中远两湾城"。

皖南的上海人

> 居住在石库门的人们习惯把各种文化因子"掰碎了传播"……上海的女孩有机会东听西听，视野一开阔，日子一久俨然就是"浑身本事"了。

上海女人首先是上海这个城市氛围的产物，是特有的亚文化集群，所以和她们的祖籍无关。和"上海人"这个概念一样，你的祖籍可以五花八门，但一旦集中到这个城市，这个强大的"染缸"和窑场，便随着时光沉淀而酿出独特的花蜜。如果洒向祖国的各地，便是怡人的上海芬芳。

我在特殊的时代"流放"皖南十年，是以对她们留下深深的印象。

"田螺姑娘"

在那个特殊的岁月，上海姑娘像蒲公英的种子洒向了各地。皖南虽非上海女青年集中的大区域，但也数量可观，因为离上海近，曾是各地知青羡慕的"福地"。

她们大致分为两大群落，一为农场与插队女知青，一为小三线的女工，后者的生活条件要明显优于前者。我到安徽宁国县的上海胜利水泥厂，首先就和后者生活在一起，给人的感觉就是

"特别会过日脚"。

皖南水田属于长江水系，有无数的螃蟹，但当地人不吃蟹。和陕西旧俗把大闸蟹晒干晾在门口驱鬼不同，此地乡民根本不碰它们而且长期视之为糟蹋稻谷的害虫。那蟹小，一般二两多一只，极活络。虽非"大闸蟹"青壳白肚金毛爪的规格，但蟹毕竟是蟹，上海人一到，当地人惊恐万状：这些人连"鬼脸"（当地人叫法）也敢吃！在他们眼里，上海女人特别强悍，吆喝男人下田捉蟹、捉黄鳝（乡民也不吃），捉来"鬼脸"，直接捏着它们的脚，用尼龙板刷狠命地刷，吃法更是五花八门，有一斩两段面拖油炸的，有缚紧了上笼蒸的……问题是螃蟹的香味是无敌的，当地农民先是围着看稀罕，胆大的尝尝，这就一发不可收了，"鬼脸原来比大肉好吃多了！"于是群起模仿，蜂拥捉蟹。蛋白质高度短缺的时代，上海女人的"吃鬼脸"带动了多少人的健康，真可谓功德无量。

但物资还是短缺，厂里门市部常常卖海带，家属宿舍里的几位少妇所烧的海带远远比食堂里的好吃。我们去串门，发现她们用淘米水浸发海带，然后蒸一下，用食碱搓一遍，煮时投一小块肥猪肉，加点醋，吃口糯中有脆，脆中有糯，没有一点海腥味。

又有几个上海阿姐，买来韭菜、韭芽或蒜苗吃不完，那时可没有冰箱，就用大白菜的叶子把它们包起来，细绳捆好，放阴凉处，不沾水，半个月都不烂。

宝珍是一个大家都不太注意的上海姑娘，和我一起进山

（水泥厂坐落在山门洞，故而我们把进厂叫作进山）报到的，分在一个学习班（刚报到的青工必须办班学习）。她长得不算漂亮，但仪态高冷。那时大家都追求"上进"，学习班里的发言，政治气氛很浓，很主流，但是轮到她发言，却总是"异样呱嗒"地谈吃谈穿，政治很不正确。时间久了，大家就都边缘她，有时搞青年活动就故意不叫她，她也无所谓。但生活是滴滴答答地一天不拉地进行着的，日子一久，不知怎么的绕在她周围的人却越来越多，我周围的小伙子有事没事地往她那里跑。我觉得好奇，便也挨了进去，进去后才发现那是一个"群"，群里的上海姑娘几乎个个都是心灵手巧的"田螺姑娘"。

皖南多干果。宝珍不知怎么的，特别善于吃干果、做干果。比如红枣，皖南多的是红枣，唯宝珍的红枣是没有核的，一口一枚，特别爽。耽在她的宿舍里，如果下雨天，大家聊着天可以吃掉一大筐"空心红枣"。边吃边想，觉得手剥枣子简直不可能，而且根本剥不干净，她是怎么做到这一点的呢？

某天，她对我说，她喜欢听笛子，希望我每天晚上吹几曲，大家都可解解乏，我就乘机问她空心红枣的秘密。她说，其实没什么啦，有工具就行。那工具简单到让我失望，一块积木，10厘米见方，四五厘米厚，中间一个孔，深约1厘米。宝珍左手持枣，对准小孔，右手的小木槌对枣子敲一下，然后用一根筷子对准枣子顶一下，枣核就轻松地从另一头出来了。她们寝室里六个姑娘，一晚上就可以敲出一筐。

煮枣子，她也比大家煮得快。诀窍是，先用剪刀把枣子两头剪去，再入锅，很快就是浓汤了。

　　苹果和生梨一旦削去外皮后总是变成棕黑色，很没卖相。宝珍看了浅浅一笑，泡一碗淡盐水，把削了皮的苹果和梨子放进去浸一浸就鲜艳如初而且风味不变；保鲜柑橘她也有一套，医务室讨来小苏打粉，把柑橘浸入小苏打水里分把钟，捞出沥干，装进塑料袋，口扎紧，保存三个月仍和刚采摘时一样；皖南多柿子，柿子的毛病就是常常涩口，宝珍不声不响地把柿子和苹果一起放进塑料袋，口扎紧，2～3天就不涩口了；其快剥桃子皮的功夫更是令人叫绝，把水烧开，桃子放进去1分钟，捞出浸入冷水，再难剥的桃皮也轻松剥下……

　　宝珍神了，日子一久才知道她家是在厦门路开水果店的，而且经营了三代。我们虽然谈得来，但没有"谈朋友"，她在上海有男朋友。她后来回上海继续做水果生意，现在做得很大了。

　　因为征地招工，水泥厂进来一批当地的女工，其中一位叫作左玉珍的和我们上海人相处最融洽。她就觉得奇怪，为什么上海姑娘的生活那么有讲究，而讲究的结果，是的确"有道理"。一样煮挂面吧，她煮的挂面，生熟不均而且汤水浑浊，上海姐妹告诉她，不能等水沸腾了再下面，应该在锅底冒小气泡的时候把挂面放下去，略搅动，盖锅，水开后添些凉水，再开就可捞面了，面条熟，汤色碧清。她说她男友的衣服和袜子汗味和鞋袜味太重，就算洗过以后，味道还很重，姐妹们教她，洗过以后，再放入加有白醋的清水中漂洗一遍，保你一点味道也没有。她一试,果然。

其他类似的小窍门多得令她目眩,让她很困惑,为什么?难道上海的学校专门传授这些窍门吗?!

那一年的夏天,厂内青工分批进黄泥山上的五七连队劳动锻炼,她恰好和我分在一个班,在猪场养猪,闲暇时便将心里的疑问告诉我。我告诉她,上海女人因为城市环境的原因而见多识广,她们大都在虹口、黄浦、卢湾、静安、南市、长宁和徐汇等中心城区的石库门长大,这一点非常重要,上海边缘区域的女孩子,这方面的优势(后来叫作家政修养)就要差很多,这个原因就是"石库门"。

石库门的奇特之处,在于它本身就是个小小"大世界",现在叫作"文化场",居住在这里的主流人群既非显贵,也非贫窭,而是旧时的白领、职员、店员、账房先生、教书先生、落拓作家、律师或者其他有事做、能够温饱的市民阶层。他们的特点首先是受过一定的教育,或者有比较高的文化程度,而且"五方杂处",什么地方的人都有,济南的、宁波的、合肥的、嘉兴的、长沙的……这样的环境势必让四面八方的文化基因在前楼、后楼、客堂、厢房、亭子间和三层阁之间,日积月累地勾兑,再"杂交",再融合。太多的生活常识,包括一些"秘诀",几经传播,可以迅速传遍一条弄堂乃至整个街区,甚至全上海。比如上海人都知道,做汤团的水磨粉,立春以后不能换水,一换"春水",水磨粉就发红。怎么办呢?有条件的人家就在天井里储备"冬令水"。说来也奇怪,立春以后水磨粉换"冬令水",就是不发红。此法的原创是谁，还有谁知道呢，但它就是在上海流传。以左玉珍为代表的一群当地征地工，后来和我们相处得相当和谐，她们认可上海女人的生活智慧，离开皖南都三十年了，很多同事仍然和她们有来往。

一锅罗宋汤搞定南漪湖

我有个邻居叫"小阿姨"的，只比我大2岁。刘敏华是"小阿姨"的同学，论辈分我应该也叫她"小阿姨"。她就插队在宣城，宣城是个鱼米之乡、文化之乡，也是李白、谢朓生活过的地方，离开我们的宁国县只不过50公里左右。我刚到皖南就去探望她，当然我是决不会叫她"小阿姨"的。

她在宣城具体插队的大队我已忘了，只记得靠近宣城著名的南漪湖，那里有个"知青点"，一座旧仓库里住着15位左右的上海女知青。她们羡慕我们的工厂待遇，但事实上，她们也把自己的生活尽可能打理得很好。

女知青在农村的困顿甚至绝望，首先是精神层面的。15个姑娘都喜欢文学，但所看的书在当时基本都被列入"不健康"的，这一点也正是应该"接受贫下中农再教育"的。除了男知青点的插兄们定期要来骚扰外（当然她们内心何尝不欢迎骚扰），当地的村干部和村痞子也常常光临。也正因为这个原因，她们刚下乡后必须结伴而居。第二就是物质层面的，但在皖南好得多，宣城是水阳江与青弋江交汇之处，物产丰富，标准的鱼米之乡，可惜当地人根本不会利用这类资源。比如草头，上海菜场的宠儿，但是当地人拿来喂猪或直接做绿肥。刘敏华她们到了以后，天天拿它们做菜，棉籽油生煸后，土烧一喷，香得神仙也站不稳。当地农民一开始还说她们"傻"，大群的妇女尤其看不起这些来自大上海的"怪女人"，吃猪菜！但后来，越来越多的男人围着她们的厨房不肯走了，一定要尝尝。

可怜那队长，尝了以后就回家对着老婆乱吼，要做来下酒。倒了霉的老婆只好放下架子，率着一群村妇来刘敏华的厨房学习取经，同时怎么也想不通，喂猪的，怎么一鼓捣（安徽人叫"搞"），就是一辈子没吃过的美味。

农村里的草头，生长期很长。有一次队里杀了一头大病猪，刘敏华就向队长讨来扔掉的下脚网油（粘在猪肠和其他脏器上的脂油），借来队里的大铁锅，满满地煮来一大锅猪油草头大米饭，邀请全村的贫下中农来尝新。本是一件美事，但后来差点发生暴动，猪油草头焖饭太好吃了，人们蜂拥而上，女人尖叫着，男人动了粗。刘敏华赶紧说，过几天麦收，我再请大家尝尝我们家乡的好东西。她发现，通过食物可以轻易地改善自己恶劣不堪的环境，曾经持续不断的性骚扰越来越少了，满村的妇女也不再敌视她们了，很多人用好奇或钦佩的眼神打量她们，会计还偷偷地给她们加了点工分，让她们的出勤率不太难看……

麦收前夕，刘敏华小组的另一个知青叫龙华的，搞来当地人称作"烂肉"的牛下水，上海人叫"白奶"的，小火熬了一夜。翌日，找来当地习见的洋葱、土豆、胡萝卜、卷心菜，没有番茄酱就自己做，把西红柿剥了皮，煸烂了，放大锅里一起煮。

快晌午时，一股闻所未闻的奇香飘逸在南漪湖的上空，收工的农民结队地走向仓库。刘敏华敲着搪瓷碗说，这就是上海的罗宋汤，都是本地最便宜的材料做的，大家尝尝。请大家以后宰杀牲畜千万别把"烂肉"扔了。

罗宋浓汤的魅力是可以想象的。你也许第一次吃不惯，但第二次一定想它，第三次一定抢它。半年后，刘敏华被贫下中农们推荐上了工农兵大学，龙华不久也上调到芜湖的工矿，仓库里的上海小姐妹后来人人会做罗宋汤。很多年过去了，当地人还在传颂当年物美价廉的罗宋汤。

前不久"小阿姨"的小女儿结婚，我遇到了刘敏华。说起往事她大笑，说那"威震宣城"的罗宋汤，说难很难，标准的罗宋汤应该还有很多讲究，但说容易也容易，亭子间的嫂嫂经常做，旁边看着也就会了，关键是洋葱和番茄都必须煸透，牛的"奶脯肉"必须炖烂，上面漂层厚厚的红油，就成了。

生活是琐碎的，上海的文化也曾得益于"租界文化"，罗宋汤毫无疑问是外来的，俄罗斯的白俄传来的。居住在石库门的人们习惯把各种文化因子"掰碎了传播"，烹饪学、心理学、社会学、药物学、养生学……我相信都是零零碎碎地在坊间流传，上海的女孩有机会东听西听，视野一开阔，日子一久俨然就是"浑身本事"了。

上海的女知青，改变了皖南的"胃"，真可谓不朽！

新嫂嫂的危机攻略

> 她那年三十上下,对付舆论监督很有章法,第一招就是抵赖,书面语叫"否认";第二招就是封冻,不睬你,上海话叫作"阴干";第三招就是"挤牙膏",避重就轻地承认一些无关宏旨的小细节。

谁都不会想到,住过石库门的经历,有时候也是向人炫耀的资本。当然个中原因无非是很多人不曾住过石库门,而石库门现在又是这样的红。

事实上,这石库门,我们当年是叫过它"石苦闷"的。马桶和煤炉就不谈了,光噪音现在想来就受不了,那墙壁不知什么糊的,耳朵稍微好一点,四隔壁夫妻的嘿咻声就尽收耳内,那时还不太懂,常常问外婆,做啥啦,伊拉半夜里还要拔河?还是拗手劲?

论动静,最大的还是"好姘一口"的"新嫂嫂",她住前楼,我睡三层阁,其床笫之声简直像雷阵雨快来了,河面上成群鲫鱼唧唧唧的透气声,我后来几乎学坏,多半是被她带坏的。

她那年三十上下,对付舆论监督很有章法,第一招就是抵赖,书面语叫"否认",往往老公刚刚质疑,她就"瞎七搭八""瞎三话四"地一连串扔上去,倘老公的眼睛稍有"定洤洤",她就拔足嗓门要证人出来,于是老公不免气馁;问题是馁则虽馁，毕竟有"疑似证据"，至此，她的第二招就是冷冻，不睬你，上海话叫作"阴干"，任你跺脚叫骂，她只当没听见。

届时，老公也会忍无可忍，抡刀拿棒地继续高压，新嫂嫂的第三招就是"挤牙膏"，避重就轻地承认一些无关宏旨的小细节，诸如"不就碰碰手嘛"或者"那短裤是我当垃圾扔掉的，他偷偷捡去收藏，我有什么办法。"

快夜半的时候，总是老公先崩溃，两膝一软，在新嫂嫂的腿间跪下，这时就是新嫂嫂的天下了，迎面一脚把他蹬翻：谁要你跪，四隔壁邻居还我清白来！

再后面就是坏唱片一样循环的讨饶和训诫，直到再度"河面上透气"，天也快亮了，事情永远这样地不了了之。

事有凑巧。前不久，新嫂嫂死了，参加她大殓时接的电话，山西媒体朋友打来的，把"山西问题疫苗"的事数落了一下，邀我驰援。说实话，近百儿童因疫苗罹难，听了确实令人愤恨，但我去了有用吗？毛主席说了，死人的事是经常发生的。你今天死儿童，明天死孕妇，后天死矿工，无非一个"腐"字，反腐已经令人疲倦，倒不如把死者和活人串起来考量，忽然发觉类似事件居然和新嫂嫂的攻略有着惊人的传承关联。即无论"躲猫猫""邓烈女""钓鱼执法"还是"山西问题疫苗"，所在政府的第一招一定是"赖"。就像新嫂嫂当年对应"轧姘头"的指责，总是想也不想地"赖"个精光。百善赖为先，比较下来，山西的活太粗，卫生厅在调查见报后的第一时间就"赖"，指责报道"基本不实"，并且"对15名致伤致残儿童，根据线索，紧急安排人员赴基层逐一做调查核实"，当然，核实的结果是"只有 1 名儿童存在对于疫苗的不良反应"。

这可就奇了，据我所知，克勤兄发文时故意隐去了罹难儿童的真名，卫生厅是根据什么"线索"，仅仅一天就找到这 15 名化名的儿童呢？更奇的是，在门户网站上，"一名儿童不良反应"的说法也已经普遍从原始的网页中消失。

第二招也与新嫂嫂战法会心千古，曰"封"，即通知所有部门僵卧"假死"，对可能出现的记者或患儿家长一律"不予理睬"。所谓诉求途径，料你只有两条，一是寻求当地官员的解释与回应，"不予理睬"，你就跪吧，一跪就新嫂嫂似的把你"一脚蹬翻"——一名家长跪后被推倒在地，道理简单，现代法治社会怎么允许长跪？

于是第二条路径就只有法院。但奇事又来了，平日里好讼的法院忽然都不立案了，北起大同，南至运城，纵横千里的人民法院忽然都同时假死了，这是何等壮观的场景啊！细较下来，唯湖北巴东"野三关"最蠢，居然出动人员殴打记者，这不典型的钳制舆论嘛，结果引起全国公愤。

棋子下到这一步，双方都已力竭，唯新闻虽无强制力，但舆论汹汹，举国关注，总得有个说法吧，于是像新嫂嫂一样"挤牙膏"，真相也像乳沟一样，再少，挤一挤总是有的，只是"挤"出来的真相，往往低碳，还有什么油水呢。

从"躲猫猫"开始，"烈女""钓鱼"……怎么样，没有一起不是照着新嫂嫂的路子走，没有一起不是不了了之的吧。

礼失而求诸野。新嫂嫂可以不朽矣。

瘸腿"丁克勒"

> 我发了几年财，结了婚。可惜我这样的坏分子一到1949年以后就没有好日子了，里弄里揭发我和美国人接触密切，我被判劳教，后又改判徒刑……

上海市的南部，有个已经取消了行政建制的老城区叫"南市区"。它已和黄浦区合并多年，但习惯上那些地方我们还是叫"南市"。

我和南市区的缘分不浅，小时候我的养父养母就住南市局门路，我在那里生活过多年，1991年我所供职的《康复》杂志分房，我分到了蒙自路的一套"一室半"公房，觉得很幸福。蒙自路的隔壁就是局门路，局门路的隔壁就是制造局路，三条路紧挨着，当然制造局路是老大，制造局路因著名的"江南制造局"而命名，辛亥革命期间，新军沪督陈其美曾率军"三打制造局"。战事打得非常激烈，制造局路与局门路附近血流遍地，但如今制造局路却因"上海第九人民医院"而出名，这家医院以整容外科、口腔颌面外科之成就卓越而驰誉全国，而我和丁克勒的相识却是很"小儿科"的。

1995年的暑天，儿子刚读小学，入学不久就感冒发烧，进儿科急诊室挂盐水,旁边一个女孩也挂盐水。看她和儿子聊得热乎,一问才知道居然是同班同学,家住制造局路,陪她的胖老头,是她外公,年近七旬,腿瘸,医院里的人头很熟,大家都叫他"丁克勒"。往后三天,两个小孩约好了同样的时间来挂盐水,我也就和丁克勒聊了三天,从此很熟了。

上海人习惯把生活方式洋派、仪表举止西化、人情世故通达的人叫作"老克勒",上迄晚清,上海十里洋场就流行"克勒"这个洋泾浜名词,就是英文 Color 的谐音。Color 的原意是颜色、色彩、特色、个性、漂亮……在英文里就有 Color Man 这个词汇,意思就是弹眼而有个性特色的男人。这已经接近我们上海人说的"老克勒"意思了,老,不是说年纪大,而是形容纯度高、级别高,传说首饰店就把 3 克拉以上的钻石称作"老克拉",后来的延伸义变得非常丰富,大抵行事老到、功夫老到、凡事深通窍坎而带点洋绅风度的,都被叫作老克勒。

因此,丁克勒能被医院上下如此认可"克勒",当非泛泛之辈。

他大了我三十多岁,那种胖,比较油腻,因为瘸,就拄了根黑漆"斯迪克"(拐杖),反倒像拜伦爵士一样,瘸得饶有风度。不知何故,聊着聊着,又是我们所熟悉的"中央商场"——四十多年前,丁克勒靠着中央商场发了不少财。

坐落在南京东路的中央商场源于抗战胜利后。1945 年,有人以高价引入了沙市二路 16 号底层大楼,开设"新康联合商场",内设 90 多个柜台,再加上外面中央弄、沙市一路、沙市二路的马路摊贩,这一带成了倾销美军剩余物资的福地,统称为中央商场。据记载,解放前,这里每只柜台的租金要五两黄金,美国大兵在上海登陆,善于经营的上海人,用各种方式从他们手里获取剩余物资,除了大量的医疗器械与餐厨杂具外,办公用品、克宁奶粉、牛肉罐头、旅行刀具、望远镜、呢大衣、皮靴、玻璃丝袜等美国货大受欢迎,也形成了"老上海人"普遍爱用美国货的风气。但长期以来的一个疑问是:当年的上海人,具体是如何从美国人中拿货的呢?

丁克勒听了哈哈大笑,说,我就是当年的拿货人之一,而且大家都拿不过我!中央商场"美国货"柜台的朋友都要看我的眼色行事。

我听了不断地打量他,快七十的人了,还是油头粉面的大背头,那套老旧西装虽然过气了,但穿在他身上反而很"克勒",因为"合时令"。

但凡老克勒的西装,冬有冬装,夏有夏装,决不能混淆。冬天的西装之用料,因为要御寒,不是哔叽就是麦尔登、羊绒;夏天的则不是凡立丁就是派力司或毛麻,讲究一个透气挺括。

眼下的丁克勒就是一身浅灰的"派力司",与人交谈"接口令"很快,属于眼观六路、耳听八方的那一种。问题是,这一类头子活络的生意人,大上海比比皆是,他丁克勒并非特别出挑,而且还瘸了一条腿;那么是不是丁克勒的英语格外好呢?丁克勒的英语的确好,可问题仍然是,当年上海英语出挑的多了去,为什么就偏偏他最能拿得到美国货呢?

且听丁克勒慢慢道来。首先，很多生意人虽然英语好，但不去了解美国人，不知道美国水手的心态。他说，一见面就迫不及待地要货要东西，很让美国兵看不起。你急什么呢？其实他有大量的剩余物资要脱手，猴急的应该是他。问题是，一旦你比他还急，他就发飙放刁了，上海老话所谓的"发翘头"，就是这个意思。

你想，战争一结束，美国兵最想的是什么？赌博？嫖娼？强奸？不！这恰恰是我们一个最大的认识误区，当时过度的舆论渲染使大家相信美国兵都喜欢性暴力，其实美国兵最想的是回家！众所周知，美国是个新教徒占其国民80%的国家，多数的美国人私生活都很保守，循规蹈矩。尤其是在性问题上，美国人的保守态度可能在世界上也属于前列。

在美国，政治人物竞选时都渲染自己对家庭的爱，包括对自己宠物的爱，强调自身私生活的严谨，做出一副好爸爸、好丈夫的形象。如果政治人物包养情妇，无论是在议会还是政府，必然会丧失支持，甚至身败名裂。此外，许多非政界的公众人物为保持良好的社会形象，也保持私生活的严谨。去过美国的人都知道，在美国很多城市，夜生活并不丰富，晚上根本没有我们想象的那样灯红酒绿。在一些宗教影响较强烈的地区，夜晚简直死气沉沉。

因此，美国兵并非都是喝得烂醉而滥嫖滥赌或开着吉普乱撞人的形象。他说，我当时所接触的美国兵，大都是停在高雄路码头、公平路码头、高阳路码头或军工路码头的军舰上的水兵，他们只能在规定的时间上岸,并非随时可以离舰。我当年小本本做过一些记录,当时先后来上海的巡洋舰为巴尔的摩级的圣保罗号(CA-73)、海伦娜号(CA-75)、洛杉矶号(CA-135)和芝加哥号(CA-136),还有轻巡洋舰克里夫兰级的斯普林菲尔德/春田号(CL-66)、阿斯托里亚号(CL-90)和亚特兰大号(CL-104),都曾经到过上海。

远离家庭的水兵当然很寂寞,也性饥渴,但一般都很胆小,军舰上到处是色情画报和照片,他们就拿那些东西解闷。所以,我的诀窍是,一上船就给他们讲故事,讲东方色彩的家庭故事和言情故事。故事的来源你可能想不到,大都是从鸳鸯蝴蝶派小说比如张恨水的小说里搬来的,后来发现水手们仍嫌传奇性不够,我就直接从"三言二拍"里搬,什么"蒋兴哥重会珍珠衫"啦,"卖油郎独占花魁女"啦,我大肆篡改,加入很多原先没有的色情细节甚至直接就是黄段子,当时社会上有很多不堪入目的淫书坏书,比如《绣榻野史》《灯草和尚》,我把它们剪辑了塞进去,听得他们抓耳挠腮,狂吹口哨,而且上了瘾,你说,我会不受欢迎吗?每次去,很远他们就叫了:看!瘸子来了!瘸子来了!

说到这里,丁克勒不断发出猥亵而带点歉疚的笑声,说,说实话,我这么做,不太道德,利用美国人的精神空虚做他的生意,但那时也是为了生计,那些美国大兵一旦高兴起来,只收我很少钱,什么派克金笔、蔡司照相机,有的甚至不要钱,特别是美国靴子和大量的罐头食品、棉被羊毛毯,统统低价卖给我,只要航次结束,回到基地,这些物资都要被当作生活垃圾处理,现在碰到我这样的"知音",何不大做人情呢?

我一旦在高雄路码头、公平路码头、高阳路码头或军工路码头拿到了货,就雇车直接运到家,整理分类后,送到中央商场上柜。

我发了几年财,结了婚。可惜我这样的坏分子一到1949年以后就没有好日子了,里弄里揭发我和美国人接触密切,我被判劳教,后又改判徒刑……

"我原来是个坏人……现在只是个退了休的老家伙",他说着不断地擦着汗,"人民政府给我出路,我就过过太平日子,当然,对我来说,最幸福的日子还是1945年到1949年初的日子,在美国军舰,在中央商场,我被大家追捧着,那些日子虽然不很长,也算是难忘的啦!"

五十年前的美国货,他现在只剩了一支派克金笔与一条军用皮带了。他得意地掀起派力司西装给我看,那皮带扣子是黄铜的,相当厚实。皮带更结实,用了五十年了,居然还在用。

当然,他还带着一只卡地亚山度士金表,那可不是美国货,而是为了"老克勒"的腔调而淘来的二手货。因为罩着"Color Man"的光环,谁都会觉得那表,丁克勒至少戴了四十多年了吧。

我们在儿子快进中学时搬离了蒙自路,从此和丁克勒断了联系。

前些年听说他去世了,享年九十。

"咖啡阿三"

> 阿三家本来被斗得抬不起头,那几天忽然被笑脸包围了,街坊们从此隔三差五地有咖啡可蹭,咖啡弄又有咖啡香了。

上海当年有条"咖啡弄",风行的一句话是:"我不在家,就在咖啡馆,不在咖啡馆,就在买咖啡的路浪上。"

始于南京西路的江宁路一路向北,遇到长寿路一个熊抱便造就了个繁华的十字路口,"五福里"三十余排石库门正好位于江宁路与长寿路以及昌化路的转弯角子,当年被叫作"咖啡弄"。作为石库门,它算是较新的,都是"双亭子间",客堂的后面,一左一右还有两个采光拔风的小天井。老辈爷叔讲,因为"德胜咖啡行"(上海咖啡厂的前身)的老板曾住在这里,长期地免费送邻居咖啡,久而久之,尽管他后来搬走了,喝咖啡(上海人叫"吃咖啡")的风气却弥漫了开来,大概从20世纪30年代开始,沪西一带的教师、牧师、小公务员、银行职员、账房、跑街、医生、律师都入住了"五福里",这些人小资情调足,和原住民好咖啡的风气一拍即合,"咖啡弄"便在沪西出了名。

如果咖啡与大蒜天然相悖的话,弄堂里的蒜味的确淡,早餐"四大金刚"也不热乎,居民晨起大都一杯咖啡,佐以切片面包,或蛋糕、华夫,考究一点的则是丹麦曲奇、泰康蝴蝶酥,甚至拿破仑、奶油小方。为此,西边弄口还开了一家专售西点的"甜香公司",生意极好。

尽管这样,如果没有"咖啡阿三",咖啡弄的咖啡就没这么香了。

他住我家隔壁,小时候我常跟着他,从老虎天窗爬出去,坐在屋顶的大瓦片上,延颈四望。首先就是左邻右舍的"万国旗",晒台与弄堂,凡能拉线的都拉了,凡能撑杆的都撑了,然后晾满了五颜六色的尿布、毛衣、衬衫、内衣……从衣物的质地可以直接判断邻居的经济状态。再就是年货,鳗鲞、风鸡、酱油肉。咖啡阿三的真名就不说了。那个"十年"之前,他还是个无业的"社会青年",黑圆眼镜,长条脸,成天捧着一杯咖啡——听大人说,他家是虹口搬来的,爷爷就是开咖啡店的,阿三因此常对邻居普及咖啡知识,什么咖啡1844年进入上海后,最初都是餐余助兴的辅助饮料啦,吃"大菜"的最后一道啦,等等,当年的《上海洋场竹枝词》有载:"大菜先来一味汤,中间肴馔辩难详。布丁代饭休嫌少,吃过咖啡即收场。"而独立的咖啡馆——"虹口咖啡馆",据阿三说,要到1886年才出现,他爷爷的咖啡店1952年以后就关了,当年就搬来了咖啡弄,用"条子"顶下了客堂与前楼。阿三的中学同学多,三天两头上门,都挟着一叠黑黑的胶木唱片而来,中国唱片厂,黄色牛皮纸的外包装,中间一个圆孔,露出大红、华表高耸的片芯。

我一边看着，咖啡阿三招待同学，其实是看人头的。对付"草根"的同学，他就用上咖的"鹅牌"方块咖啡招待，"给他们好咖啡，是乌龟吃大麦——浪费粮食"——他常对我冷冷地撇撇嘴；"克勒"一点的朋友，他会动用3.5元1听的铁罐咖啡（这种咖啡吃完后罐子是不扔的，要放在玻璃橱里炫耀），铜质小壶一煮，纱布过滤后悠悠地细品，品它的酸度，品它的香型；只有最好的而且也懂咖啡的同学，他才会提前一天取出密封的生咖啡豆，亲自烘烤，老克勒都知道，这是一门很高级的手艺，一般买来业经烘烤的咖啡豆，自己研磨，已经够"克勒"，但只有真正的老克勒才敢买来生咖啡豆，自己烘烤。牙买加的蓝山咖啡只能"中度"烘烤，而墨西哥咖啡则必须深度烘烤，才能尽显风味。他的烘烤箱也传自爷爷，很老式的那种，用撑脚固定后温度可达200多度，因此每每要我们走开。他用一个手柄来操纵机器内部的两个垂直金属片，它们可以在烘烤时旋转咖啡豆，那过程不但发出满屋的奇香而且高温将导致咖啡豆"出油"，出"轻油"还是出"重油"都有不同的讲究。再比如烘烤十多分钟后，咖啡豆就爆裂，爆米花一样"乓乓乓乓"地欢蹦，这时咖啡阿三就紧张地观察咖啡豆的颜色，针对不同的咖啡，他必须适时地取出咖啡豆，放到窗外竹匾里，摊摊开冷却。

整个过程，无以名状的咖啡香弥漫全弄堂，香得你饥肠辘辘，香得你抓耳挠腮，坐立不安。与板烟斗丝一样，闻香的，才是真正的享受。

等同学来了，他就招呼同学一起研磨，粗磨、中磨、细磨，刚烘烤的咖啡豆并不适合马上研磨饮用，一般来说，咖啡的最佳享用期为隔天烘烤，当场研磨，此时的咖啡最"鲜滑"。然而咖啡的调制方法又惊艳无穷，阿三最最惊为天人的绝招是：邻居的围观下蒙住他的双眼，给他一根筷子，点尝一下，就能分清哪一杯是意式浓缩、法式欧蕾、美式黑咖，哪一杯是港式鸳鸯、爱尔兰咖啡酒、希腊法拉沛……

那是咖啡弄特有的乐趣。不过这一切都突然中断了。1966年的那场巨变突然来临，弄堂里的牧师、旧公务员、旧职员、账房、跑街、旧律师，大都落魄了，每个月只拿12元生活费。咖啡阿三的家也不例外，烘烤箱与研磨机突然被收缴，而且"定息"取消，只拿生活费，一下子沦为弄堂贫民。

弄堂里的咖啡香于是突然消失。

须知那时候的普通收入是"月工资36元"，"阿三"他们的收入一下子跌进了"月入12元"，自然7分一包的鹅牌方块咖啡也吃不起了。

不服，可以算一算：7分一天，一个月2元，设若每个家庭3人喝咖啡，加糖，一个家庭一个月就是10元左右，当然消受不起。

鹅牌方块咖啡，都是上海咖啡厂的下脚料制作的，以前咖啡弄的人不碰，现在当宝了。7分钱毕竟可以买一副大饼油条，酱油虾皮汤泡泡，就是一顿主食，谁敢不当回事。

问题是，咖啡不饶人。它的成瘾性众所周知。

自从喝不起咖啡，咖啡弄很多人就无精打采，日见憔悴，饭后都像被火围住的蝎子一样焦躁不堪。

因为是"咖啡世家",邻居都把希望押在阿三身上,盼望他像"糖精""代盐"一样研发出一种"代咖"聊补无咖之炊。

一天,阿三把我叫去前楼,品尝他发明的"代咖"。先不说穿,让我把一大杯褐色的饮料喝下。还真有点像,甚至非常像。他得意地说,这叫决明子,从一百多味中药里挑出来的,放了一点糖精与板蓝根粉,怎么样?还别说,经他精心煸炒浓缩以后,那风味有点像美国清咖。另一次他要我喝另一杯褐色的液体,那是他加入决明子混炒的大麦茶,熬得非常浓稠。加点炼乳,差一点像奶咖。

这一切他像贼一样偷着试。几位邻居尝了以后,都说"像",最想咖啡的时候,猛呷几口是可以忽悠的,但多喝了不行,毕竟是大麦茶、决明子,胀气。最要命的是,它们都不提神。"咖啡"不提神,等于打牌没王炸。"代咖"研发失败了。

他有个同学的父亲是上海咖啡厂管仓库的,以前不太在阿三的眼里,现在阿三开始动他的脑筋了。

没几天,他带回来一口袋咖啡豆,左眼圈却黑得像熊猫,说是不小心撞的。要我们几个孩子跟他上楼分拣一下,可这都是什么垃圾货呀,很多咖啡豆是畸形的、变色的、变酸的、过度发酵的,大量的泥沙、草屑、叶梗与豆豆混在一起,先用粗筛,继而细筛,再人工剔除各种原因混入的咖啡外皮、果肉、内果皮、银皮……

整整四五个小时,累得我等差点脱水。分拣后放进铜锅,咖啡阿三以极其娴熟的手法,手持木铲飞快地翻炒。

但最难的是研磨了。研磨机早没了。阿三苦想了多天,忽然打起了我们家那只每年磨"水磨粉"的小石磨主意,试着干磨了一下,虽然效果不太好,再也分不清什么粗磨、中磨、细磨,但毕竟磨碎了,磨细了。磨,也是硬道理。

尽管豆豆是"畸形的、变色的、变酸的、过度发酵"的,但尝过的人都说,比鹅牌方块咖啡不知要好多少。

那个特殊的年代,五福里的咖啡居然复活了!一时间,几乎家家户户来蹭咖啡,悄悄地,倒一杯就走,阿三家本来被斗得抬不起头,那几天忽然被笑脸包围了,街坊们从此隔三差五地有咖啡可蹭,咖啡弄又有咖啡香了。

只有我对阿三的"熊猫眼"心存疑虑。这咖啡豆虽然脏乱不堪,但毕竟还是咖啡豆,哪来的呢?

天气渐渐热了,阿三的"熊猫眼"渐渐褪色,腰部却又添了几张狗皮膏。不知他怎么的,白天常常不见踪影。

那天我去西康路外婆家,一时心血来潮,去西康路码头张张,陡然一个熟悉的身影进入眼帘——阿三!干什么?扛大包吗?

我叫了他一声。发现是我,他也有点慌张,赶紧解释。他的身坯本来就不算壮实,最近更羸弱了,汗水打湿了狗皮膏,让它们外翻的内脏似的趿拉在那里。原来,正是咖啡厂管仓库的同学他爹,告诉了他一个秘密,咖啡厂的原料都是在西康路码头装卸的,那时的生咖啡豆大都是进口的,装在黄麻或波罗麻织成的粗纤维袋子里，驳运与装卸的作风则是一贯地野蛮粗糙，码头上到处是洒落的咖啡豆，如何"揩油"就看造化啦。

阿三闻讯混进了西康路码头，开头几次借"扫垃圾"收罗咖啡豆时每每被码头工人痛扁，不过说他"偷"也确乎勉强了一点，那豆沙相混的严重程度，不是垃圾还能是什么呢？所以当阿三坚持再去时，师傅们对其更多的已是怜悯，阿三也很"识相"，抽空也扛几个大包，收工时的"垃圾"也就都归他了。

三层阁里，类似的"垃圾"已经五六袋了，看他的意思似乎不能排除继续囤积。"就是对不起你们了！"他的长条脸一直红到脖子，拍拍我，满面的羞惭与无奈。作为咖啡弄曾经的"课代表"，喝咖啡，在他的口气里一直是一种"克勒"的腔调与"爷叔"的修养，谁会想到是如此瘪三般的沦落与不堪呢……

我后来与"咖啡阿三"有点疏远。再后来生活发生了很大的变化，我们搬离了五福里，我甚至去了外地。

咖啡弄也于20世纪90年代被拆迁。但它在人心里的印记却难以磨灭。

五十年前的上海，只有它才菌类般地遇冬不死，并稍有阳光就绽出了绿意。

血色前科

> 多年过去了。你只要走近猴山,学四川腔,大叫一声"老张!"就会有一只雄猴子应声而出。

网络多事。刚刚围观了"春节打拐",某门户网站发起的"保护黑熊"又呼声四起。这次舆情抗议的是"活熊取胆"。

说起"活熊取胆",不是恶心你,全国最早报道且影响最大的又是本老汉的《熊场见闻》(见《现代家庭》1997年第11期)。

14年来,它无数次被各种文本嫁接、引用、改写,以致2009年11月29日的"中国保护动物记者沙龙"会上,亚洲动物基金会创始人、世界著名保护黑熊活动家谢罗便臣在新华社记者唐师曾陪同下,见到本老汉第一句话就是:你就是胡展奋?总算见到你了!

但本届围观,我却不好意思去腾讯的"热爱生命"大型活动"领赏",因为顶着"护熊"冠冕的我,事实上却有着不可告人的"虐猴"前科,心有戚戚焉。

1972年11月中学毕业待分配,百般无聊的我去云南临沧专区耿马县的孟定农场玩耍,接待我的是弄堂"皮大王"阿四。

这阿四,弄堂内拜大王,到得农场却混得不怎么样,因为桀骜不驯被贬往山坡看守苞谷地。苞谷者，玉米也。云南多猴，嫩嫩的苞谷是猴子的最爱，他的任务就是发现猴子掰苞谷就打锣，赶走猴子。

农场离苞谷坡约14里地，他一人，带一条淘汰军犬"癞疤"住坡腰的吊脚竹寮里，唯一的防身武器就是一把"卡瓦刀"。我去了就陪他，白天，竹寮里两人对掰西瓜，晚上则凉风习习，数着星星谈女人。

一日上午10时许，苞谷地一阵乱响，猴群来了，黑压压的一群，大的小的，雌的雄的，唧唧喳喳地响成一片。我们闻讯立即拿起大锣就乱敲，"癞疤"倏地一声就窜进了密密匝匝的苞谷地，狗吠声、猴叫声搅成一团。顷刻，猴群四散，唯一金毛母猴带一小猴落单，逃避不及而窜到芒果树上。那树高约40米，面盆般粗细，"癞疤"自然上不去，猴也下不来，犬猴对峙，只听得"癞疤"狂吠。阿四见状，留下"卡瓦刀"，嘱我别走，便一道烟地去农场报信。我打量着母猴，两眼都急红了，它炯炯地瞪着我，显然有点藐视我，龇着白牙三番两次地往下冲，都被白牙厉厉的"癞疤"狠狠咬回去。

母猴绝望了，哀哀地看着我，眼里似乎闪烁着泪花。我却拿不定主意，放它走吧，阿四会责怪，不放吧，于心不忍，几次拽着"癞疤"的项圈想走而不果，犹豫不决之间，阿四带领人马赶到，母猴见状，预感大事不妙，驮着小猴直往树顶窜。好个阿四，拿过猎枪瞄个准着，"嘭"就是一枪。

母猴应声掉地，满地血污地挣几下不动了。小猴通灵，坐树上,"咯哩哩、咯哩哩"地哀号。我顿时痛恨我刚才的犹豫不决,便求他们:放它一马吧,它妈妈已经死了!孰料人群中立刻爆发粗野的桀桀怪笑,至少有几只手伸上来敲我暴栗——"小赤佬,娘娘腔!赤那!"

母猴转眼被抬走"红烧"去了,现场只剩阿四和我。我又求阿四,他黑下脸来,队长要留下小猴白相!放它走,我还想回上海探亲吗?!

天快黑了,寻母心切的小猴大概看花了眼,以为黄茸茸趴着不动的"癞疤"是母猴,居然一个激灵蹿下树来,被"癞疤"扑个正着。

小猴被队长"老张"收养了,用8号铅丝箍住脖子,囚在竹笼里,隔壁就是它母亲做成的盛馔,"川味猴肉"、玉米酒。"老张"是四川人,自然是四川烧法,固体酱油、砂仁、花椒加辣椒。味道虽然极香,我却不敢下箸,潜意识里认为那就是吃人。"老张"下令:是男人就吃!不吃就扒光裤子赤着鸡巴赶到女生宿舍示众!

于是我壮着胆尝了一块,不巧,是块猴脑,猪油一样满口滑腻腻,一个吊恶心,吐了一地……

翌日晚上,我和阿四仍然住竹寮,半夜后忽然觉得浑身汗毛异样竖起,上下左右阴风飒飒,原来不知何时竹寮四周无声地围上了一圈绿莹莹的鬼魅眼睛……阿四大叫一声,抓过猎枪朝天就是一枪——"嘭",惊天动地,绿眼瞬间消失。阿四说,猴群想来报仇!我们吓得不敢再睡,坐拥刀枪到天明。

问题是，猴群一般晚上停止活动。我们不知那是什么东西。难道是猴群复仇心切，破例下山吗？阿四反正再也不肯看守苞谷地了，那地竟然荒了，竹寮后来也倒了。更蹊跷的是，收养小猴的连长"老张"忽一日暴死，在橡胶林和女青年嘿咻时突然倒下。这个四川人一贯利用职权奸淫女知青，一旦猝死，大家暗中称快。但副连长是怎么回事呢？他接手小猴后也猝死了，被一种毒蛇俗称"烙铁头"的，一口咬死。他可没干啥坏事。

滇西人迷信，疑心小猴身上"附"了什么：母猴带走了张连长，张连长又带走了副连长，据说谁的业力强，就附谁。张连长是最强的，大家就叫小猴"老张"。"老张"是只雄猴，现在没主了，就跟了阿四。按理，阿四和小猴"老张"有"杀母之仇"，可他带"老张"就没事，当地说法，就是"附"在小猴身上的张连长"高度认可"阿四。说来也怪，不几天，"老张"还真越来越像张连长了，张连长好酒。小猴也学会了喝酒，而且连队开大会，那猴子眼睛一眨就窜上了主席台，坐在张连长生前的位置上，像他一样地敲敲麦克风。怎么撵它也不走。

再次是"癫疤"的变化，张连长生前好虐待，"癫疤"身上的疮疤其实都是张连长平日里不断用烟蒂猛烫的结果，可现如今"癫疤"一见"老张"就像见到张连长一样摇尾献媚，反倒成了"老张"的跟屁虫。最后是作风问题，猴性淫，我们知道，但这么小的孽畜，就裆中央整天直着，也就太像张连长了，而且像张连长一样，有事没事地就往女生宿舍骚扰。比较严重的一次是医务室妇科大检查，"老张"居然蹿了进去，"癫疤"也跟进，于是

血色前科 | 331

满屋的女知青立马扯衣掣鞋地鸡飞狗跳，大家哇哇乱叫地逃进了连部，酒精炉子打翻，烧着了布帘子，差点酿成一场大火。

没几天，"老张"冲击女浴室的那一回更经典，活像猪八戒闯进了盘丝洞。大概嗅到了某种激素（比如黄体酮、孕激素），这下流胚亢奋异常，一会儿窜进淋浴房打旋风腿，屋内马上传出杀猪似的惊天动地的救命声，踩踏混乱之下纷纷摔倒，啪嗒、啪嗒响成一片；一会儿窜进更衣室挤眉弄眼，吱吱叫着抓起内衣和鞋袜狂嗅狂啃，更衣室的椅子又啪啦啪啦倒成一片，这下不仅仅是叫救命了，而是大群人遮着亵衣甚至捂着私处逃出来。

干部急得只能在外面跺脚，女性禁区，男士止步，最初只能听任妖猴胡闹，后来快出人命了，才撒网缉捕。

归案后，阿四真火了，上去就用剃刀乱剐，然后在它的伤口涂抹云南的"涮涮辣"，那是极刑，猴子痛得龇牙咧嘴当场休克。但女知青仍不罢休，强烈要求召开连队批斗会。那一晚，食堂里的汽灯点得通亮，"老张"也觉得自己犯下了滔天罪行，一直蔫着头。阿四借来手铐，把它来个反铐，链条系在石柱上，脖子挂上了小黑板，上写：流氓渣滓，老张不投降就叫它灭亡！

那真是一派旷世罕见的场面，"打倒老张！""严惩流氓！"口号声风雷滚滚，猴子吓坏了，罗圈着腿，簌簌直抖，小便失禁，尿骚味充溢会场，接着开始拉稀，最后完全瘫软地上。

毫无疑问，这是一次积怨的总爆发，张连长生前劣迹斑斑，愤怒的人们此刻指桑骂槐，完全把"老张"当成了张连长，甚至当成了农场当局，什么"强奸女性""贪污伙食费""索要手表票"……什么事都抖了出来,批斗会完全失控。

愤怒的女知青,翌日不但把斗争矛头直指场部领导,还指向阿四。我一看,苗头不对,赶紧溜回上海。没几天,阿四居然也带着猴子逃回来了。我看了它一眼,被抽以后,"老张"似乎木讷许多,屋里屋外的听话很多。无奈好景不长,那一年的"五一",阿四带它逛街,一个不留神,猴子窜进了大自鸣钟的绸布店,这下热闹了,顾客逃了个精光,营业员搬起布匹砸它,它抓起茶杯、墨水瓶、浆糊瓶、印泥盒反击,空中杂件翻飞,布店开打全武行,几乎所有的布料都毁了。区里出动消防队,仍然是撒网捕捉才将它擒拿归案。

被它折腾得心力交瘁的阿四突然想起"和平公园"有它的远房亲戚,便把它押送公园猴山。

多年过去了。你只要走近猴山,学四川腔,大叫一声"老张"!就会有一只雄猴子应声而出。

阿四最近退休了。现为长寿路某小区一名一谈云南就喋喋不休的话痨门卫。

风雨同龄人

> "生活了几十年,她刚刚明白。"瞒过了老婆,他多少有点得意。"其实我一直在老师的画室里动手。"

65岁的老友丁振元最近忽然送我一幅油画:《拿破仑穿越阿尔卑斯山》,发朋友圈里立即引起了轰动。

没人想到他会画画。年过花甲突然威武,实在不可思议呢。

那画,固然是临摹法国大画家路易·大卫的,但临摹也是要功底的,绘画功底有没有是藏不住的,况且还得有二度创意。比如大卫的拿破仑面目姣好,一如美少年,阿丁的拿破仑却眼神凌厉,浑身霸气侧漏,用我们俗人眼光看,似乎更像战神拿破仑;再如,大卫的天空背景是乌云密布的,阿丁的天空却云幕瑰丽,象征着胜利在望。

我知道他与大师级的大卫相比当然差距不小,但此画承载友情,意义非凡,更重要的是,人过六十多暮气,我周围的同龄人仔细看去,说实话平平淡淡的多,现在都说"平平淡淡就是福",此话是恭维大多数,取悦大多数的,让大多数人安心于平庸。问题是,被恭维的时间长了,被恭维的语境固化了,许多人居然以老态龙钟、无所作为为荣,有的事实上已经在"等烧"

了,却还嘲笑他人退休后的积极人生,曰:"怎么还没太平?"

这,就根本性地颠倒了人生价值、人间是非。

相形之下阿丁却始终精神抖擞,"追求总是美丽的",退休后非但丹青不辍,而且敢对名画"下手",佩服。

我俩同龄。还是"三同"。也就是"同年同月同日生",古人常说"不求同年同月同日生"——"不求",正说明"三同"的"难得",我在企业10余年、新闻职场30年,与我"三同"者唯此君也。

初识是在"小三线"报到处。我们一谈就投缘。到了山里,又一个寝室,一起过苦日子。他的性格是外向的,说话分贝高,没事常话唠,成天大大咧咧地,交游广阔,但是唯独对自己的专长很低调,从不炫耀自己的一技一能。某日看他写书法不禁吃一惊:他居然会书法?颜体、柳体、欧体,随手写写至少比我辈强多了。

一问,小学里就习字了,中学里还是学校美术组的,和人合作画过领袖像。不过,印象里他似乎不太有"长心",厂里有位美术专科毕业的画家叫胡震国。阿丁拜他为师,但习画不太刻苦,看他不少日子也是泡在麻将、老酒和聊天里的。回沪后下了海,还招了不少麻烦,栽过几个跟斗。也没见他怎么努力于绘画嘛,怎么突然就一鸣惊人呢?

阿丁解释,的确长期沮丧过,有时候甚至很颓废,是受到老师的鼓励而重新振作的。追随胡老师四十年,"看画"多于画画。他的教学原则很"怪",反对没看懂就"勤动手",而是让你反复看他画,往往边画边和你聊着,把你憋着,一直憋到"手实在痒"才允许你动手。就这样,看他画了几十年,也就把他的心法手法熟记了……

这次动手,老婆见了吓了一大跳。他说。见我熟练地架好画架,她吃惊地说,你要干什么?!

后来看我打样,调色,开笔,她才恍然大悟:原来你还有这一手啊!

"生活了几十年,她刚刚明白。"瞒过了老婆,他多少有点得意。"其实我一直在老师的画室里动手。"

我于油画是外行,所欣赏的是阿丁自强不息的"求道"精神。以前常听说"诗无达诂",说的是诗,没有"终极性的解读",我现在很想说,人无"达诂",人生成败,变数太大。过去常说"三十而立",后来改为"五十分晓",如今看来应该六十岁才收官子。想阿丁,当年有谁看好他呢?一个"臭工人"而已。谁都可以在他面前刷存在感,一起进厂的"同龄人"自以为比他混得好的,多了去!有"以工代干"而沾沾自喜的,有一当"科室干部"就两眼朝天的,还有一旦"管吃管喝管售票",说起话来立刻就会喷人的,连个小卖部的都趾高气扬,因为手里有烟有酒啊!更有"混到公司""混到局里"的,明明一个办事员却立即以"钦差"自居,都膨胀到可以在他面前揎臂攘袂,高视阔步。然一到六十,统统"歇阁",身上的"毫光"瞬间归零,干瘪枣子一只,暴腌咸鱼一条。孵孵太阳拍拍照。蹭蹭旅游叉麻将。

多少人，年轻时都被普遍看好，赞美与鼓励，鲜花与掌声，一声声"前途无量"，一声声"人才难得"。其实大抵水中月，镜中花，跌跌冲冲地爬到老境也不过如此，为什么呢？因为老天公平，他让你唱上半场，就不一定让你唱下半场。

兀那阿丁，不靠"后台"不沾裙带而自带光环，下海后搏击江湖，退休后挥笔风流，人的能量是有额度的，他藏到最后才用，岂不妙哉。民间农谚：先胖不算胖，后胖压坍炕。好比一只没人看好的"ST股"，一夜之间脱帽涨停！

记得甘地说过吧：除非你弯下腰，否则命运是骑不上去的。

望江门外的"牛大王"

> 我那年虚龄 14 岁,坐在火车上,突然觉得胸中充满着一种麻麻的、痒痒的、酸酸的感觉,它有点痛,更多的是一种无以名状的肿胀。

父亲的"历史问题"把我们害得好苦,"文革"高潮时,弄堂里的孩子们抱成团骂我们,说实话,我对此很记仇的——我后来很多不快的事都会迅速释然,唯独小时候受的欺负,久久地、久久地铭记心头。

那种辱骂是有节奏的,聚在你的窗下,童声合唱:捺阿爸,是特务!捺阿爸,是特务!(你爸爸,是特务)

要打,当然打不过,对方总是十几个,我就搞偷袭,弄堂转弯角子里伺着,一看见落单的,就上去对准鼻子一拳,二拳,打了就逃,对方一定鼻头血哒哒滴,我也报复地笑了。

但这样的日子总不是个办法,老妈决定带我去杭州"避风头"。她有个弟弟很小时过继给大舅舅"包老爷",现在十八岁了,这么多年居然没有见过面,原因是"包老爷"忌讳儿子知道这段历史。如今孩子大了,"包老爷"决定公开,所以也欢迎我们去住一阵子。

妈妈的大舅舅,我要叫"大舅公",脸长得太黑,在单位里还是个不徇私情的门卫，大家便叫他包公、"包老爷"，住在杭州望江门。因为"望江门济公大闹秦相府"的故事，望江门在杭州历史上可是赫赫有名，它是杭城古代东南部的城门，始建于南宋绍兴二十八年（1158年），门其东有茅山河草桥门。南宋末毁。元末，至正十九年（1359年）重建城垣，拓展东城三里，在此建门改名永昌，因登城楼可远望江潮，清康熙五年（1666年）改称望江门。门外是一片江涂田野，乡民以种菜为业，杭州城的蔬菜多由此门入城，故有"望江门外菜担儿"之谣。

望江门东邻著名的"城站"，即杭州火车站，北邻"清河坊"，如今著名的"河坊街"，胡庆余堂国药号所在地，当然，城门早在民国初就因筑路而拆除了。1968年夏天，我和母亲到达的时候住舅公家，望江门附近的"肉厂宿舍"。

众所周知，杭州说话喜欢带个"儿"字，伢儿、瓢儿、帽儿，我在家排行第二，大家便叫我"阿二"。"肉厂宿舍"的全名叫"杭州肉类联合加工厂职工宿舍"，它其实是个新村，大门围墙内有十几个门牌号呢，我在那里才第一次享受被"热捧"的感觉，"少年人生"完全改写了。

这一切，因为有了"牛大王"。

"牛大王"就是我的三舅舅戚定元，他过继给大舅公以后一直没看见过我，所以突然出现这么个大外甥，高兴得他整天咧嘴笑。

"文革"初期，杭州也到处闹武斗，三舅的一派斗输了，"牛大王"也就"解甲归田"，回到望江门称大王。之所以叫他

"牛大王",第一是属牛,第二是肌肉发达,力大无穷,方圆十余里,举杠铃,他是冠军,长相又帅得亮瞎眼,那些女青年整天往我们家钻,找理由赖门口,讪讪地看他一眼也好。

记得有个邻居,说是"老红军"的女儿,住我们家对面,每晚准八点对着我们家深情地唱那时的红歌《海防前线望北京》,总是那首歌,用心可谓良苦,那声线,现在的说法很"骚"很颤,真有"风吹汗毛肉会麻"的感觉。"牛大王"不喜欢她每天晚上的叫春,顺手给她起了个外号"倩色色",杭州话很轻佻的意思。很多年后我才明白,那每晚的直播不能怨她,是荷尔蒙让她不能自主的。

牛大王会武术,打的是"岳拳",说是岳飞传下来的,要我也练,我跟了他几天也就不了了之。倒是他的一帮小跟班,整天对我阿谀奉承,捧脖呵脖,美得我几乎忘记了弄堂里的屈辱。

我们最常玩的地方有几个,首选是"胡庆余堂"。邻居"皮夹儿"的老爸就是胡庆余堂的老药倌。夏天的胡庆余堂真阴凉,青砖大瓦房,弄条破席,大青砖上一躺,比现在的空调间舒服多了。那时节胡庆余堂被冷落了,很多房间做了仓库,"皮夹儿"常带我们去偷些甘草来嚼嚼,北瓜子偷些回家炒炒也味道颇不恶。

第二个地方自然是清河坊的"大井巷",那里全是明清以降的老房子,无数的老房子,不知何故很多房子不住人。印象里,大厅很大很深,光线暗暗的,有些许阴森森的感觉。按中国传统的格局正中间放着画桌供桌,画桌上应该是一座小屏风,另一边是一只大花瓶，正中墙上挂着一幅中堂，四季更换，中堂两侧是一副对联，也随着中堂换季。但现在全是空空的，积着厚厚的灰尘。

厅中间放着四张茶几，八张靠椅，不知多少年没人坐了，也都是冷冰冰硬邦邦灰尘厚厚的，大厅的柱子油漆剥落露出原木的颜色，一直到后来房屋拆除，被白蚁蛀过的柱子，始终顶着沉重的大梁和屋顶经历三个世纪，没有倒塌。地上铺的大青砖经历了一个世纪又一个世纪，灰色方砖中间凹了下去，四边凸起着，我们在上面打弹子玩。

然而玩老房子最刺激的玩法是晚饭后大群人涌进灯光黯淡的老破屋，听"牛大王"和他的同学"延荣""贼眼儿"等讲鬼故事。杭州的民间鬼故事，特别是晚清以来，民国间的鬼故事最多，大财阀、大军阀、姨太太、小丫鬟、读书人之间的恩怨情仇，把每间老房子都弄成了鬼气森森、阴气重重的人间地狱，更有那时流行的恐怖故事《恐怖的脚步声》《绿色的尸体》……常常讲到关键时刻不讲了，大家竖着汗毛散伙时一片鬼哭狼嚎，谁也不愿意先走，最后胆大的一跑，大伙儿跟上，跌倒的，抢道的，哭的，嚷的，喊救命的，那真叫个乱，"牛大王"他们尽捂着嘴笑。

三个月里，因为是"肉联厂"的职工，舅公几乎天天买来廉价的肉制品，蹄髈（杭州人叫"壮儿"）、脚圈、排骨、猪杂碎，牛大王骑着自行车陪我玩了杭州所有的名胜——但我在那里的极乐生活很快就结束了，老妈不可能一直把老爸孤单地撂在上海。回上海前,我已经学得一口流利的杭州话,想起又要开始被欺负的生活,我难过得痛哭。小伙伴们也依依不舍,只是不知道我为什么这样伤心,纷纷说"阿二哎,你可以再来玩啊!"唯独"牛大王"知道真相,他深沉地看着我,深情地说,下个月,舅舅就来看你!舅舅说话算数,啊!

我泪流满面地离开杭州,火车上一直默默地流泪。原来人间还有如此温暖的地方,我发誓,我将永远爱着杭州,今生如果能做个了不起的人,我将不允许任何人说杭州一句坏话。

我那年虚龄14岁,坐在火车上,突然觉得胸中充满着一种麻麻的、痒痒的、酸酸的感觉,它有点痛,更多的是一种无以名状的肿胀。

很多年后才知道,那就是诗,诗的懵懂。

国际饭店那顿饭

> 直到1976年的一天,我师父沈新堂对我说,你要去深山沟了,送送你,我们上国际饭店!我着实吓了一跳。

即令一个对上海最不以为然的人,都不会无视国际饭店的存在。

不知是不是父辈的浸润,上海人已习惯把"国际饭店"情结如同基因一样传给自己的下一代,如果问你住哪里,你只要回答"黄河路"或"新昌路",就马上有人叫一声"哦,国际饭店!"

就我而言,最早看到国际饭店的情景已经记不清了,大概四五岁吧,只记得靠近黄河路转角的风,很大,而且旋转,转起很多树叶与五颜六色的糖纸头。

因为听说"仰观落帽",故而也试过,发现那得看角度,在底下笔直地看它,帽子当然要掉下来——仰天唾面的原理嘛,如此看任何大楼都会掉帽子的——远看,则不禁为它的巍峨伟岸而暗暗喝彩,紫巍巍的,通体棕红色,从三分之二以上的高度开始,大厦渐渐收窄,俨然一座高高山峰的节奏。

关于国际饭店,一个老上海人对它的典型记忆应该是:南面,万紫千红的人民公园;东面,紧邻1928年落成的西侨青年会大楼（现为上海体育大厦）；西面，隔条黄河路就是上海工艺美术商店与长江剧场，北面直接就是凤阳路。

小时候常常路过国际饭店，但没敢想像有朝一日可以进去，直到1976年的一天，我师父沈新堂对我说，你要去深山沟了，送送你，我们上国际饭店！

我着实吓了一跳。

真去啊！

我那时处境不妙。在上海传动机械厂艺徒培训3年后，必须去外地山区。

师父沈新堂和我同乡，一口浓重的绍兴话，高高的个子，脸颊白白的，眼睛又大又亮。他教我操纵一种齿轮加工机床——滚齿机，对我非常关爱。那时他不过四十来岁，车、钳、刨、铣样样拿得起来，尤以铣床加工技艺之精湛，享誉轻机公司。带着我，他很得意，也很尽心，但我让他很失望，因为我的兴趣在文学，不在机械加工，常常神情恍惚，前学后忘。尽管如此，他还是对我很好，总是手把手地、重复地教我，哪怕我不上心，前教后忘，他从不生气，反复强调，吃饭本事要掌握，写文章只能是业余的。潜意识里，他把我当自己的孩子，故而知道我将离沪，居然要在上海最高级的饭店为我饯行。

他有一个师弟当年因为"表现进步"被调到国际饭店担任机械修理师，于是那天他很自豪地带领我们参观国际饭店。

国际饭店的名人掌故可谓车载斗量，即使是"文革"后期，"造反派"也并不掩饰对它的敬畏。师叔对它的介绍非常详尽，我只用小本本记了个大概。

首先，国际饭店的设计师就是铜仁路"绿房子"、大光明电影院、百乐门舞厅、沐恩堂的设计师邬达克，1964年以前，它保持了远东最高建筑记录30年（后保持中国最高建筑纪录50年）。1934年国际饭店开张之际，媒体报道，其内设客房、餐厅、酒吧、舞厅、会客厅、球房、理发室和卖品部都臻欧洲一流标准，门厅内还有三部时速达每分钟600英尺的自动电梯，当年除了纽约有如此高速的电梯外，国际饭店就是世界上第二家拥有这样先进、现代、新型电梯的大饭店了。

1950年上海市测绘部门确立了国际饭店上海"原点坐标"的位置，现在的上海市地理坐标原点就坐落在国际饭店大堂。

那天的午宴师叔安排在饭店内京帮特色的"丰泽楼"，共席者师父、师叔、师姐、师兄，连我五人。小本本的记录是：糟溜鱼片、脆皮鲜贝、生煎牛柳、清炒虾仁、四生火锅、酸辣汤、银丝卷。总价12元。

那时食堂里的红烧肉才0.13元一盆，虾皮冬瓜汤是2分一碗，而淮海路顶级的熏火腿、红肠面包等等，都不会超过1块钱，冰激凌咖啡只有5毛钱。

师叔介绍，国际饭店的糟溜鱼片之所以入味，除了鱼片选用青鱼或黑鱼外，还因为事先糟过，又用盐腌过，便特别地鲜嫩滑爽；银丝卷则像君子，隐隐地咸鲜弹牙；而四生火锅则是经改良的浙味冬令名馔，选用鸡脯肉片、鸡胗片、猪腰片、河虾仁四种生料，与豌豆苗、大白菜、油条、米粉丝一起用火锅现涮现

国际饭店那顿饭 | 345

吃，菜热汤滚，滋味鲜美，荤素兼备，一菜已足。

那顿饭吃掉了师父12元，当时是一笔极大的开销。我心里很过意不去，但师父意犹未尽，饭后还去二楼喝咖啡。两人相约，一个月，务必通一封信，在我，汇报思想；在他，敲敲木鱼。师徒俩喝到黄昏又品尝国际饭店独有的"蝴蝶酥"，上海做蝴蝶酥的店家无数，但只有国际饭店的蝴蝶酥是蓬松的、起泡的、奶油味十足的。我有感而发，说蝴蝶象征飞翔，他听了又直摇头，说，再象征、再"飞翔"，还不是一口被吃掉！他坦承，三年来一直为我喜欢写作而遗憾，说，写作是非常空洞的东西，与前途无益，与人生无益，还因为太情绪，太容易涉及敏感，早晚闯大祸云云。

分手时，我们抱头垂泪。

距离那顿饭四十年后的一个下午，我又来到了国际饭店。它现在已经是"全国重点文物保护单位"了，一个人去著名的"西饼屋"坐坐，颇有"独上西楼"的味道。四十年是多长的人生间距啊。师父早已不在了。此间的"蝴蝶酥"还是那么有名，四十年了，它仍然是蓬松的、起泡的，展翅欲飞的象征。

一代又一代的"展翅"。但师父不在了。四十年来，除了他，我不再有过其他师父，而且我现在的年龄也早已过了他当年送我时的年龄。

我辜负了他，最终还是走上了他最不希望我走的道路。然而四十年来我不断地确认着一个事实：他不教我写作，不教我叙述，但无论新闻界还是文学界，从没有过对我感情如此投入的人。

世间不再有师父。

我的大伯胡元发

> 传奇往往就在我们身边而没察觉,我这辈子的最大遗憾,就是没有为他写一本回忆录。

大名鼎鼎的和平公园,老上海人都叫它"子弹仓库",它位于上海市虹口区中部偏东,大连路与控江路的交叉口。公园占地264亩,其中水面积为50亩。中心城区,有如此大的水面积,是很难得的。

这家大花园,说好"以传统园林风格为特色"的,园内有百花园、花果山、湖心亭等景点,但后来的扩建,造了诸多的动物馆、水族馆、展览馆等建筑及多种活动设施,我对它的感觉就不太好了,似乎失之芜杂,要知道,凡事"都是重点,就没有重点了"。

不过特色还是有的,它是上海中心城区唯一一家有动物的综合类公园,公园的动物展览区有狮、虎、熊、豹,"鸟语林"等各类动物60多种。与众不同的是,2007年公园决定将环湖中的鸟岛设计改造成生态动物岛,原先分散圈养的非洲狮、东北虎、棕熊、金钱豹、猴子、白颊长臂猿、梅花鹿以及鸟类等迁居岛上散养。整个生态动物岛占地面积约10亩,四面环水,岛的西侧建有一座唯一进入生态动物岛的桥,游客可从此进入岛内观看动物。

　　说起它的历史，原是一片自然乡村，共有居民100余户，多以种菜为生。"八一三"事变爆发，此地遭到日军炮火袭击，屋毁人逃。

　　民国二十七年（1938年），当地被日军圈作军事用地。日军在此构筑6座钢筋混凝土防空洞作弹药库，并在周围挖土构筑工事，以致形成池沼洼地23处，日久新港浜臭水横溢，杂草丛生。20世纪50年代中期，经批准，榆林区、提篮桥区联合在此治理臭水浜，建造公园，在原弹药库仓库上堆土建成大小高低起伏的丘陵，将原有河道洼地改造为以聚为主、以分为辅的曲折水面并使之贯通全园，并在园中心河面设九曲桥、六角湖心亭，组成主次分明的湖景，故和长风公园一样，和平公园的水景相当迷人。

　　我的大伯胡元发原是"四野"总部的地形参谋，累官至副军级而离休回沪，长期住虹口区水电路上的"海军干休所"。他就喜欢徜徉在和平公园这一带，说年轻时曾在附近的机器厂当学徒，现在年纪大了，童心还在，最主要的是好胜心还在，常常参与地方上的"垂钓比赛"。那一年我去看他，他身体还健壮，儿子在读一篇经典的红色散文《金色的鱼钩》，说的是长征路上，红军战士钓鱼为炊的故事。他听了笑笑，说，鱼钩那时很珍贵，我现在不用鱼钩就能钓鱼，最常去的地方就是和平公园，不信你们可以去打听。

　　我们当然相信他的话，不过也觉得蹊跷，不用鱼钩钓鱼，如同不用缰绳控马，说不通啊！

大伯那时的腿脚已经不便,见我们疑惑,就指指墙上的一捆竹签干草,说,知道上面一串东西派什么用场吗?那是"卡子",他说,就是传说中姜太公钓鱼的"直钩"呀!

我们四野当年入关南下,横扫华北大平原和豫、赣、湘、鄂、粤、桂等省,战斗的间歇,常用它钓鱼,极大地改善了伙食。"要感谢总部的一位老红军,"他说,那老红军原是四方面军的,多次走过草地,就用这个办法钓鱼,放排钩,一放就是几十个、上百个,让整个连都活了下来!

大伯的话让我们更困惑了,也让大伯更得意了。他取下墙上的东西,原来是用铅丝串在一起的一段一段的小竹枝,还有经过制作的芦苇套,让干休所小车班的车子把我们集体拉到了和平公园的"天鹅湖"。

好胜的老爷子要当场露一手,所谓的"钓鱼卡子",就是用青青细竹枝削成的小签子,两头尖尖,一面带青皮,大小长度约为火柴棒的三分之二左右,把细竹签对弯过来,弯成一个U字形,然后将事先制作的芦苇小段套在U字形的上头,在U字形渔钩的底部绑上鱼线。将红薯等饵料放在芦苇头子上,这样当鱼儿吃饵料的时候,会将芦苇套子带下,霎时被弯成U字形的直钩会以迅雷不及掩耳之势弹回原状,这样就能死死卡住鱼儿的嘴巴了。

全部的奥妙,就是利用竹签的弹性和韧性,但是,就像弓要配弦和箭才有效能,竹签直钩也得有搭档。它的主要搭档是芦苇套。顾名思义,芦苇套是取材于芦苇的。选择那些粗细和圆珠笔芯差不多的初长成的芦竿,割回家,剥掉叶子,或用烟熏火燎,或用沸水烫,然后扎成把,挂墙上阴干,即可备用了。经过这些工序的芦苇套已是有些皱巴巴的浅绿或淡金色的了。它有一个特性:干的时候很有韧性,一旦泡湿了却是一碰就破裂。大伯要用时,把它们剪成半粒米长的小段,套上U字形直钩的尖端即可。

我们都看傻了,大伯一口气放了十个直钩下去,它们立即都漂浮在水面上,一条白鲢几乎立马上钩,它一口吞下了红薯饵料,只听"噗"一声,竹签弹开,撑足了它的嘴巴……

我们一阵欢呼,大伯随即宣布,经过他多年的思考,确认姜太公就是用这样的竹签直钩钓鱼的。因为铁器是春秋晚期才发明使用的,姜太公是商末周初之人,既不可能用钢铁做鱼钩,也不会奢侈到用青铜做鱼钩,最大的可能就是"竹签直钩",《诗经》记载,那时候的黄河流域气候潮湿温暖,各种竹子一直长到了八百里秦川呢!

大伯胡元发后来八十五岁去世的。传奇往往就在我们身边而没察觉。我这辈子的最大遗憾,就是没有为他写一本回忆录。

等鱼断气

> 这是 1969 年的冬天。见我在他身边蹲下,父亲转脸尴尬地对我笑笑,然后附着我耳朵悄悄地说,我在等伊断气。我不解地看着他:为什么活鱼不买,要等伊断气呢?

清明时节有微雨。不知怎么地就想起了父亲。他这辈子对我们三个孩子不怎么样,但对母亲是没说的。

大概是 1969 年前后,母亲因肝病导致脸部浮肿。肝病,向有"女怕脸肿,男怕脚肿"的说法,除此外她还伴有黄疸、纳差、全身乏力、脾肿大等症状。当时求诊于龙华医院老中医,老中医见状即授一消肿利水的奇方——鲫鱼汤,他认为,患者急需补充优质蛋白,既是优质蛋白,又能消肿利水的首推鲜活鲫鱼。且要三两以上,药效才好。

这可难住了父亲,要知道那个时候,是"宁要社会主义的草,不要资本主义的苗"的时代,物质高度匮乏,菜场里绝对没有活鱼供应,他便去"黑市"也就是地下的自由市场购买。说是市场,其实就是鱼贩的流动摊位,为防造反队的冲击而间歇泉一般地时隐时现。更要命的是因为"历史问题",他还是戴罪之身,必须每周一次地向"里革会"汇报思想,常去黑市是犯忌的。

但为了母亲他义无反顾,黑市买来鲫鱼马上操作。第一步是为她"退黄",按每碗鱼汤 100 克鱼计算,剖 200 克鲜鱼熬约 30 分钟,待骨肉分离时捞出骨渣。这时鱼汁呈白色,略注黄酒与蜂蜜,再熬 10 分钟,倒入两碗,早晚服用。10 天后,母亲脸部的黄翳即消退。再服 10 天,两眼黄疸大退。月余黄疸全消,即找老中医报捷。老中医看了一眼说,浮肿未退,继续。老爸一听,傻了,您老这可是坐着说话不腰疼啊,当时的收入都是"三十六元",虽说食堂里的红烧大排才 0.17 元一块,荷包蛋 0.08 元,但时值冬令,鲫鱼少而贵,鲜活的、三两以上的更贵,每天一条,总得 8 毛钱左右,甚至 1 元,一个月下来,早把家里掏空了。而且他还不知道,为了抢一条活鱼,父亲多少次揎拳撸袖,和人在鱼摊前撕作一团。

老爸听了不响。老中医继续说,鲫鱼三四两,去肠留鳞,以商陆、赤小豆等分,填满扎定。水半锅,煮糜去鱼,食豆饮汁。忌盐、酱二十天。"一定要活鱼吗?"父亲只问了一句。"当然,"后者顿了顿,又说,"刚咽气的也行。"

父亲一回家就去了黑市,而且很久没回来。母亲不放心了:怎么回事呢?阿二去看看!

天已擦黑。路灯下,远远地看到他蹲着,两眼一眨不眨地盯着搪瓷盆子——那时卖鱼的都把鱼儿放在搪瓷盆里,以俾稍有风吹草动就提盆走人——而鱼贩则尴尬地注视着父亲,两人之间似乎是一场对峙。西北风像伤风的野兽一样咆哮着,父亲蜷缩着身子冻得簌簌发抖。

但，仍然坚定地蹲着。

这是1969年的冬天。见我在他身边蹲下，父亲转脸尴尬地对我笑笑，然后附着我耳朵悄悄地说，我在等伊断气。

我不解地看着他，没说话。为什么活鱼不买，要等伊断气呢？后来我才知道，这是黑市规矩，鱼一死，就腰斩而沽，一条1元的鲫鱼就可能暴跌到四五毛。

天越来越冷，也越来越暗，搪瓷盆里的鲫鱼，盖着水草，那腮帮还在一口气、一口气地翕动着，越来越缓，越来越缓，忽然它不动了。

父亲胜利地叫了起来，看！它不动了！鱼贩怏怏地叹了口气，好吧，拿去吧，算我输拜侬！蹲了两个钟头伊港！

然而父亲还没完，说时迟那时快，只见他飞快地掣出一把剪刀，钱还没付，就一刀刺入鱼腹，剐出了鱼肠，那鱼心还在一翕一翕呢。

"马上放血，和活鱼有什么两样呢？"他得意地对我眨眨眼。那鱼贩见状，眼珠瞪得老大，傻了。

这以后，老爸就成了"老蹲"，只要耐心，不怕等不到刚断气的鱼。因为刚死的鱼或弥留之鱼，尽管半价，价格还是强于久死之鱼。或许被父亲的举动所感动，或许觉得父亲"老举识货"，可以省却与人的反复解释，鱼贩到后来都会主动招呼他：过来吧老胡，格条鱼，快勿来赛哉！

日子久了，他还蹲出了经验，并授我心法：背脊黑黑的鲫鱼，不要去蹲守，有的拖辰光了。只有濒死之鱼，身上鳞片才会

等鱼断气 | 353

越来越黄、越来越白，及时一蹲，可以少吃多少西北风！

但西北风没有饶过他，大概第一天的蹲守就着了凉，以后他天天拖着清水鼻涕去蹲守，撑了10天左右终于倒下，高烧发到40度。

眼见得母亲的浮肿在慢慢消退，不能功亏一篑，父亲决定派我去蹲守。老中医也听说了老爸的故事，急颁手谕：不必死抠鲫鱼，其他利水消肿的河鱼也可以，比如鲤鱼、泥鳅（炖豆腐，专治湿热黄疸）、黑鱼、青鱼等等，只要如前法炮制，均可。

"等断气"的范围扩大了。问题是青鱼太贵而且鱼身过大；鲤鱼固然消肿，但系著名的"发物"，忌；泥鳅吃口太差；而黑鱼，利水效果好，口感也好，无奈彼有气功，一口气总是断不了，你就是等它通宵，兴许还在一翕一翕。

我那时还小，天天蹲在寒风里觳觫，鱼贩看了也不忍，常主动喊我去拿将死未死之鱼，有的甚至将刚死之鱼直接剖了，扔过来，不收钱。长大后读书，读到"仗义每多屠狗辈"，总会想到他们。

大概一个月后，母亲的浮肿全然褪去。

这是1969年上海的冬天。高天固然滚滚寒流急，大地却仍有微微暖气吹。

后 记

后窗的话

后记应该就是一本书的后窗。后窗总得和前门不一样些，总得侧漏些"后窗"特有的风光。

这本集子起缘于一次阅读。文汇出版社的好友黄勇某日夜读，手头恰好是我的《最后一张底牌》，读了几篇很过瘾，来电说，随笔精彩，"非常有味道"，每每边读而边意外。是否还有新的，再出一本吧！

这是他原话。

写文章的，见有欣赏并有意结集出版的，当然没有不高兴的，特别被誉为"每每边读边意外"，骨头也就更轻了。

黄勇兄还加了一句要"特别一点的"，我明白他的意思，就是挑那些角度"刁"一些的，思路"怪"一些的，风格"仄"一些的随笔入集，亦即与食色性有关，与"异人、妄理、悖论"有关，更和"生死心切"有关，但又迥非健康养生类的，藉此彼可谓知我。

大约 2009 年开始，我分别在《新民周刊》《文汇》"笔会"及《新民晚报》"夜光杯"及《南方周末》开了专栏，延续至今也已 10 年，说这些随笔让人"边读边意外"，我也不必太过逊让，写得好，写得差都会让人"意外"。唯所叙之事，多为轶事；所写之人，常为异人；所析之理，每为"妄理"；所持之论，间有悖论。盖"转型之世"，激浊扬清，英雄豪杰固然辈出，魑魅魍魉也不少见，更有清奇古怪之人卓然面世。随笔随笔，既然是随意之笔，原则上世事百态自然都可涉及，故而内容不可避免地"驳杂"。

以人物论，既有《等鱼断气》的"刁钻古怪"的父亲，又有驰誉杏林、德艺双馨的国医大师裘沛然；也有猥琐村俗但又睿智无双的"房中达人"，比如《奇人李四》；有上海滩大长中国人志气、专赚美军美金的"瘸腿丁克勒"，亦有罗宋汤扬名虹口的"俄罗斯烂污水手"……以"妄理"论，则有《妄理有理》《换一种说法》《道在溺中》……

有怀古、咏史、述异的，也有说理、谈玄、瞎扯，更有感时伤事，向往田园和愤世嫉俗的。事实上，业界一直有人发问：阁下以往以"报告文学"闻，写深度报道是强项，为何来抢"随笔"的饭碗呢？

此事我已憋了十多年，很想借此机会以正视听——

20 世纪 90 年代初，胡某曾以报告文学知名沪上，后来披着"新闻先锋"的盔甲专写深度调查。两者的区别在我看来，同为写实，则前者多文学色彩，多思想倾向；后者少色彩，少倾向，推崇"干货"。再后来,百度居然未经同意就誉我为"沪上调查报告第一人",说有许多揭露社会阴暗面的新闻作品,在业界以"敢言"著称云云。

说大实话,此事绝非自己操弄的,因为"第一人"总是危险而且欠揍的,文无第一,谁服你?我不会那么傻的。遂屡屡致函要求改正,但就是不理。

也许因为这个原因,某供职于周刊,最先五年颇受器重,但凡重大突发性事件发生,每每首先点将于某,集团对此也是上下认同的。然而换了一个上司后,便"恩宠"不再,所写深度报道再怎么转载率高,再怎么好评如潮,再怎么引起轰动,彼及周围二三子都置若罔闻,我知道遇到高人了,那就是对你的一切努力一切喧哗都不动声色,只是冷冷地等着你掉坑……

我心有不甘,继续努力,傻傻地仍希望把新闻做到极致而感动他们——那就是屡屡被央视、被凤凰卫视转播、专访——我还真做到了。集团领导也为之关注,多次在"他"面前提及央视或"凤凰"的专访。然即便如此,彼仍装聋作哑,视而不见,甚至在周一评刊例会上提都不提。

至此算是彻底明白了,我被"极度深寒"了,那就是"冷"你,冻你,撇你,最好你觉得没趣而自己走人……

然而鄙人毕竟也是个"野狐精",岂能就此认怂,你对我视若无睹,我更对你"眼珠都不转过去",干脆挂笔。兵家有言,十则围之,五则攻之,有能耐超我的,上啊!我让贤行不?退一万步说,就算从此不为周刊做"深度"了,你能拿我怎样?!所谓"成则周武三千,败则田横五百",可常、可变,可生、可死,不敢以"傲骨"自雄,留点傲皮总可以的吧!未几,市委宣传部直接点名将我外借,就此脱离新闻一线,开始写杂文随笔。这叫"前队变后队",尾炮不也有战斗力吗?

当然,上述言论并无讨伐谁谁之意,无非说明"士兵的命运是很容易改变"的,往往一个小吏就可将你改写,我就是如此由"新闻"而改写随笔的。

写惯了"深度报道",开始写随笔总脱不了时事腔,但又觉得随笔绝不应该是"时评",可以有随笔式的时评,但不该有"时评式的随笔"。

随笔的随字,可不是随随便便的随,或者随心所欲的随,这里的"随"字,有因势利导、顺势而行、放松放下之意,并非全然"无规无距",好的随笔首先要接地气,聚人气,"唤起"集体记忆,最后才是表达另类生动。

与新闻的客观、中立、平衡相反,随笔的随,正是随性之随,你的性情是否精彩,是否猥琐,是否豪迈,是否高冷,是否幽默,是否洒脱,是否昳丽,是否宏富,是否汪洋,是否狷介,是否俊爽,是否剀侧,是否清新,那你的随笔也就如斯,都在随笔里了,隐瞒与伪饰不但困难而且很累,何苦呢,一篇随性之文而已。

如果既豪迈又狷介,既高冷又猥琐,那正好说明你的性情两者兼具,并不冲突,人性就是兼具的,所谓"客观""中立""平衡",恰恰是随笔的敌人,起码一无嗜癖、二不偏激、三喜矫情之人，是断断写不好随笔的。

随笔可以叙事，可以议论，可以抒情，"自由"是它最鲜明的禀性，但它的叙事一定不是宏大叙事，它的议论也一定不是时政热议，离"宏大"稍远点，离"热政"稍远点，多一份掌故，多一份趣味，多一份睿智，多一份遐想，多一份情怀，多一份格物，多一份市井或田野，甚至多一份偏激，庶几就离随笔近了。

就这样，我戏剧性地转向了新闻写作的对立面，由所谓的"新闻先锋"，一路走到了"随笔老蟹"，十年间，从新闻写作转到文艺写作，转型转得蛮开心。

请诗人王寅写了序，又请了小说家王承志作序，看看跨行很远的同行对随笔、对我怎么看。

说明一下，部分文章这次结集时有所修改，有的标题也改了。原因有二，一是说明发表时匆促，"专栏"的特点是定时班车，版面不等人的，届时必须交稿，故而有词不达意之处改正一下，免得遗憾；二是敝帚自珍的老毛病，总希望文章完美些。

尽管如此，不少地方仍然既糙又悖，乃大着胆和大家分享。

胡展奋
2020年8月于上海大风楼